6년간 아무도 깨지 못한 기록

합격자 수 1위
에듀윌

KRI 한국기록원 2016, 2017, 2019년 공인중개사 최다 합격자 배출 공식 인증 (2022년 현재까지 업계 최고 기록)

에듀윌과 함께 시작하면,
당신도 합격할 수 있습니다!

편입 합격 후 대학에 진학했으나 학과 전공이 맞지 않아
휴학 후 다시 편입을 결심하여 서강대에 합격한 3학년 대학생

직장생활을 하며 2년간 편입공부를 해
인서울 대학에 당당히 합격한 30대 직장인

대학진학을 포기하고 20살 때 학점은행제 독학사를 통해 전문학사를 취득하고
편입을 준비하여 합격한 21살 전문학사 수험생

군복무 중 취업에 대해 고민하다 공대계열 학과로 편입을 결심하여
1년 만에 한양대에 합격한 복학생

누구나 합격할 수 있습니다.
시작하겠다는 '다짐' 하나면 충분합니다.

마지막 페이지를 덮으면,

에듀윌과 함께
편입 합격이 시작됩니다.

에듀윌을 선택한 이유는 분명합니다

편입 교육 브랜드만족도

1위

3년 연속 서성한반 서울소재 대학 합격

100%

합격 시 업계 최대 환급

500%

업계 최초 불합격 시 환급

100%

에듀윌 편입을 선택하면 합격은 현실이 됩니다.

* 2022 대한민국 브랜드만족도 편입 교육 1위 (한경비즈니스)
* 서성한반(P사) 교수진 전격입성 | 2019~2021년 서성한반(P사) 수강생 합격자 서울소재 20개 대학 기준 3년 연속 100% 합격자 배출 (서울소재 20개 대학: 연세, 고려, 서강, 성균관, 한양, 중앙, 이화, 한국외, 경희, 서울시립, 건국, 국민, 동국, 숭실, 홍익, 숙명, 세종, 명지, 광운, 서울여)
* 서강, 성균관, 한양, 중앙, 경희, 서울시립, 한국외, 건국, 숭실, 동국 중 5곳 최종 합격 시 500% 환급 (서울캠퍼스 기준-성균관, 경희 제외)
* 상품 구매일부터 종료일까지 기준, 수강 익일부터 출석률, 진도율 각 90% 이상, 최종 배치고사 3회 모두 응시 & 1회 이상 80점 이상 달성하고 서울소재 20개 대학 중 3개 대학 불합격 인증 시 수강료 100% 환급 (제세공과금 22% 제외)

3년 연속 서성한반 서울소재 대학 100% 합격자 배출[*] 교수진

합격까지 이끌어줄 최정예 합격군단
에듀윌 편입 명품 교수진을 소개합니다.

기본이론부터 문제풀이까지 6개월 핵심압축 커리큘럼

기본이론 완성	핵심유형 완성	기출심화 완성	적중실전 완성	파이널
기본이론 압축 정리	핵심포인트 집중 이해	기출문제 실전훈련	출제유력 예상문제 풀이	대학별 예상 모의고사

에듀윌 편입 시리즈 전격 출간

3년 연속 100% 합격자 배출* 교수진이 만든 교재로 합격의 차이를 직접 경험해 보세요.

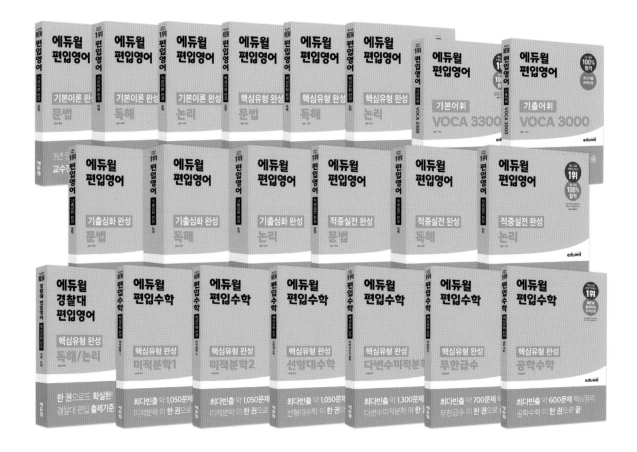

* 본 교재 이미지는 변동될 수 있습니다.
* 여러분의 합격을 도와줄 편입 시리즈 정보는 에듀윌 홈페이지(www.eduwill.net)에서 확인하세요.

* 서성한반(P사) 교수진 전격입성 I 2019~2021년 서성한반(P사) 수강생 합격자 서울소재 20개 대학 기준 3년 연속 100% 합격자 배출
(서울소재 20개 대학: 연세, 고려, 서강, 성균관, 한양, 중앙, 이화, 한국외, 경희, 서울시립, 건국, 국민, 동국, 숭실, 홍익, 숙명, 세종, 명지, 광운, 서울여)

노베이스 수험생을 위한
편입 스타터팩 무료혜택

편입 영어 X 수학 입문강의
한 달이면 기초 탈출! 신규회원이면 누구나 신청 가능!

편입 영어 X 수학 입문 강의

· 한 달이면 기초 탈출 입문 강의
· 짧지만, 이해하기 쉬운 기초 탄탄 강의
· 1타 교수진 노하우가 담긴 강의

토익 베이직 RC/LC 강의

· 첫 토익부터 700+ 한 달이면 끝
· 편입 공인영어성적 준비를 위한 토익 기초 지원

합격비법 가이드

· 대학별 최신 편입 전형 제공
· 최신 편입 관련 정보 모음
· 합격전략 및 합격자 수기 제공

기출어휘 체크북

· 편입생이 꼭 알아야 할 편입 어휘의 모든 것
· 최신 기출 어휘를 빈도순으로 구성

편입 합격!
에듀윌과 함께하면 현실이 됩니다.

스타터팩
무료 이벤트

*본 혜택과 경로는 예고 없이 변경되거나 대체될 수 있습니다.

에듀윌 편입의
독한 관리 시스템

전문 학습매니저의 독한 관리로
빠르게 합격할 수 있도록 관리해 드립니다.

독한 담임관리

· 진단고사를 통한 수준별 학습설계
· 일일 진도율부터 성적, 멘탈까지 관리
· 밴드, SNS를 통한 1:1 맞춤 상담 진행
· 담임 학습매니저가 합격할 때까지
  독한 관리

독한 학습관리

· 학습진도 체크 & 학습자료 제공
· 데일리 어휘 테스트
· 모의고사 성적관리 & 약점 보완 제시
· 대학별 배치상담 진행

독한 생활관리

· 출석 관리
· 나의 학습량, 일일 진도율 관리
· 월별 총 학습시간 관리
· 슬럼프 물리치는 컨디션 관리
· 학원과 동일한 의무 자습 관리

친구 추천하고
한 달 만에 920만원 받았어요

2021년 2월 1달간 실제로 리워드 금액을 받아가신
*a*o*h**** 고객님의 실제사례입니다.

에듀윌
편입영어

핵심유형 완성

문법

머리말

PREFACE

문법은 이론을 바탕으로 문제를 연습해가는 방식이 가장 효율적이다. 이론만 공부하면 문법 내용을 다 알고 있는 것과 같은 착각을 하지만, 실제 문제를 풀어보면 그리 만만하지는 않다. 정확하게 이론을 알지 못하면 답을 구하기 까다로운 문제들이 다수 출제되기 때문이다. 그러므로 문제를 풀면서 놓쳤던 이론이나 애매하게 알던 부분을 정리해 가면서 빈틈을 메워나가는 전략이 효과적이다.

핵심유형 완성 문법은 필수문법을 끝낸 학생들에게 실제 편입시험의 기출문제들을 중심으로 유형별로 정리 하여 풀어보도록 만든 문제집이다. 물론 이론도 소개하고 있으며, 각 문법파트를 크게 8부분으로 나눠서 중요 이론을 간단하게 보여주고 문제들이 이어지는 구조이다. 이렇게 선별된 이론 뒤에 핵심적이고 단원의 내용을 포섭할 수 있는 중요 기출문제들을 배치하여 효율적인 학습이 가능하도록 교재를 구성하였다.

문법을 어떤 식으로 구성하고 파트를 나누는지는 그 교재가 가진 철학을 보여주는 중요한 문제이다. 교재의 구성에 대하여 많은 고민과 논의 끝에, 학원가에서 편입문법을 가장 잘 꿰뚫고 있는 홍정현 교수와 함께 학습 에 최적화되었다고 생각하는 방식으로 구성하였다. 8개의 파트에 40개의 포인트로 최적화된 핵심유형 문법은 편입문법의 모든 유형을 체계적으로 구성하였다고 자부한다. 이론의 선별이나 문제의 구성, 문제의 해설 하 나하나에 이르기까지 꼼꼼하게 조언해 주고, 함께 교재를 만들어준 홍정현 교수에게 감사의 마음을 전한다.

문법은 이론을 정리하고 문제를 많이 풀어봐야 한다. 하지만 아무 문제나 푼다고 실력이 향상되는 것은 아니며, 선별된 좋은 문제를 풀어봐야 실력이 는다. 단순히 쉬운 문제들을 풀면서 기분만 좋아지는 것이 아니라, 한 문제 한 문제 정성껏 풀면서 자신의 실력을 향상시켜 나가길 바란다. 이 책으로 공부하는 모든 수험생들이 문법 실력이 일취월장하여 시험에서 좋은 성적을 내기를 진심으로 기원한다.

에듀윌과 함께 합격을 기원하며

저자 홍준기

문법 학습 노하우

GUIDE

1 이론

문법의 이론들을 총망라하여 문제풀이에 필요한 부분들을 선별하여 앞부분에 수록하였다. 동사편과 품사편을
각각 4파트씩 나누고, 그 아래 소목차를 구성하여 총 40포인트로 구성하였다. 각 부분의 내용을 보다 모르는
부분이 있으면 '기본문법'의 관련 부분을 참조한다면 훨씬 효과적일 것이다.

2 문제

빈출되는 40개의 핵심 포인트로 기출문제 중 필요한 부분들을 적재적소에 배치하였다. 문제의 개수는 출제빈
도와 중요도에 따라 정하였으므로, 어떤 부분은 문제 수가 많고 어떤 부분은 문제 수가 적다. 문제가 많은 부
분이 더 출제빈도가 높았던 부분이라 생각하면 된다.

3 해설

해설은 타 교재에 비하여 훨씬 자세하게 수록하였다. 단지 답만을 밝히는 게 아니라 오답 가운데 혼동의 여지
가 있거나, 학생들이 자주 실수하는 부분에 대해서는 좀 더 자세히 해설을 달았다. 학원에서 수업을 듣거나 동
영상 강의를 듣는다면 훨씬 효율적으로 학습할 수 있을 것이다.

이 책의 사용법 (문법 4단계 학습법)

GUIDE

문법은 이론을 충실히 다진 후에, 출제 유형을 분석하고, 다양한 형태의 문제를 풀어봐야 한다. 문법은 문제를 통해서 이론이 더 튼튼해지기 때문이다. 에듀윌 편입에서 제시하는 4단계 학습법을 차근차근 따라가면 문법에서는 만족할만한 성과를 거둘 것이다.

기본이론

편입시험을 준비하는 내내 참조할 수 있도록, 중요한 내용을 빠짐없이 수록하였다. 하지만 수험 적합성을 고려하여, 빈도가 현저히 떨어지거나 현학적인 문법을 위한 문법은 배제하였다. 20개 단원을 철저히 학습한다면, 문법 이론에 대해서 자신감이 생길 것이다. 이론을 숙지한 후 단원별로 연습문제를 배치하여, 이론의 숙지 여부를 확인할 수 있도록 하였다.

핵심유형

단원별 문제를 중심으로 이론을 재정비하는 단계이다. 관련 단원별로 연결하여, 실전에 출제된 600문제를 적절하게 배열하였다. 에듀윌 핵심유형 문법 교재는 타 교재들과는 다르게 관련성이 있는 여러 단원을 결합하여 구성하였으므로, 단원별보다 좀 더 효율적인 학습이 가능하다.

기출심화

실제 시험에 출제된 기출문제들을 종합적으로 풀어보는 단계이다. 이 책에 수록된 700문제를 풀어보면, 최신 경향을 파악할 수 있을 것이다. 문제는 최신 문제를 바탕으로 하였고, 길고 어려운 문제들을 총망라하였다. 난이도를 맞추어 배치하여 실전처럼 연습할 수 있도록 구성하였다.

적중실전

출제된 문제만 풀어보는 것이 아니라, 기출문제의 분석을 바탕으로 향후 출제 가능성이 있는 부분을 예상하여, 실전과 유사하게 만든 문제집이다. 출제된 영역 뿐 아니라, 아직 출제가 이루어지지 않은 영역이라도 가능성이 높으면 과감히 문제화하여 연습할 수 있도록 구성하였다. 적중실전 예상문제를 풀고 나면 시험에 대한 대비는 마무리된 것이다.

구성과 특징

FOREWORD

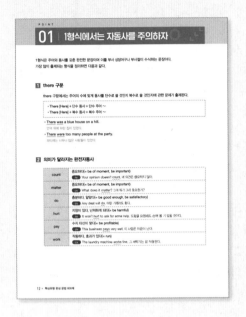

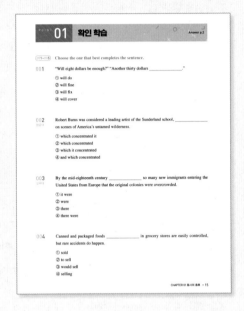

1 명쾌한 이론 정리 및 풍부한 예문 수록

명쾌한 문법 이론 정리와 풍부한 예문을 통해 반드시 알아야 할 문법 이론을 쉽게 학습할 수 있도록 하였다.

2 도표와 도식으로 이루어진 깔끔한 정리

주요 개념 및 단어, 숙어 등을 표로 정리하여 한눈에 볼 수 있도록 구성하였다.

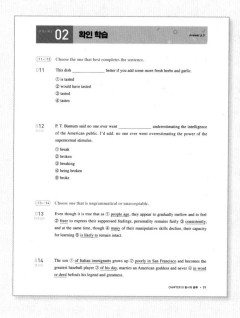

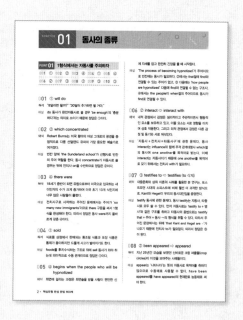

3 확인 학습을 통한 실전 감각 기르기

단원 확인 학습을 통해 관련 이론을 확실히 암기하고 이해하였는지 스스로 진단할 수 있도록 하였다.

4 간결하고 정확한 해설 수록

정답을 후편에 배치하여 빠르게 확인할 수 있도록 하였으며, 간결한 지문 해석 및 해설로 문제를 해결하는 실전 감각을 익히도록 하였다.

차례

CONTENTS

CHAPTER
01

동사의 종류

01 | 1형식에서는 자동사를 주의하자

1형식은 주어와 동사를 갖춘 완전한 문장이며 이를 부사 상당어구나 부사절이 수식하는 문장이다.
가장 많이 출제되는 형식을 정리하면 다음과 같다.

1 there 구문

there 구문에서는 주어의 수에 맞게 동사를 단수로 쓸 것인지 복수로 쓸 것인지에 관한 문제가 출제된다.

> • There [Here] + 단수 동사 + 단수 주어 ~
> • There [Here] + 복수 동사 + 복수 주어 ~

• There was a blue house on a hill.
  언덕 위에 파란 집이 있었다.
• There were too many people at the party.
  파티에는 너무나 많은 사람들이 있었다.

2 의미가 달라지는 완전자동사

count	중요하다(= be of moment, be important) ex Your opinion doesn't count. 네 의견은 중요하지 않아.
matter	중요하다(= be of moment, be important) ex What does it matter? 그게 뭐가 그리 중요한가?
do	충분하다, 알맞다(= be good enough, be satisfactory) ex Any deal will do. 어떤 거래라도 좋다.
hurt	지장이 있다, 난처하게 되다(= be harmful) ex It won't hurt to ask for some help. 도움을 요청해도 손해 볼 거 없을 것이다.
pay	수지 타산이 맞다(= be profitable) ex This business pays very well. 이 사업은 이윤이 난다.
work	작동하다, 효과가 있다(= run) ex The laundry machine works fine. 그 세탁기는 잘 작동한다.

3 자동사+전치사 = 타동사

전치사를 수반해서 '자동사 + 전치사 = 타동사'의 원칙을 따른다.

account for	~를 설명하다	agree with / to	~에 동의하다
apologize to	~에게 사과하다	arrive at / in	~에 도착하다
compete with	~와 경쟁하다	consent to	~에 동의하다
enter into	~을 시작하다	graduate from	~를 졸업하다
interfere in	~에 간섭하다	leave for	~로 떠나다
object to	~에 반대하다	wait for	~을 기다리다

4 절대 수동태로 쓰지 말자

have	가지고 있다	let	~을 허락하다
resemble	~을 닮다	meet	~을 만나다
cost	~의 비용이 들다	become	~에 어울리다
suit	~에 어울리다	lack	~이 없다
escape	~을 모면하다	remain	~ 상태로 남아 있다
appear	나타나다	disappear	사라지다
consist of	구성되다	suffer from	고통을 받다
suffer from	고통 받다	belong to	~에 속하다
happen, occur, arise, take place	발생하다		

- He resembles his father. (O)
  ⇨ His father is resembled by him. (×)
  그는 그의 아버지를 닮았다.
- This blue dress becomes her. (O)
  ⇨ She is become by this blue dress. (×)
  이 푸른 옷은 그녀에게 어울린다.
- We can't let you smoke. (O)
  ⇨ You can't be let to smoke. (×)
  우리는 네가 담배 피우는 것을 허락할 수 없다.

5 수동적 의미의 자동사로 해석에 유의할 것

형태는 능동태이면서 수동의 의미를 갖는 동사들(1형식)

read, say	~라고 쓰여 있다	sell	팔리다
cut	잘리다	open	열리다
wash	씻기다	fill	채워지다

• These blouses here sell well.

⇨ These blouses here are sold well. (×)

여기 있는 이 블라우스가 잘 팔려요.

(001~005) **Choose the one that best completes the sentence.**

001 "Will eight dollars be enough?" "Another thirty dollars _____."

① will do

② will fine

③ will fix

④ will cover

002
항공대
Robert Burns was considered a leading artist of the Sunderland school, _____ on scenes of America's untamed wilderness.

① which concentrated it

② which concentrated

③ which it concentrated

④ and which concentrated

003
삼육대
By the mid-eighteenth century _____ so many new immigrants entering the United States from Europe that the original colonies were overcrowded.

① it were

② were

③ there

④ there were

004 Canned and packaged foods _____ in grocery stores are easily controlled, but rare accidents do happen.

① sold

② to sell

③ would sell

④ selling

005
가톨릭대

The process of becoming hypnotized _____ find a comfortable body position and become thoroughly relaxed.

① people who will be hypnotized
② is that to hypnotize
③ is how people are hypnotized
④ begins when the people who will be hypnotized

(006~010) **Choose one that is ungrammatical or unacceptable.**

006
한국외대

Emotions, in internal dimensions, have physiological, subjective, and behavioral components, ① which influence and ② interact one another, and, in external dimensions, are ③ mixed with ④ other emotions and ⑤ with motives.

007
아주대

Using ① examples from popular culture and ② high theory, this work ③ testifies to that, far more radically ④ than the postmodern sophists, Kant and Hegel are ⑤ our contemporaries.

008
아주대

The mysterious ① crop circles that have ② been appeared around the world in ③ the last 25 years or so ④ are an example of this.

009
중앙대

If you ask native speakers of English how the language is changing today, ① after hesitation they will probably mention new vocabulary, or possibly ② some changes in pronunciation, but it is unlikely that grammar ③ will be appeared on the agenda. ④ No error.

010
홍익대

You ① can't just close your eyes and wish us ② back in Kansas among kindly folk who obligingly ③ conform outdated expectations ④ of age.

02 | 2형식에서는 보어의 품사가 중요하다

불완전 자동사는 2형식 문장을 만든다. 목적어를 취하지 않지만, 그 자체로는 의미가 불완전하기 때문에 보어의 도움이 필요하다.

- Fish soon <u>go</u> <u>bad</u> in summer.
     S   V S.C

  생선은 여름에 쉽게 상한다.

- The game <u>was</u> <u>exciting</u>.
      S   V   S.C

  그 경기는 흥미진진했다.

1 상태의 의미: be, lie, sit, stand

명사, 형용사, 분사 등을 주격 보어로 써서 2형식 문장을 만든다.

- She is <u>an attractive woman</u>. (명사)

  그녀는 매력적인 여성이다.

- The cat was lying <u>asleep</u> between me and the wall. (형용사)

  그 고양이는 나와 벽 사이에 잠든 채 누워 있었다.

- The package sat <u>unopened</u> for weeks. (분사)

  상자는 몇 주 동안 개봉되지 않은 채 있었다.

2 상태의 변화: become, go, grow, get, run, fall, come, turn

명사, 형용사, 분사 등을 주격 보어로 써서 2형식 문장을 만든다.

- They <u>became</u> <u>life-long friends</u>. (명사)

  그들은 평생 친구가 되었다.

- The child <u>grew</u> <u>red</u> in the face. (형용사)

  그 아이는 얼굴이 빨개졌다.

- His hair <u>turned</u> <u>grey</u>. (형용사)

  그는 백발이 되었다.

3 판단 · 입증 동사: seem, appear, prove, turn out

형용사, 분사, 부정사 등을 주격 보어로 사용하여 2형식 문장을 만든다.

- She appeared disappointed. (분사)

  그녀는 실망한 듯했다.

- He seems (to be) very proud of himself. (형용사)

  그는 자신에 대해 자부심이 강해 보인다.

- The house proved (to be) unfeasible. (부정사)

  그 집은 사용 불가능한 것으로 드러났다.

4 유지 · 계속 동사: keep, stay, remain, continue

형용사, 분사 등을 사용하여 주격 보어로 2형식 문장을 만든다.

- She remained unchanged for over 5 years. (분사)

  그녀는 5년 동안 바뀌지 않았다.

- You should keep calm even in face of danger. (형용사)

  너는 위험에 직면해도 침착해야 한다.

- She stayed single for a long time. (형용사)

  그녀는 오랫동안 독신으로 지냈다.

5 감각 동사: feel, look, taste, smell, sound

형용사, 분사, 부정사 등을 주격 보어로 사용하여 2형식 문장을 만든다.

- His story sounds absolutely true. (형용사)

  그의 이야기는 완전 사실인 것처럼 들린다.

- I feel a little dizzy. (형용사)

  나는 약간 현기증을 느꼈다.

- The butter smells good. (형용사)

  버터 맛이 좋다.

011~012 **Choose the one that best completes the sentence.**

011

This dish _____ better if you add some more fresh herbs and garlic.

① is tasted

② would have tasted

③ tasted

④ tastes

012
아주대

P. T. Barnum said no one ever went _____ underestimating the intelligence of the American public. I'd add: no one ever went overestimating the power of the supernormal stimulus.

① break

② broken

③ breaking

④ being broken

⑤ broke

013~014 **Choose one that is ungrammatical or unacceptable.**

013
한국외대

Even though it is true that as ① people age, they appear to gradually mellow and to feel ② freer to express their suppressed feelings, personality remains fairly ③ consistently, and at the same time, though ④ many of their manipulative skills decline, their capacity for learning ⑤ is likely to remain intact.

014
명지대

The son ① of Italian immigrants grows up ② poorly in San Francisco and becomes the greatest baseball player ③ of his day, marries an American goddess and never ④ in word or deed befouls his legend and greatness.

015
홍익대

① Despite the rain and sleet ② caused by the hurricane, construction ③ on the new library remains ④ disturbing.

016
광운대

문법적으로 옳지 못한 부분을 포함하고 있는 문장을 고르시오.

① I have been working at my current university for a few years as a professor. ② One of my students, who is in another department and ③ who I oftentimes see on campus, calls me by my first name. ④ It was because he wanted to feel most comfortably with me. ⑤ However, some people see him to be an impolite student.

03 | 3형식 동사에서 전치사를 잘 써야 한다

3형식 동사로 쓰이면서 목적어 다음에 전치사구를 수반하는 동사들이 있다. 이때 동사의 의미에 따라 전치사들이 서로 다르게 쓰이기 때문에 반드시 동사의 의미와 함께 암기해야 한다.

1 공급 동사 + 사람 + with + 사물

'~에게 …을 공급하다'란 의미로 provide, supply, furnish, present, endow, equip, replenish 등이 전치사 with를 수반한다.

- He provided us with food.
  ⇨ He provided food for [to] us.
  그는 우리에게 음식을 제공하였다.
- They presented him with a digital clock.
  ⇨ They presented a digital clock to him.
  그들은 그에게 디지털시계를 선사했다.

2 제거 · 박탈 동사 + 사람 + of + 사물

'~에게서 …을 빼앗다'란 의미로 rob, deprive, rid, clear, cure, relieve, strip, ease 등이 전치사 of를 수반한다.

- Sickness deprived me of the pleasure of seeing you.
  병으로 뵙지 못했습니다.
- This medicine will cure you of your headache.
  이 약은 당신의 두통을 없애줄 것이다.
- He relieved me of my anxiety.
  그는 나의 고민을 덜어줬다.

3 확신 · 통보 동사 + 사람 + of + 사물 (내용)

inform, warn, accuse, remind, convince, assure 등의 경우는 통보 · 확신 · 고발 등 동사의 목적어로 통보 · 확신 · 고발되는 주체를 쓰고, 통보 · 확신 · 고발되는 내용은 of 다음에 쓴다.

- They informed me of her success.
  그들은 나에게 그녀의 성공을 통보해 주었다.
- This photograph reminds me of her.
  이 사진은 나에게 그녀를 상기시켜 준다.

- I convinced him of his fault.

  나는 그에게 그의 잘못을 납득시켰다.
- The Coast Guard warned all ships of the hurricane.

  연안 경비대는 모든 선박에게 허리케인 내습을 경고했다.
- We accused him of taking bribes.

  우리는 그가 뇌물을 받았다고 비난하였다.

4 방해 · 금지 동사 + 사람 + from + 목적어

'~에게 …하지 못하게 하다'의 뜻으로 4형식으로 혼동하면 안 된다. prevent, keep, stop, discourage, hinder, restrain, prohibit, dissuade 등이 여기에 해당한다.

- The heavy rain kept us from going out.

  비가 많이 와서 우리는 외출할 수가 없었다.
- Business prohibited him from going.

  사업 때문에 그는 갈 수 없었다.
- My illness prevents me from attending the meeting.

  나는 아파서 그 모임에 참석할 수 없다.
- She dissuaded her son from going abroad alone.

  그녀는 그녀의 아들 혼자 외국에 나가겠다는 것을 단념시켰다.
- They forbade him to go to the party yesterday.

  그들은 어제 파티에 그를 오지 못하게 했다.

  주의 forbid 동사는 예외적으로 목적격 보어에 'to v'가 온다.

5 칭찬, 감사 / 비난, 처벌 의미의 동사 + 사람 + for + 사물 (내용)

praise, reward, thank, blame, scold, criticize 등의 동사가 여기에 해당한다.

- They praised the boy for his bravery.

  그들은 그 소년에게 그의 용맹성을 칭찬했다.
- He thanked those present for coming.

  그는 참석자들에게 와준 것에 대해 감사함을 표현했다.
- Mom scolded me for making fun of them.

  어머니는 내가 그들을 놀린 것을 꾸짖으셨다.
- We blamed him for the fault.

  = We blamed the fault on him.

  우리는 그의 잘못을 비난했다.

6 수여동사로 착각하기 쉬운 타동사

explain, admit, suggest, announce, propose, describe, introduce 등은 수여동사로 착각하기 쉬운 타동사이므로 주의를 요한다.

- I explained the fact to her. (○)
  - ⇨ I explained her the fact. (×)

  나는 그녀에게 그 사실을 설명해 주었다.

- Dr. Jenkins suggested the solution to me. (○)
  - ⇨ Dr. Jenkins suggested me the solution. (×)

  Jenkins 박사는 나에게 해결책을 제시했다.

- He announced his engagement to us. (○)
  - ⇨ He announced us his engagement. (×)

  그는 그의 약혼을 우리에게 공표했다.

- James suggested to her that they go to the beach. (○)
  - ⇨ James suggested her that they go to the beach. (×)

  James는 그녀에게 해변에 가자고 제안했다.

(017~020) **Choose the one that best completes the sentence.**

017
가천대

I would be grateful if you could inform me _____ your decision at the earliest moment.

① of
② into
③ at
④ to

018
가천대

We need to consider some of the factors which discourage young people _____ marrying and having babies.

① into
② from
③ to
④ about

019

She is the girl whose money was _____ .

① stolen from
② stolen
③ robbed
④ was robbed of

020
홍익대

Slavery proved as injurious to my mistress as it did to me. It soon proved its ability to _____ .

① these qualities of her heavenly divest
② divest these heavenly qualities of her
③ divest her of these heavenly qualities
④ her heavenly qualities of these divest

021
한국외대

Choose the most appropriate form for each word in parentheses.

> A wrong diagnosis can prevent patients (get) the treatment they need. Lyme disease, for example, can be serious if not (treat) early by a simple course of antibiotics.

① getting – treating

② to get – treated

③ from getting – treated

④ from getting – to be treated

⑤ getting – to be treated

(022~025) **Choose one that is ungrammatical or unacceptable.**

022
명지대

The coalition demanded ① that the government ② put an end to cable television service, ③ which it accused ④ subverting traditional values.

023
이화여대

By ① venturing into another field, teachers demonstrate that nonspecialists can deal with the subject matter to some extent, thus ② abusing students of the notion that any ③ engagement in the discipline ④ requires mastery.

024
성균관대

It was ① principally the influence of Christianity ② that deprived beauty ③ from the central place it ④ had in ⑤ classical ideals of human excellence.

025
숙명여대

① No one has ever accused the congressman ② with ③ being at a loss for words; he can speak at ④ great length on ⑤ almost any subject.

04 | 혼동하기 쉬운 동사들을 확실하게 암기하자

동사는 그 동사에 따른 고유의 용법과 문형이 있다. 자동사로 쓰였는지 타동사로 쓰였는지 올바른 동사의 형태를 써야 한다. 아래와 같은 방법을 통해 혼동하기 쉬운 동사들을 구별하자.

1 find vs. found

> find – found – found (찾아내다)
> found – founded – founded (설립하다)

- She found herself pregnant.
  그녀는 자신이 임신한 것을 알게 되었다.
- The company was founded in 1955.
  그 회사는 1955년에 설립되었다.

2 lie vs. lie vs. lay

> lie – lied – lied – lying (거짓말하다)
> lie – lay – lain – lying (vi. 눕다, 놓여 있다)
> lay – laid – laid – laying (vt. 눕히다, 놓다)

- My sister lied to me for twenty years.
  내 여동생은 내게 20년 동안 거짓말을 했다.
- A broken ladder lies on the ground.
  부서진 사다리가 땅 위에 놓여 있다.
- She laid the baby in his crib.
  그녀는 그 아기를 유아용 침대에 눕혔다.

3 fall vs. fell

> fall – fell – fallen (떨어지다)
> fell – felled – felled (넘어뜨리다)

- The missile fell in a remote area. 미사일은 먼 지역에 떨어졌다.
- He felled his opponent with a single blow. 그는 상대방을 한방에 쓰러뜨렸다.

4 affect vs. effect

> affect – affected – affected (vt. 영향을 미치다)
> effect – effected – effected (vt. 초래하다, 달성하다)

- Cannabis is a drug that can affect your mind and body.
  마리화나는 당신의 정신과 육체에 영향을 미치는 마약이다.
- A doctor cannot effect the cure and restore unknown diseases.
  의사는 미지의 병을 치료하고 회복시킬 수 없다.

5 set vs. sit vs. seat

> set – set – set (vt. 놓다)
> sit – sat – sat (vi. 앉다)
> seat – seated – seated (vt. 앉히다)

- She set a tray on the table.
  그녀는 쟁반을 테이블 위에 놓았다.
- He sat down by the riverbank.
  그는 강둑에 앉았다.
- Please be seated.
  앉으세요.

6 rise vs. raise vs. arise

> rise – rose – risen (vi. 솟아오르다, 일어나다)
> raise – raised – raised (vt. 들어올리다)
> arise – arose – arisen (vi. 사건 등이 발생하다)

- A big cloud of dust rose from the mattress.
  매트리스에서 엄청난 먼지가 일어났다.
- Raise your hand if you have a question.
  질문 있으면 손을 들어라.
- A sharp disagreement arose between them.
  그들 사이에 극명한 불화가 일어났다.

01

(026~029) **Choose the one that best completes the sentence.**

026 Although you must get off while the bus is ① being cleaned, you may ② leave your suitcases and ③ other belongings ④ laying on your seats.

027 A poll ① revealed that consumer preference for a product ② raises by 19 percent ③ after ④ its appearance on a small airship or blimp.

028
홍익대
① A calorie is the quantity of heat ② required ③ to rise one gallon of water one degree centigrade ④ at one atmosphere pressure.

029
홍익대
Isaac sneezed a very cute baby ① sneeze in response, and Jill looked ② as though he'd just ③ arisen up from her arms a full-grown man and ④ recited a few sonnets.

030
국민대
Choose the sentence that is Not grammatically correct.

① I inferred from your tone that you were mad.

② After the fight, she reconciled with her husband.

③ I lay down the book I was reading when he walked in.

④ It has been directed toward enhancing qualities in products.

05 | 5형식 동사의 목적격 보어 형태가 출제된다

1 'S + V + O + to부정사' 형식의 5형식 출제동사 정리

목적어가 의미상 주어의 역할을 하며 술어 역할을 하는 목적격 보어로 동사가 올 경우에는 대부분 to부정사를 취하는 동사가 많다. 동사가 기대, 설득, 강요, 허락 등을 나타내는 동사들이 이에 속하며 영어 문장에 자주 쓰이기 때문에 반복해서 학습해야 한다.

5형식 (S + V + O + to부정사)	to부정사를 목적격 보어로 갖는 동사로 'S+V+O+ to부정사 ~'의 형태를 갖는다.	
	기대 · 소망	want / like / would like / intend / mean / expect, desire, wish
	설득 · 요청	advise / ask / encourage / enable / persuade
	강요 · 명령	force / order / command / cause / compel, oblige, urge, get, tell
	허락 · 금지	allow / permit / forbid / warn

2 'S + V + O + ~ing' 형식의 5형식 출제동사 정리

5형식에서는 목적어와 목적격 보어가 의미적으로 주어와 동사의 관계를 이루고 있다.
대표적으로 지각동사가 이런 형식을 취한다. 목적어와 목적격 보어 사이의 의미적 관계는 능동이어야 하며 '진행'의 의미를 갖고 있을 때 쓸 수 있다.

지각동사	see, watch, look at, notice, perceive, observe, witness, smell, hear, listen to, feel

3 'S + V + O + 동사원형' 형식의 5형식 출제동사 정리

다른 사람에게 일을 시키는 동사의 부류를 의미한다. have, make, let이 목적격 보어로 취할 경우에 목적어와 목적격 보어 관계가 능동이면 동사원형을 쓴다. 또한 목적격 보어로 동사원형, to부정사 모두 쓸 수 있는 동사가 있다. 이를 준사역동사라고 한다. help, bid가 대표적인 준사역동사에 속한다.

사역동사	make, have, let
준사역동사	① help+O+동사원형 help+O+to V
	② get+O+to V
	③ bid+O+동사원형 bid+O+to V

4 'S + V + O + 과거분사' 형식의 5형식 출제동사 정리

목적어와 목적격 보어와의 의미적 관계가 수동이면 과거분사를 써야 한다. 다만 let의 경우에는 목적격 보어 앞에 p.p만 쓰는 것이 아니라 'be p.p'의 형태로 써야 한다. 사역동사와 지각동사의 경우도 목적어와 목적격 보어 사이의 의미적 관계가 '능동'적 관계가 아니라 '수동'일 경우에도 이 형식을 지켜야 한다.

> S + have + O + p.p
> S + make + O + p.p
> S + let + O + be p.p
> S + help, get + O + p.p
> S + 지각동사 + O + p.p

5 5형식에서 목적격 보어의 형태에 주의해야 할 동사

목적격 보어 앞에 전치사를 수반하는 경우가 있다. 대표적인 전치사가 바로 as이다. 또한 목적격 보어 앞에 전치사를 쓰지 않고 명사나 형용사가 나오는 동사들이 있다. 이런 형식으로 자주 출제되는 동사에는 call, name이 있다.

consider A as B	consider, see, view, regard, think of, look upon, acknowledge, describe 등
call A B	call, name

031~034　**Choose the one that best completes the sentence.**

031
아주대

A lunar reconnaissance orbiter is scheduled to launch in 2008, which will create high-resolution maps to allow scientists _____ good landing sites while searching for natural resources.

① for taking

② to take

③ for picking

④ to pick

⑤ pick

032

The brain cell receptor that _____ associate two events is made of components that change over a life span.

① gets

② lets

③ makes

④ helps

033
숭실대

Google may well be able to continue its charmed life by holding onto its search lead and getting its non-search business _____ in more profits.

① kicking

② kicks

③ to kick

④ kicked

034
서강대

As he received a letter from his son and began to read it, the old man at once felt the resolution he had built up over so many years _____ in.

① to fell

② falling

③ had fallen

④ felling

035~036 **Choose the one which is arranged correctly.**

035
한양대

> We expect intense competition among overseas buyers who want to take advantage of this advance purchase offers as an investment opportunity. We ① apply ② urge ③ abroad ④ to ⑤ interested parties immediately.

① ②－③－⑤－④－①
② ②－⑤－③－④－①
③ ⑤－②－④－①－③
④ ⑤－③－②－④－①

036
한양대

> Most importantly, mobile banking can help the industry ① made ② huge ③ the ④ impact ⑤ repeat when mobile phones were first introduced.

① ⑤－③－②－④－①
② ⑤－③－④－①－②
③ ①－③－②－④－⑤
④ ④－③－②－⑤－①

037~047 **Choose one that is ungrammatical or unacceptable.**

037
숭실대

Liberal analysts ① are more likely to focus on the way that Greenspan's aversion to regulation turned innovative financial products into lethal weapons. In this view, the emergence of an unsupervised market for ② more and more exotic derivatives allowed heedless financial institutions ③ put the entire financial system ④ at risk.

038
중앙대

In his book, he looks ① at language as the key ② to intercultural understanding and urges us ③ never cut back on ④ foreign language programs.

039

The Federal Aviation Administration expects ① the number of flights ② increasing by more than a third during the next decade, further ③ burdening the ④ congested air traffic system.

040
성균관대

The schoolmaster was watching the two men ① climbed toward him. One was on horseback, the other ② on foot. They had ③ not yet tackled the abrupt ④ rise leading to the schoolhouse ⑤ built on the hillside.

041

① From under the roof of my umbrella, I saw the washed pavement ② lapsed beneath my feet and the news-posters ③ lying smeared with dirt ④ at the crossings.

042
서울여대

Dr. Meyers said ① that after the patent was ② granted he would let scientists and ③ anyone else who was curious ④ to see how it was done.

043
성균관대

He sat there, ① lost and lonely in a strange city, ② visualizing the nightmare of ③ getting all the paperwork ④ organizing again from a distant country while ⑤ trying to settle down in a new one.

044
홍익대

They admitted nearly 200 people, all of whom sat on simple chairs and ① who could easily hear the accompanying music ② playing on piano by a local girl, who ③ would attempt to match the music ④ to the tone of the particular scene.

045

Many art schools today ① consider computer literacy ② being ③ a necessary addition to the ④ basic scholastic requirements.

046
강남대

Perhaps you have found some words ① to live by and ② treasured them because they say ③ something which you regard ④ to be vital.

047
세종대

Traditional healers were called ① <u>as</u> witch doctors by the colonizers, ② <u>who</u> viewed ③ <u>their</u> medical practices ④ <u>as</u> inferior.

048
가톨릭대

문법적으로 옳지 못한 부분을 포함하고 있는 문장을 고르시오.

① In addition to providing energy, fats have some other functions in the body. ② In the diet, fats cause food to have remained longer in the stomach. ③ Hence they help increase the feeling of fullness for some time after a meal is eaten. ④ Fats also add variety, taste, and texture to foods, which accounts for the popularity of fried foods.

049
광운대

Choose the sentence that is grammatically Correct.

① It will not be long before autumn will come.
② He needs hardly tell you how important this is.
③ The king had the precious stones brought before him.
④ We might have missed the bus, if we walked more slowly.
⑤ Your father as well as your uncle are rich.

050
한국외대

Choose the sentence that is Not grammatically correct.

① The company does not allow smoking indoors.
② The man does not allow his son to drink or smoke.
③ The nurse helped the patient to stand on his own feet.
④ The comedian had the guests laughing heartily.
⑤ The boss made his secretary cleaning his office.

MEMO

CHAPTER
02

시제와 수동태

06 | 현재 시제를 써야 하는 경우에 주의하자

현재의 습관이나 상태를 나타내며, 일반적인 사실이나 진리도 현재 시제를 사용한다. 말이나 글을 통해 어떤 내용을 전달하는 현재 시제는 그 진술의 내용이 fact라는 점을 나타내며 시작을 알 수 없는 과거시를 비롯해서 가까운 미래의 어느 시점까지도 지속된다. 쉽게 말해 '어제도, 오늘도, 내일도' 적용되는 시제가 바로 현재 시제이다.

1 불변의 진리 · 과학적 사실

- The earth moves round the sun.
  지구는 태양 주위를 돈다.
- The sun rises in the east.
  태양은 동쪽에서 뜬다.
- Honesty is the best policy.
  정직은 최선의 방책이다.
- Water freezes at 0℃ and boils at 100℃.
  물은 0℃에서 얼고 100℃에서 끓는다.

2 미래 시제의 대용

come, go, arrive, leave, depart, return, start 등 왕래 발착 동사가 미래를 표시하는 부사구와 함께 쓰일 경우 현재 시제가 미래 시제를 대신한다.

- He arrives(= will arrive = is arriving) here tomorrow.
  그가 내일 이곳에 도착할 것이다.
- He returns(= will return = is returning) home next Sunday.
  그는 다음 주 일요일에 집에 돌아올 것이다.
- The school begins(= will begin) next Monday.
  수업은 다음 주 월요일에 시작된다.

시간 · 조건의 부사절에서는 현재 시제가 미래를 대신하지만, 명사절이나 형용사절에서는 현재 시제가 미래 시제를 대신하지 않는다.

- I'll tell you as soon as I go there.
  I'll tell you as soon as I'll go there. (×)
  내가 거기에 가자마자 너에게 말을 하겠다.
- I don't know *when* the rain will let up. (명사절)
  나는 비가 언제 그칠지 모른다.
- Do you know *the exact time when* he will arrive? (형용사절)
  그가 도착할 정확한 시간을 아십니까?

- *The time* will come when he <u>will regret</u> this. (형용사절의 후치)

  그가 이것을 후회할 때가 올 것이다.

3 진행형을 쓰는 경우와 쓰지 않는 경우

인식, 의도, 감정, 감각, 소유, 포함 등을 나타내는 정적동사(static verbs)는 원칙적으로 진행시제로 표현할 수 없다.
그러나 진행형으로 쓰일 수 없는 동사들이 진행형으로 쓰일 경우에는 그 의미가 달라지기 때문에 주의해야 한다.

진행형으로 쓸 수 없는 동사

인식	know*, remember*
감정	love, like, prefer, dislike, hate, abhor
의도	want*, wish, desire, hope, intend, mean
존재	be, exist*
소유	have*, own, possess, belong to*
무의지	look, feel, taste, smell, sound, see*, hear / resemble*, seem, appear, remain
포함	include, comprise, consist of*, constitute, contain

⇨ I <u>am having</u> a car. (×)

⇨ I <u>am resembling</u> my mother. (×)

⇨ It <u>is remaining</u> an important issue. (×)

⇨ They <u>are belonging to</u> the organization. (×)

일시적 동작을 강조할 경우와 의미 자체가 달라질 경우에 진행형이 가능하다.

feel	더듬어 찾다 **ex** I <u>am feeling</u> for a light switch.
smell	~한 냄새를 맡다 **ex** Why <u>is he smelling</u> the cheese?
see	관광하다, 마중 가다, 진찰하다 **ex** I <u>am seeing</u> the sights of Seoul.
hear	경청하다 **ex** I <u>am hearing</u> the lecture.
taste	~한 맛을 보다 **ex** Why <u>is he tasting</u> the cheese?
have	소유가 아닌 의미를 갖는 경우 **ex** I <u>am having</u> a bath. I <u>am having</u> a good time. I <u>am having</u> lunch now.

051 Choose the one that best completes the sentence.

> A large department store had an optical department where people could get eye exams and buy glasses. One day the optical department ⓐ _____ giving free eye exams. So, this was announced over the store's public address system: "The optical department ⓑ _____ giving a free eye screening today." A lot of people who were shopping at the store heard the announcement and hurried to the optical department, where a long line formed. It turned out, however, that the people weren't waiting for a free eye screening; they were waiting for free ice-cream.

	ⓐ		ⓑ
①	was	–	has been
②	is	–	was
③	had been	–	was
④	was	–	is

(052~053) **Choose one that is ungrammatical or unacceptable.**

052
광운대
Because of the ① many beliefs that connect business ② to the wealth and the traditional values of the United States, people ③ who are successful in business ④ sometimes have become heroes to the American people.

053
Spain is ① a European country that ② lay east of Portugal and north of Africa. It has ③ coasts on ④ the Atlantic Ocean, both in the north and in the south.

054 Choose the sentence that is grammatically Correct.

① Sarah is on vacation, and she is not working this week.
② I don't understand what this sentence is meaning.
③ We have been knowing each other since high school.
④ Kelly has been working here six months ago.

Choose the sentence that is Not grammatically correct.

① The red car is belonging to me tomorrow.

② By the end of the 1920s, women in the United States had won the right to vote.

③ That tree is going to fall tomorrow.

④ By the year 2008, the information superhighway will have become accessible to all.

07 | 시점 부사에 유의하자

동사의 시제 12개 중에서 시험에는 자주 출제되는 것들이 있다. 길어진 문장이라고 반드시 동사의 시제를 알려주는 기준 시점과 이를 나타내는 시점 부사들이 있기 마련이다. 또한 문맥적으로 반드시 특정 시제를 써야 하는 문장들도 있다. 자주 출제되는 것들을 정리하면 아래와 같다.

had p.p, had been p.p	과거완료: 과거 이전에 시작되었던 일이 과거시점까지의 계속, 경험, 완료, 결과를 나타내는 일을 나타낸다.	
	대과거: 과거를 기준으로 더 먼저 발생했던 일을 나타낸다.	
과거	단순과거로 이미 끝난 과거의 사건, 동작, 상태를 나타낸다. yesterday, just now*, those days last + 시간 표현, 시간 표현 + ago	
현재완료	과거에 일어난 동작 · 상태를 현재와 결합시켜 서술할 경우에는 현재완료를 사용한다. already, just, ever, never, since	
미래	조동사로!	① 거의 will을 쓴다. ② be going to의 용법에 주의하자(미리 계획해 두었던 확정적 미래).
	현재 시제로!	확정적 미래는 미래 대신 현재 시제를 써서 가까운 일을 나타낸다. 왕래발착 동사: go, come, leave, start, arrive, return 등
	현재진행형으로!	가까운 미래를 나타낼 수 있다. ⇨ I am meeting you tomorrow.
	시간, 조건 부사절	시간이나 조건의 부사절에서는 미래 시제 대신 현재 시제를 써서 미래의 일을 나타낸다. ⇨ when, if, as soon as, after, before 등
미래완료	미래의 주어진 시간 전에 일어날 사건이나 종료될 사건을 나타낸다. S + will have p.p ~ by tomorrow / by the time + S + V / by + 미래시	

- I bought this car in Montreal. (과거의 사실)

  나는 몬트리올에서 이 차를 샀다.

- Columbus discovered America in 1492. (역사적 사실)

  콜럼버스는 1492년에 아메리카를 발견했다.

- They immigrated to this country fifty years ago. (명백한 과거를 나타내는 부사)

  그들은 50년 전에 이 나라로 이민을 왔다.

- I have been to Seoul three times. (현재완료의 경험)

  나는 서울에 3번이나 갔다 왔다.

- The train had left when she reached the station. (대과거, 과거완료)

  그녀가 역에 도착했을 때 기차는 이미 떠났었다.

- No sooner had I heard the news than I hastened to the spot.

  그 소식을 듣자마자 나는 현장에 달려갔다.

- By the end of next month he will have been here for ten years. (미래완료)

  다음 달 말이 되면 그는 여기서 10년 동안 있어 온 셈이 된다.

056~060　**Choose the one that best completes the sentence.**

056
광운대

Before becoming President of the U.S. this year, Obama _____ as senator of Illinois.

① serve
② serving
③ was served
④ has served
⑤ had served

057
세종대

We discovered that the stinking smell was coming from eggs _____.

① we have been forgetting to refrigerate
② we have forgotten to refrigerate
③ we had forgotten to refrigerate
④ we had been forgetting to refrigerate

058
강남대

The corporate monitoring committee _____ an inspection of any violation of security codes in a week.

① has been starting
② will be starting
③ is started
④ is being started

059
강남대

Mr. Kim will already _____ his presentation by the time you reach the convention center.

① have finished
② finished
③ finish
④ have been finished

060
단국대

It is not known exactly when _____, but where that event occurred in what part of the country is certain.

① the first immigrants arrive in Canada
② the first immigrants arrived in Canada
③ the first immigrants will arrive in Canada
④ the first immigrants would have arrived in Canada

061
한국외대

Choose the most appropriate form for each word in parentheses.

> The Secretary of State said that there was (consider) evidence that he was dead or severely wounded but that the United States did not have definitive proof, like DNA, that the leader of the rebel army (kill).

① considerate – had been killed
② considerable – had been killed
③ considerate – was killed
④ considerable – was killed
⑤ considering – have been killed

062

Choose the one that best completes the sentence.

> Although Aung San Suu Kyi is still revered in Burma, as proven by the crowds that (a) _____ her since her release, the political opposition that once (b) _____ around her (c) _____ to fracture.

	(a)	(b)	(c)
①	throng	coalesces	may begin
②	may throng	coalesced	will have begun
③	have thronged	coalesced	has begun
④	have thronged	coalesces	will begin

063~075 **Choose one that is ungrammatical or unacceptable.**

063
세종대

You have undoubtedly ① discovering that the greatest ② learning comes from ③ asking the right questions. The hardest questions, of course, have no "right answer," but they are important steps on the path to ④ understanding.

064

① Once marine biologists had determined the precise migratory route of the California whale, they ② are finding that the distance covered was ③ much greater than ④ had been thought.

065
한국외대

Since 1928, ① the year penicillin was discovered, ② humans significantly ③ improved their health and longevity ④ by using antibiotics to conquer ⑤ infections.

066
아주대

By the end of the 1800s, the ① output of ② European artists, writers and scientists ③ have accelerated to the point where ④ it dwarfed the ⑤ productiveness of the 1700s.

067
중앙대

① Despite the fact that ② they had lived in France until they were 8 years old, neither of the boys ③ is able to speak French any more. ④ No error.

068
가천대

When I ① met him yesterday, he ② told me that his father ③ died three weeks ④ before.

069
중앙대

Not until geologists ① begin to study ② exposed rocks in ravines and ③ on mountainsides ④ did they discover many of the earth's secrets.

070
서강대

No sooner ① had scientists at Stanford University in 1973 begun rearranging DNA molecules in test tubes ② than critics ③ begin likening these DNA procedures ④ to the physicist's power to break apart atoms.

071
경기대

Oberin College ① awards degrees to both sexes as early as 1837, but coeducation in American ② colleges did not spread ③ until the ④ second half of the century.

072
중앙대

① On the night when their city fell, the Trojans held joyful celebrations, ② wrongly believing that the Greeks ③ have given up their siege and departed. ④ No error.

073
홍익대

That strength ① is useful when she moved ② back to Grand Rapids ③ in 1941 and married a local furniture dealer ④ named William Warren.

074
홍익대

This enrichment process was ① what determined the composition of the Solar System 4.5 billion years ago, and ultimately ② makes possible the chemistry of life ③ on Earth ④ as per the "Big Bang" theory.

075
숭실대

In 1922, a Japanese national who ① had lived in the United States for 20 years told the Supreme Court that ② most Japanese hailed from Caucasian 'root stocks.' The high court disagreed. Next year, a high-caste Hindu claimed he too ③ had been white. The justices found him ④ no more persuasive.

076
가톨릭대

문법적으로 옳지 못한 부분을 포함하고 있는 문장을 고르시오.

① Many people often miss critical opportunities in their lives and that could hurt a lot. ② And that has been happening to me when I visited London last year. ③ I could have worked with Dr. Altman then, but I just let the chance pass by. ④ If I had worked with him, I would be in charge of the research center now.

(077~080) **Choose the sentence that is Not grammatically correct.**

077
서강대

① Cousin Myungok is arriving today.
② I'm staying at the Shilla.
③ That tree is falling tomorrow.
④ I'm marching in the parade next week.

078
명지대

① She felt the poet move in her heart.
② The law will deprive us of our basic rights.
③ She let me use her computer because mine wasn't working.
④ By this coming March, I have been living here for five months.

079
한국외대

① We have just bought a new car, so we can't afford to take a vacation.
② This country fair has been in existence for over 60 years.
③ She said that she has left the store before the robbery took place.
④ Last week when I was shopping at the mall, I had a funny experience.
⑤ Recently, more women have been opening their own businesses.

080
광운대

① I haven't seen Mary for ages.
② Has your course started yet?
③ We live here since 1997.
④ You drove right past me at the bus stop.
⑤ What have you been doing lately?

08 | 능동태로 쓸 것인지, 수동태로 쓸 것인지를 결정하자

수동태 문장이 성립하기 전에 능동문의 형식을 생각해보자. 그러기 위해서는 능동문에 쓰인 동사의 형식을 올바르게 파악할 수 있어야 한다. 수동태가 되기 위해서는 능동태에서 목적어가 무엇이었는지 빨리 파악하고 주어진 문제에서 목적어가 없을 경우에는 반드시 'be + p.p'의 형식을 쓰자.

1 수동태의 문장으로 쓸 수 없는 경우

자동사는 목적어가 없기 때문에 수동태로 쓸 수 없다. 의미적으로 수동태로 쓸 수 없는 동사들이 시험에 나온다.

have	가지고 있다	let	~을 허락하다
resemble	~을 닮다	meet	~을 만나다
cost	~의 비용이 들다	become	~에 어울리다
suit	~에 어울리다	lack	~이 없다
escape	~을 모면하다	remain	~ 상태로 남아 있다
appear	나타나다	disappear	사라지다
consist of	구성되다	suffer from	고통을 받다
belong to	~에 속하다	happen, occur, arise, take place	발생하다

- He resembles his father. (O)
  - ⇨ His father is resembled by him. (×)
  그는 그의 아버지를 닮았다.
- This blue dress becomes her. (O)
  - ⇨ She is become by this blue dress. (×)
  이 푸른 옷은 그녀에게 어울린다.
- We can't let you smoke. (O)
  - ⇨ You can't be let to smoke. (×)
  우리는 네가 담배 피우는 것을 허락할 수 없다.

2 복문의 수동태

They say ~ 구문(복문)의 수동태는 'It + be + p.p + that S′ + V′' 또는 'S + be + p.p + to V', 'S + be + p.p + to have p.p'의 형태를 취한다.
- People believe that he was ill in bed last week.
  - ⇨ *It* is believed that he was ill in bed last week.
  - ⇨ *He* is believed to have been ill in bed last week.
  사람들은 그가 지난주에 몸져누워 있었다고 믿고 있다.

3 동사의 형식에 따른 수동태의 구조

be p.p의 모습을 정리하자!

4형식의 수동태	My aunt gave <u>me</u> <u>this watch</u>. = I was given <u>this watch</u> by my aunt. = <u>This watch</u> was given <u>to me</u> by my aunt. 고모가 이 시계를 나에게 주었다.
5형식의 수동태	We considered <u>the accident</u> <u>a pity</u>. = <u>The accident</u> was considered <u>a pity</u>. 우리는 그 사건을 애석하게 여겼다.
	They made <u>her</u> <u>happy</u>. =<u>She</u> was made <u>happy</u> by them. 그들은 그녀를 행복하게 했다.
	We saw <u>the old man</u> <u>cross the road</u>. = <u>The old man</u> was seen <u>to cross the road</u>. We saw <u>the old man</u> <u>crossing the road</u>. = <u>The old man</u> was seen <u>crossing the road</u>. 우리는 노인이 도로를 횡단하는 것을 보았다.
	She made <u>me</u> <u>wash the dishes</u> after dinner. = <u>I</u> was made <u>to wash the dishes</u> after dinner. 그녀는 식사 후 나에게 설거지를 시켰다.

(081~089) **Choose the one that best completes the sentence.**

081
단국대

Dental researchers recently discovered that toothbrushes can become contaminated with bacteria _____ pneumonia and strep throat.

① that cause
② that causes
③ that is caused
④ that are caused

082
세종대

It remains _____ whether a respected economist will have the necessary clout to stick to the reform path.

① to see
② for seeing
③ to be seen
④ for being seen

083
가톨릭대

Although China as a whole has made significant progress in health and education, many reports suggest that the indigenous peoples of Tibet and Xinjiang _____.

① left behind
② have left behind
③ have been left behind
④ had left behind

084
아주대

The library _____ our college in 1865 and took its name from a secret benefactor who donated his fortune for its development.

① finds
② found
③ is founded by
④ was found by
⑤ was founded by

085 Maria Callas was a woman for whom the term prima donna could have been invented. She was an American-born Greek soprano and made her professional debut in 1942, and since then she _____ to be a singer-actress.

① long considered herself

② was long herself considered

③ long considering herself

④ herself long considering

086
강남대

Two of the items were found to be defective but all of the others _____ to be perfect.

① prove

② proving

③ were proven

④ have been proven

087
세종대

Although Spaniards had destroyed the Aztec empire and taken control of Mexico by 1521, _____.

① Jamestown was not settled until 1607

② Jamestown did not settle by 1607

③ Jamestown had not settled during 1607

④ Jamestown has not been settled in 1607

088
서강대

Rotting bands were found along with the money in the marsh, indicating that the cash _____ there before the bands fell apart.

① must have deposited

② should have been depositing

③ must be deposited

④ must have been deposited

089 But hardly anyone in our society would question why it is not possible to _____ more than one spouse simultaneously.

① marry to

② be married to

③ be married with

④ marry with

090 Choose the most appropriate form for each word in parentheses.

한국외대

> In the past, political and economic power (distribute) in such a way that substantial economic losses (impose) on parts of the population if the establishment decided that it was in the general interest.

① was distributed – could impose

② had distributed – were imposed

③ distributed – would be imposed

④ was distributed – could be imposed

⑤ has been distributed – can be imposed

091~108 **Choose one that is ungrammatical or unacceptable.**

091 Columbia ① has suffered the heaviest rain in decades ② due to the La Nina weather

경기대 phenomenon, which ③ is caused water temperature in the Pacific Ocean ④ to drop.

092 Typically, ① more trade fairs ② are holding in the fall than in ③ any other month ④ because of the weather in this region.

093 To ① ring in the Year of the Rabbit, ② three major museums ③ are held exhibitions ④ to

세종대 introduce visitors to the mythology of the rabbit in Korean culture.

094
가톨릭대

The advertisement is printed ① in such a way that ② two very different pictures ③ can see depending on ④ how you look at it.

095
한국외대

Degeneracy ① follows every violent autocracy, ② for violence inevitably ③ attracts moral inferiors; ④ time has proved that illustrious tyrants are always ⑤ succeed by scoundrels.

096
세종대

① Rediscovered in the late 1500s, the ② ruins of Pompeii have ③ been preserved a glimpse into the daily lives of citizens of the Roman Empire that would otherwise ④ be lost to history.

097
단국대

① Although the new drug ② has heralded as a breakthrough in reducing cholesterol, it remains to be seen ③ whether any ④ long-lasting side effects will result from its usage.

098
단국대

Professor Bueno de Mesquita adds that authoritarian governments around the world, ① including China's, ② are shown that they can reap the benefits of economic development while ③ resisting any pressure ④ to relax their power.

099
동국대

① During the ensued Civil War, Abraham Lincoln eloquently reminded the nation of its founding principle: "our fathers ② brought forth on this continent a new nation, ③ conceived in liberty and dedicated to the proposition that all men ④ are created equal."

100
홍익대

① In her novels, Woolf is deeply engaged ② for the questions of ③ how individuals are shaped by ④ their social environments.

101
명지대

I ① got to the airport to discover that the plane ② that my brother was on ③ had been delayed and ④ had expected to be an hour late.

102
세종대

Family disorganization ① has identified as a major ② characteristic of industrial society and has been associated ③ with the loss of ④ a Utopian preindustrial past.

103

Jack's wealth ① has estimated ② at between $600 million and $1 billion, and ③ his holdings ④ range from the Chrysler Building in New York to the Washington Redskins football team.

104
단국대

Once a week, the cruise ships would be in the harbor, and the streets would be full of pink tourists, most of them ① elderly, ② worn shorts and ③ looking ④ stunned from the heat and the hassling.

105
성균관대

While ① considering what type of furniture ② to buy, the family may also be ③ considered the fundamentals of decorating. ④ Having these well in mind while making plans helps ⑤ prevent mistakes.

106
가천대

Another study discovered that senior citizens, both those ① living alone and those in nursing homes, became more ② interested in life when they ③ gave pets to care ④ for.

107
강남대

If we don't get a ① satisfying solution to the problem, we'll ② be forcing to ③ take action ④ against your company.

108
가천대

They may be classified ① as art ② if they belong to types of product or performance ③ that have been socially recognized ④ with having aesthetic function.

(109~110) **Choose the sentence that is Not grammatically correct.**

109
명지대

① The problem is generally seen as an economical one.
② Justin went as far as to call Elizabeth a liar.
③ We suddenly found ourselves exposing to the rain.
④ It is prudent to prepare for a trip well in advance.

110
명지대

① It is strange that the idea should have general currency.
② Your boy will turn to other boys to be stolen to get what he wants.
③ At the forthcoming election, restrictions on advertising will apply.
④ Therefore, English is not really used much by students in my country.

CHAPTER
03

부정사, 동명사, 분사

09 목적어로 부정사를 쓸 것인지, 동명사를 쓸 것인지 결정하자

부정사, 동명사, 분사를 준동사라고 한다. 이들 모두 동사적 성질을 갖고 있으므로 동사의 형식에 따라 목적어, 보어, 부사어의 수식을 받아 길어지는 성향이 있다.

부정사는 명사적 용법, 형용사적 용법, 부사적 용법이 있으며, 동명사는 명사적 용법으로 쓰인다. 분사는 형용사적 용법과 분사구문에 쓰이기 때문에 시험에 자주 출제된다.

1 동명사만을 목적어로 취하는 경우

동명사만을 목적어로 취하는 동사(과거 지향적, 후회 · 유감 동사가 주류)

mind	꺼리다	avoid	피하다
escape	도망하다	suggest	제의하다
admit	허락하다	mention	언급하다
consider	고려하다	miss	놓치다
finish	끝나다	imagine	상상하다
anticipate	기대하다	favor	찬성하다
enjoy	즐기다	deny	부인하다
forgive	용서하다	postpone	연기하다
stand	참다	prohibit	금지하다
resist	저항하다	appreciate	고맙게 여기다

2 부정사만을 목적어로 취하는 경우

부정사만을 목적어로 취하는 동사(미래 지향적, 희망 · 소망 동사가 주류)

wish	바라다	hope	희망하다
care	좋아하다	pretend	～인 체하다
mean	의도하다	hesitate	주저하다
agree	동의하다	promise	약속하다
seek	노력하다	claim	청구하다
expect	기대하다	decide	결정하다
fail	～하지 못하다	long	열망하다
demand	요구하다	attempt	시도하다
plan	계획하다	afford	～할 여유가 있다
refuse	거절하다	manage	어떻게든 해서 ～하다

3 부정사와 동명사가 의미가 달라지는 경우

3형식에서 목적어로 동명사, 부정사 모두 취할 수 있는 동사들이 있다. 이럴 경우 의미 차이가 있는 경우가 있고, 없는 경우가 있다. 특히 부정사와 동명사를 목적어로 취할 경우 의미가 다른 경우에 주의해야 한다.

(1) remember, forget

> remember / forget + ~ing ⇨ 과거의 사실(~했던 사실을 기억하다 / 잊다)
> remember / forget + to V ⇨ 미래의 사실(~할 것을 기억하다 / 잊다)

(2) stop

> stop + ~ing ⇨ ~하는 것을 멈추다
> stop + to V ⇨ ~하기 위해서 멈추다(stop in order to V로 파악해 보면 쉽다.)

- She stopped to smoke.
  그녀는 담배를 피우기 위해서 멈췄다.
- She stopped smoking.
  그녀는 금연했다.

(3) try

> try + ~ing ⇨ 시험 삼아 ~해보다
> try + to V ⇨ ~하려고 애쓰다, 노력하다

- He tried to move the piano.
  그는 피아노를 옮기려고 애썼다.
- He tried moving the piano.
  그는 시험 삼아 피아노를 옮겨보려고 했다.

(4) regret

> regret + ~ing ⇨ ~을 후회하다
> regret + to V ⇨ ~이 유감이다

- I regret to say that John stole it.
  John이 그것을 훔쳤다고 말하게 되어 유감입니다.
- I regret telling you that John stole it.
  John이 그것을 훔쳤다고 말한 것을 후회한다.

(5) mean

mean + ~ing ⇨ ~을 의미하다
mean + to V ⇨ ~을 의도하다

• Missing the bus <u>means</u> <u>waiting</u> for an hour.
  그 버스를 놓친다는 건 한 시간을 기다려야 함을 뜻한다.

• I didn't <u>mean</u> <u>to</u> ignore messages and comments.
  당신의 메시지와 코멘트를 무시하려는 의도는 아니었다.

(111~116) **Choose the one that best completes the sentence.**

111 Students dislike _____ to fill an hour or two hours each night with meaningless homework.

① have been

② having

③ to have

④ to have been

112 In order to avoid _____ I had my secretary _____ all my calls.
명지대

① being disturbed – take

② to be disturbed – taken

③ disturbing – taking

④ to disturb – be taken

113 We are considering _____ a new line of clothing designed solely for the younger generation.

① to introduce

② introducing

③ introduce

④ introduced

114 I would appreciate _____ me know what has happened there as soon as
홍익대 possible.

① at you letting

② for you to let

③ you let

④ your letting

115

서울여대

What is most challenging _____ effective policies to deal with the consequences of extremely asymmetric expansion of the global economy.

① is finding

② to find

③ is found

④ is to find

116

Women have been debating for a generation _____ work and home life, but somehow each new chapter starts a new fight.

① how best to balance

② how best in balancing

③ best how to balancing

④ best how to be balanced

117

한국외대

Choose the most appropriate form for each word in parentheses.

> I should find it difficult (bequeath) my body to the reckless hands of medical students. I do not know why, except that I cannot help somehow or other (identify) my body with myself.

① bequeath – to identify

② bequeath – identify

③ to bequeath – identify

④ to bequeath – identifying

⑤ to be bequeathed – identifying

118   Choose the one that best completes the sentence.

> Winston Churchill said that history would judge him kindly because he intended
> ⓐ _____ it himself. The self serving but elegant volumes he authored on
> the war led the Nobel Committee, unable in all conscience ⓑ _____ him
> an award for peace, to give him, astonishingly, the Nobel Prize for Literature.

	ⓐ		ⓑ
①	writing	–	bestowing
②	to write	–	to bestow
③	to writing	–	to bestowing
④	to write	–	bestow

(119~122)   **Choose one that is ungrammatical or unacceptable.**

119   Please remember _____ the windows when you go out.

① closely

② closed

③ closing

④ to close

120   I forgot _____ the door when I left my apartment this morning.

① to lock

② to have locked

③ locking

④ having locked

121   She remembers _____ the tourists round Buckingham Palace last year.

① to see him guiding

② seeing him to guide

③ to see him to guide

④ seeing him guiding

122

광운대

A: I need a hobby. I'm _____ nowadays.

B: You should try _____. That's a lot of fun.

A: I can't swim.

B: Oh ... can you play the piano?

A: No, I can't do that. I can't play any musical instruments.

B: Well, what can you do?

① bored – to swim

② boring – to swim

③ bored – swimming

④ boring – swimming

123   어법상 맞는 것끼리 짝지은 것을 고르시오.

> When a Korean woman who lives in the United States arrived at work one morning, her
> boss asked her, "Did you get a plate?" "No...," she answered, Ⓐ _____
> what in the world he meant. She worked in an office. Why did the boss ask her about
> a plate? All day she wondered about her boss's strange question, but she was too
> embarrassed to ask him about it. At five o'clock, when she was Ⓑ _____
> ready to go home, her boss said, "Please be on time tomorrow. You were 15 minutes
> late this morning." "Sorry," she said. "My car wouldn't start, and..." Suddenly she
> stopped Ⓒ _____ and began to smile. Now she understood. Her boss
> hadn't asked her, "Did you get a plate?" He had asked her, "Did you get up late?"

	Ⓐ		Ⓑ		Ⓒ
①	to wonder	–	to get	–	to talk
②	to wonder	–	to get	–	talking
③	wondering	–	getting	–	talking
④	wondering	–	getting	–	to talk

(124~134) Choose one that is ungrammatical or unacceptable.

124
명지대

We ① <u>may</u> ② <u>no longer</u> be young, but we can ③ <u>still</u> enjoy ④ <u>to learn</u> new skills.

125
홍익대

James said that his face ① <u>had looked</u> so pale ② <u>that</u> morning when he got out of the shower ③ <u>that</u> he'd contemplated ④ <u>to call</u> in sick to work.

126

Snowboarders, who ① <u>enjoyed sliding</u> downhill on one board instead of on two skis, ② <u>fought for</u> the right ③ <u>to use</u> the slopes, but they didn't ④ <u>mind to be considered</u> crazy.

127
세종대

This section explains how ① <u>find</u> a word in the dictionary, ② <u>hear</u> how a word sounds, practise your pronunciation and use wild cards ③ <u>to help</u> you ④ <u>find</u> a word.

128
홍익대

To monkey around and ① <u>monkey</u> business are expressions of the early 1800s and ② <u>make</u> a monkey out of someone is from 1899, ③ <u>all</u> ④ <u>being</u> terms based on the increasing number of monkeys seen in circuses and zoos.

129　The advent of plant biotechnology is ① hailed as the engine of a Second Green Revolution, ② capable of provide farmers with the hardier, higher-yielding, disease-resistant, and ③ more nutritious crops ④ needed to sustain a burgeoning world population.

130
홍익대
Yet these truths are ① no solace against the kind of alienation that comes of ② being ever the suspect, a fearsome entity ③ with whom pedestrians avoid ④ make eye contact.

131
덕성여대.
① Long before ② the dawn of ③ recorded history, human beings all around the world celebrated ④ to harvest their crops before winter came.

132
가톨릭대
To forget ① wearing my shoes to school was ② embarrassing and I ③ would rather it ④ were forgotten by my classmates.

133　Why not stop ① to spouting ② ourselves and let it be ③ done for us ④ by graceful fountains, exquisite fountains, beautiful fountains?

134　Many people ① have stopped ② to smoke after they ③ learned that smoking ④ is a prime cause of lung cancer.

135 Choose the sentence that is grammatically Correct.

① He tried to avoid to answer my questions.

② I have to leave now. I promised to not be late.

③ I'm tired. I'd rather not go out tonight.

④ I'm looking forward to see you soon.

(136~138) **Choose the sentence that is NOT grammatically correct.**

136
한국외대

① I appreciate your asking my opinion on that matter.

② I can't help wondering why John did such a foolish thing.

③ I don't remember to have seen the movie before.

④ When I was downtown yesterday, I saw the police chasing a thief.

⑤ I am considering getting a part-time job to help pay for the expenses.

137
광운대

① Tom expects visiting his mother-in-law next week.

② I dislike his stealing money from his father's wallet.

③ John denied having eaten the cake from the refrigerator.

④ My phone needs repairing because I dropped it in the bathtub.

⑤ Mary suggested me having a party on the weekend.

138
국민대

① I advised to sell your computer.

② I offered to lend him a computer.

③ I promised to buy you a computer.

④ I pretended to be a computer expert.

10 | 동명사의 관용적 용법을 암기하자

동명사의 관용적인 용법은 정확하게 암기하고 있다면 충분히 맞힐 수 있는 문제들이므로 반복적으로 암기하고 있어야 한다. 그동안 자주 출제되었던 부분이므로 쉽다고 절대 간과해서는 안 된다. 동명사의 관용적인 표현에서 가장 많이 기출되었던 것을 정리하고 반드시 암기하고 있어야 할 부분은 다음과 같다.

cannot help ~ing = cannot but + 동사원형 = cannot help but + 동사원형 = cannot choose but + 동사원형 = have no choice but to V	~하지 않을 수 없다, ~할 수밖에 없다
be worth ~ing = be worthy of ~ing = be worthwhile ~ing = be worthwhile to V	~할 가치가 있다
spend + 돈, 시간 + (in) ~ing spend + 돈, 시간 + on + 명사 = waste + 돈, 시간 + ~ing / on + 명사	돈[시간]을 ~하느라 쓰다[보내다]
have a hard time (in) ~ing = have trouble (in) ~ing = have difficulty (in) ~ing	~하는 데 어려움을 겪다
devote oneself to ~ing = dedicate oneself to ~ing = apply oneself to ~ing = commit oneself to ~ing	~에 몰두하다, ~에 전념하다
be accustomed to ~ing = be used to ~ing = get used to ~ing	~하는 데 익숙해져 있다
when it comes to ~ing	~에 관해서라면

feel like + ~ing = feel inclined to V = have a mind to V = be disposed to V = would like to V	~하고 싶은 생각이 나다

come near ~ing = come close to ~ing = go near ~ing = nearly escape ~ing	하마터면 ~할 뻔하다

(139~145) **Choose the one that best completes the sentence.**

139 She's had a hard time _____ him into joining her team.

① talking

② talked

③ talk

④ to talk

140
동덕여대

The Taj Mahal is really worth _____.

① to visit it

② visiting

③ you visit it

④ visit

141
서울여대

Women tend to spend as much time as they can _____ those they love.

① support, help, and nurture

② to support, to help, and to nurture

③ supporting, helping, and nurturing

④ supported, helped, and nurtured

142
경기대

Grand Master Han, who held a 9th degree black belt in Hapkido, dedicated his life _____ the martial art that combines the kicking and punching of Taekwondo and the joint locks and graceful throws of Judo.

① spread

② spreading

③ to spread

④ to spreading

143   I'm really _____ to Seattle for the weekend.

① hoping go

② wish to go

③ anticipating to going

④ looking forward to going

144   I am certainly looking forward to _____.

① watch the champion play

② watching the champion to play

③ watch the champion to play

④ watching the champion play

145
건국대

In an interactive computer game designed to represent a world inspired by the popular television series *Star Trek: The Next Generation*, thousands of players spend up to eighty hours a week _____ in intergalactic wars.

① participate

② participated

③ participates

④ to participate

⑤ participating

(146~150) **Choose one that is ungrammatical or unacceptable.**

146
경기대

When it comes ① to praise or blame for ② what they do, we tend to use a standard ③ that is ④ relative to some conception of normal behavior.

147
광운대

Korean children are ① accustomed to have ② their parents ③ interfere with their marriage ④ plans.

148
서울여대

① Upon becoming the first ② African-American Major League baseball player in 1947, Jackie Robinson suffered racist attacks ③ so hateful that he came close to ④ have a nervous breakdown.

149
건국대

Life doesn't always work the way we'd like it ① to. It helps us ② learn, although often slowly and painfully, some of ③ life's most valuable lessons. One of them is this: The world will not devote ④ itself to ⑤ make us happy.

150
홍익대

Far from ① be ② of no consequence, this confusion ③ plays a positive role ④ in his theoretical edifice.

151
광운대

Choose the best English translation for the following.

그들이 어느 편을 들게 될지 알 수가 없다.

① Anybody doesn't know which side they will be on.
② There is no saying which side they will be on.
③ It is an impossible saying which side will be on them.
④ There is nothing to say which side they will be on.
⑤ It is impossible to say which side they are on.

152
국민대

Choose the sentence that is Not grammatically correct.

① Who is to blame for starting the fire?
② At the news I felt like to cry all of a sudden.
③ Were it not for his idleness, he would be a good student.
④ He jumped into the river and saved the drowning man.

11 | 준동사의 시제와 태를 정확하게 구별해서 쓰자

부정사, 동명사, 분사로 구성되어 있는 준동사는 모두 '동사'에서 비롯되었기 때문에 동사의 성질이 남아 있다. 따라서 시제와 태를 가질 수 있다. 항상 주절의 시제와 준동사의 시제를 비교해야 한다. 주절의 시제와 준동사의 시제가 〈현재 ⇨ 현재〉 / 〈과거 ⇨ 과거〉이면 '단순시제'를 쓰고, 주절의 시제보다 종속절의 시제가 하나 앞서 먼저 일어난 〈현재 ⇨ 현재완료, 과거〉 / 〈과거 ⇨ 과거완료〉인 경우에는 '완료시제'를 써야 한다.

구분	단순시제		완료시제	
	능동	수동	능동	수동
부정사	to V	to be p.p	to have p.p	to have been p.p
동명사	~ing	being p.p	having p.p	having been p.p
분사	~ing	being p.p	having p.p	having been p.p

1 부정사 예문

to V	He seems to be poor. 그는 가난한 것처럼 보인다.
to be p.p	I want the work to be done by you. 나는 그 일을 당신이 끝내기를 원한다.
to have p.p	He seems to have been poor. 그는 가난했던 것처럼 보인다.
to have been p.p	I want the work to have been done by you. 나는 그 일을 당신이 끝냈기를 원한다.

2 동명사 예문

~ing	He is proud of being rich. 그는 부자라고 자랑스러워한다.
being p.p	I don't like being seen in shabby clothes. 나는 옷을 초라하게 입은 채로 남에게 보이고 싶지 않다.
having p.p	He is proud of having been rich. 그는 부자였다고 자랑스러워한다.
having been p.p	I seldom heard such brutal things having been done. 그런 잔인한 일이 감행된 예를 좀처럼 들어본 일이 없다.

3 분사 예문

~ing	<u>Walking</u> along the street, I came across a friend of mine. 길을 걷다가 나는 우연히 내 친구 한 명을 만났다.
(being) p.p	<u>Being wounded</u> in the legs, I couldn't walk. 다리에 상처가 나서 나는 걸을 수 없었다.
having p.p	<u>Having finished</u> it, I had nothing to do. 이미 그 일을 끝냈기 때문에 나는 할 일이 없었다.
(having been) p.p	<u>Having been written</u> in haste, the grammar book has typos. 급하게 썼기 때문에 이 문법책은 오타가 있다.

153
서울여대

Choose the one that best completes the sentence.

> 153 In 1798 the circulation of the journal was 3,000 copies and that number is estimated to _____ by 1809.

① double

② be doubling

③ have doubled

④ have had doubled

(154~155) Choose the most appropriate form for each word in parentheses.

154
한국외대

> Hindu Yoga is claimed to (influence) on Buddhism, which is notable for its spiritual exercises. It has also (note) that there is a range of concepts common to meditative practices, typical of Yoga, in both Hinduism and Buddhism.

① influence – notes

② have influenced – been notable

③ have had an influence – been noted

④ have had influenced – been noted

⑤ have numerous influences – noted

155
한국외대

> Personality as a technical term refers to relatively consistent and (endure) patterns of perceiving, thinking, feeling, and behaving that give people separate identities, and is thought (form) very early in life.

① endurance – in forming

② enduring – to be formed

③ endurance – to form

④ endurable – of forming

⑤ enduring – of being formed

Choose the one that best completes the sentence.

156
서강대

A total of some 5 million illegal immigrants from Mexico and other countries settled in the U.S., _____ opportunities there and _____ economic troubles at home.

① drawing, fleeing
② drawn, fled
③ drawn by, fled
④ drawn by, fleeing

157

Those most recently _____ in the insurance program will have to pay higher premiums for the same coverage.

① enroll
② enrolling
③ enrolled
④ enrollment

158
아주대

_____ stealing a loaf of bread, Jean Valjean _____ five years in prison.

① Convicted – was sentenced
② Convicted – was sentenced to
③ Convicted of – was sentenced
④ Convicted of – was sentenced to

159
한국외대

Choose the most appropriate form for each word in parentheses.

In Los Angeles, the immigrant population is diverse, (consist) of Hispanics, African Americans, and Asians, a true reflection of the United States' ethnic mix. A sprinkling of Europeans is also (present).

① consisting – presented
② consisted – present
③ consisting – present
④ consisted – presented
⑤ consisting – presenting

160 Choose the one that best completes the sentence.

> _____ in the mid 1950s, South Korea struggled to establish its independent economic system.

① Had finished the Korean War
② Having finished the Korean War
③ Having been finished the Korean War
④ After it has finished the Korean War

161~179 **Choose one that is ungrammatical or unacceptable.**

161 ① Far from being an ambitious entertainer who ② played down his Catholic roots under a repressive Elizabethan regime, Shakespeare ③ is said to take deliberate risks ④ each time he took up his pen.

162 The ① sediments of the ocean floor are the accumulation of silt ② carrying the rivers to the sea, volcanic dust, coastal ③ sand and ④ discarded shells of living creatures.

이화여대

163 The earth is a planet ① bathe in light; it is therefore ② unsurprising that many of the living organisms that have evolved ③ have developed ④ the biologically advantageous capacity to trap light energy.

164 The digital tide ① washed over society is ② lapping ③ at the shores of ④ classical music.

세종대

165
세종대

You will learn how to cook fresh and ① <u>filled</u> pasta perfectly, and how to handle several common ingredients ② <u>using</u> in ③ <u>making</u> paste sauces, ④ <u>including</u> garlic, tomatoes, and fresh herbs.

166
이화여대

While it is desirable that all educational institutions should ① <u>be</u> equipped so as to give students an opportunity ② <u>for acquiring</u> and testing ideas and information in active pursuits ③ <u>typified</u> important social situations, it will, doubtless, be a long time before all of them are thus ④ <u>furnished</u>.

167
숙명여대

① <u>Founded</u> in 1906 and ② <u>employed</u> an ③ <u>estimated</u> 50,000 people, the company has ④ <u>gained</u> a reputation ⑤ <u>for</u> size and tradition.

168
성균관대

① <u>Having thrown</u> by an accidental murder into a position ② <u>where</u> he ③ <u>had sensed</u> a possible order and meaning in his relations with the people ④ <u>about him</u>, he chose ⑤ <u>not to struggle</u> any more.

169
숙명여대

A legendary Burmese potter became jealous ① <u>of</u> the prosperity of a washerman. ② <u>Determining</u> to ruin him, the potter ③ <u>induced</u> the king to issue an order ④ <u>requiring</u> the man ⑤ <u>to</u> wash one of his black elephants white.

170
성균관대

The essence of the larger problem ① <u>is that</u> despite the dreadful conditions ② <u>that</u> urban squatters face, their numbers are growing at rates ③ <u>as much as twice</u> that of the cities themselves and every step ④ <u>taking to</u> improve living conditions in the slums ⑤ <u>only attracts</u> more migrants.

171
아주대

① Situating roughly in ② the middle of the continent, the northern Chihuahuan Desert is a place ③ where eastern and western species of many plants and animals ④ overlap.

172
덕성여대

① Having invented in China about 105 A.D., paper was manufactured in Baghdad and ② later in Spain four hundred ③ years before the first English paper mill ④ was founded.

173
성균관대

A few years ago Canadian lottery officials ① learned the importance of careful ② counting the hard way when they ③ decided to give back some ④ unclaiming prize money that had ⑤ accumulated.

174
강남대

① Those who are interested ② in applying for the position ③ should submit their ④ detailing résumés to the Personnel Department.

175
이화여대

① Consisted of 93 percent water, ② the banana tree, ③ which is the largest plant ④ on Earth without a woody stem, is a very fragile plant.

176
단국대

① Government-controlled postal systems finally took ② over private postal business, and in the 1700s government ownership of ③ most postal systems in Europe was an ④ accepting fact of life.

177
동국대

① Within developed countries, there are ② well-documenting differences ③ in mortality rates ④ by race, income, or education.

178
상명대

Detective Reynold, ① who is the chief investigating officer in the case, says ② that the police have no suspects yet but are focusing on tips ③ suggest ④ that the theft may have been an inside job.

179
세종대

Isaac Newton ① not only formulated the law of gravitation, but also ② developed a new mathematical method ③ knew as calculus to compute his ④ findings.

180

Choose the sentence that is grammatically Correct.

① Everything what happened was my fault.

② It was the same man he had stolen my wallet.

③ Some of the people inviting to the party can't come.

④ I don't like stories that have unhappy endings.

181
한국외대

Choose the sentence that is Not grammatically correct.

① Jim tried to be a gentleman.

② Jim wanted to finish his thesis.

③ Jim stopped to read the message.

④ Jim promised to study hard.

⑤ Jim believed to win the game.

12 | 준동사의 의미상 주어를 찾아라

준동사의 의미상 주어에 관한 문제가 출제된다. 하나의 문장에서는 본동사의 동작이나 상태를 담당하는 주어가 있다. 준동사인 경우에는 준동사가 되기 이전에 동사의 역할을 담당했기 때문에 준동사의 동작이나 상태를 나타내는 주체가 있을 경우가 있다. 이를 준동사의 의미상 주어라고 한다. 준동사의 의미상 주어를 나타내는 방법은 다음과 같다.

1 부정사의 의미상 주어

(1) 의미상 주어를 'for + 목적격'으로 나타내는 경우

일반적으로 부정사의 의미상 주어가 문장의 주어나 목적어와 일치하지 않는 경우 'for+목적격'으로 나타낸다.

- It is difficult for you to read through this book within a week.

  당신이 이 책을 일주일 내에 다 읽기는 어렵다.

- There are no rivers here for children to bathe in.

  여기에는 어린이들이 목욕할 수 있는 강들이 없다.

- The rule was for women and men to sit apart.

  규칙은 남녀가 따로 떨어져 앉는 것이었다.

- She longed for him to say something.

  그녀는 그가 무슨 말을 하기를 갈망했다.

(2) 의미상 주어를 'of + 목적격'으로 나타내는 경우

부정사 앞에 사람의 성질을 나타내는 형용사가 쓰이면 'of + 목적격'으로 의미상 주어를 나타낸다.

careful	kind	clever	wise	foolish	stupid
nice	polite	cruel	cowardly	intelligent	

- It is very cruel of him to do such a thing.

  그런 짓을 하다니 그는 아주 잔인하다.

- It is careless of you to make such a mistake.

  = You are careless to make such a mistake.

  네가 그런 실수를 범하다니 조심성이 없구나.

(3) 의미상 주어를 생략하는 경우

① 부정사의 의미상 주어가 주절의 주어와 일치하는 경우

- *I* expect to be in time for the first train.

  = I expect that I shall be in time for the first train.

  나는 첫 기차 시간에 맞출 수 있기를 기대한다.

- *He* seems to be angry with her.

  = It seems that he is angry with her.

  그는 그녀에게 화가 난 것 같다.

② 문장의 목적어가 부정사의 의미상 주어인 경우
- I expect *him* to pass the test. (목적어 'him'이 목적어이며 부정사구의 의미상 주어)
  = I expect that he will pass the test.
  그가 그 시험에 합격하길 바란다.
- I think *it* to be a mistake. (목적어 'it'이 가목적어이며 부정사구의 의미상 주어)
  = I think that it is a mistake.
  나는 그것이 실수라고 생각한다.

③ 의미상 주어가 일반인을 나타낼 때
- It is wrong to scold children.
  = It is wrong that *we* should scold children.
  어린이들을 꾸짖는 것은 잘못이다.
- It is hard to master English in a few years.
  = It is hard (for people) to master English in a few years.
  영어를 2~3년 내에 터득하기란 힘든 일이다.

2 동명사의 의미상 주어

(1) 동명사의 의미상 주어를 소유격으로 나타내는 경우

- I am sure of his succeeding.
  = I am sure that he will succeed.
  나는 그가 성공할 것을 확신한다.
- I object to his marrying her.
  나는 그가 그녀와 결혼하는 것을 반대한다.
- They insisted on my paying the money.
  그들은 내가 돈을 지불해야 한다고 주장했다.
- He is proud of his father('s) being a millionaire.
  그는 그의 아버지가 백만장자인 것을 자랑한다.

(2) 부정대명사, 무생물, 추상명사는 목적격

- I forgot someone calling me this morning.
  나는 오늘 아침에 누군가가 내게 전화했다는 것을 잊었다.
- We must allow for the train being late.
  우리는 기차가 늦을 수 있다는 것을 감안해야 한다.

(3) 의미상 주어가 필요하지 않은 경우

① 주절의 주어와 일치할 때

- *She* is proud of <u>being diligent</u>.

  그녀는 부지런함을 자랑스럽게 여긴다.

- *He* succeeded in <u>solving the problem</u>.

  그는 그 문제를 해결하는 데 성공했다.

② 의미상의 주어가 '일반인(총칭 인칭)'에 해당될 경우

- <u>Behaving</u> like that is foolish.

  = It's foolish behaving like that.

  그렇게 처신하는 것은 어리석다.

- <u>Wandering about</u> aimlessly will be of no use.

  = That *you* wander about aimlessly will be of no use.

  목적 없이 배회하고 돌아다니는 것은 아무런 소용이 없다.

- <u>Deceiving others</u> is deceiving oneself.

  남을 속이는 것은 곧 자기를 속이는 것이다.

3 분사의 의미상 주어

(1) 단순분사구문이나 완료분사구문에서 주절의 주어와 종속절의 주어가 같을 경우에는 생략한다.

- <u>Being</u> industrious, he is welcomed by his employer.

  = As he is industrious, he is welcomed by his employer.

  그는 근면하기 때문에 고용주에게 환영받는다.

- <u>Seeing</u> me approach, he came down at once.

  = When he saw me approach, he came down at once.

  내가 다가오는 것을 보자 그는 즉시 아래로 내려왔다.

- <u>Having finished</u> the homework, he took a walk with her.

  = After he had finished the homework, he took a walk with her.

  그는 숙제를 끝낸 후에, 그녀와 함께 산책했다.

- (Having been) <u>Written</u> in haste, the book has many mistakes.

  = As the book was written in haste, it has many mistakes.

  그 책은 급하게 쓰여서 오류가 많다.

(2) 분사구문의 의미상 주어와 주절의 주어가 일치하지 않는 경우, 분사 앞에 주어를 밝혀 준다.

- <u>It</u> being fine, they went hiking.

  날씨가 좋아서 그들은 하이킹을 갔다.

- <u>His work</u> done, Robert went out with Emily.

  일이 끝나자 Robert는 Emily와 함께 나갔다.

- <u>Weather</u> permitting, he'll take a walk with her.

  날씨가 좋으면 그는 그녀와 함께 산책할 것이다.

- The sun having set, we came down the hill.

  해가 지고 나서 우리는 언덕을 내려왔다.

- School (being) over, the pupils went home.

  방과 후 학생들은 집으로 갔다.

- Other things being equal, I will employ him.

  다른 것들이 동일하다면 나는 그를 고용하겠다.

- There being no bus service, we had to walk to school.

  버스 편이 없었기 때문에 우리는 학교에 걸어가야만 했다.

⑶ **분사구문의 의미상 주어가 일반인(we, you, they 등)을 표시하기 때문에 생략되는 경우로, 주로 관용적인 표현으로 사용된다.**

Frankly speaking	솔직히 말해서	Generally speaking	일반적으로 말하면
Strictly speaking	엄격히 말하면	Judging from	~으로 판단하건대
Seeing that	~을 고려하면	Assuming that	~라 가정하면
Admitting that	비록 ~일지라도	Granting that	비록 ~일지라도
Allowing for ~	~을 고려하건대	Roughly speaking	대충 말한다면
Taking all things into consideration	모든 점을 고려하면	All things considered (= Considering all things)	모든 사실을 고려하면

- Generally speaking, Korea has a mild climate.

  일반적으로 말하면, 한국의 기후는 온화하다.

- Judging from his accent, he must be a foreigner.

  그의 억양으로 판단하건대, 그는 외국인임에 틀림없다.

- Seeing that it is 9 o'clock, we will wait no longer.

  9시 정각이므로 우리는 더 이상 기다릴 수 없을 것이다.

- Granting that you were drunk, you are responsible for your conduct.

  술 취했다는 것을 인정한다 하더라도 당신은 당신 행동에 책임을 져야 한다.

(182~187) **Choose the one that best completes the sentence.**

182
단국대

_____ of heights, that roller coaster is one ride I'll never go on.

① Terrified

② Being terrified

③ Since I'm terrified

④ It was the terror

183
서강대

(a   ) in honey, (b   ) mesmerized the crowd.

             a   b

① Dipped   the senator

② Dipping   his words

③ Having dipped   his words

④ His words dipped   the senator

184
동국대

Intended to promote safety in the workplace, the regulation stipulates _____ _____

① that protective goggles must be worn while welding

② that, while welding, protective goggles must be worn

③ that one must wear protective goggles while you weld

④ that you must wear protective goggles when you are welding

185

Confirming our conversation with our partner in China, I have arranged _____ _____ on Monday.

① for the shipment to be ordered

② that the shipment to be ordered

③ the shipment for being ordered

④ with the shipment for being ordered

186
동국대

_____ on Wednesday after the strongest earthquake to hit the poor Caribbean nation in more than 200 years crushed thousands of structures.

① Having gravely injured Haitians pleaded to help
② Gravely injured Haitians pleaded to help
③ Having gravely injured, Haitians are pleaded for help
④ Gravely injured Haitians pleaded for help

187
서울여대

Propelled by his students' success on the SAT and by the enormous growth in standardized testing, _____.

① Mr. Kaplan transformed a tiny tutoring operation into a nationwide company
② Mr. Kaplan's tiny tutoring operation was transformed into a nationwide company
③ transforming a tiny tutoring operation into a nationwide company was made possible
④ Mr. Kaplan's effort to transform a tiny tutoring operation into a nationwide company paid off

(188~196) **Choose one that is ungrammatical or unacceptable.**

188

Gaining knowledge, ① which is critical in this information-oriented society, ② are one of good reasons for travel, but a ③ far better one is the ④ broadening effect of contact with strangers in other lands.

189
중앙대

① Delivering pizza, editing my high school newspaper, babysitting my nephew, and doing my homework ② leaves me with ③ scarcely any free time. ④ No error.

190
서강대

Everyone ① who eats regularly at ② those two restaurants ③ suffer from food poisoning; ④ consequently, the health department plans to close both of them.

191
덕성여대

It has always been customary that ① at the end of each administration, the ② director of all government agencies are expected to resign ③ so that the new president can appoint ④ his or her own choices.

192
건국대

Determining parts of speech ① are nothing more than ② determining the function a particular word has in a sentence. The usefulness of ③ being able to identify parts of speech ④ is that we will be able to discuss the elements of the sentence more ⑤ easily.

193
강남대

① Owning a home, the dream of many, ② are unattainable for many young people (particularly unmarried mothers) without ③ aid from governmental and non-profit ④ sources.

194
이화여대

While touring the deserts of Argentina and Chile ① which many travellers found ② spectacular, ③ it was found that Dr. Smith ④ contracted malaria.

195
성균관대

① Looking back, ② the cottage seemed ③ to have been covered by the snow, ④ which fell ⑤ faster and faster.

196
성균관대

① Reading quickly, the book ② was soon ③ finished and ④ returned to the library ⑤ without delay.

Choose the sentence that is grammatically Correct.

197
명지대

① She will leave within a week.

② Margaret sat besides her father.

③ The motion picture is different than the book.

④ Running down the hill, the farmhouse came into view.

198
한성대

① Willy owned a large collection of books than anyone else I have ever met.

② Some of the animals from the zoo was released into the animal preserve.

③ Dissatisfied with the service at the restaurant, the meal really was not enjoyable.

④ Anybody who goes to the top of the Empire State Building is impressed with the view.

(199~200) **Choose the sentence that is Not grammatically correct.**

199
한국외대

① Fully understanding his problem, I wanted to do something to help him.

② Before being changed last year, the speed limit in this area was 55 mph.

③ After spending so much money on it, the car still has many problems.

④ Considering his age, his skills in golf are truly extraordinary.

⑤ Following the keynote lecture, the meeting proceeded to a discussion session.

200
한국외대

① The man denied threatening to kill a police officer.

② I didn't mean for my proposal to be taken seriously.

③ We will have to practice throwing the ball into the basket.

④ They suggested to construct another railway link to the mainland.

⑤ The driver was arrested for failing to report an accident.

13 | 현재분사 구문과 과거분사 구문은 반드시 출제된다

1 현재분사형이 명사를 수식하는 경우와 현재분사 구문을 이끄는 경우

현재분사형이 명사를 후치수식하는 경우 명사와 분사와의 의미적 관계는 능동의 뜻을 갖는다.
또한 분사구문에서는, 부사절의 술어 동사가 능동태일 경우 이것이 분사구문이 되면 현재분사형으로 써야 한다.

- The boy <u>crying</u> in the room is my brother.

  방에서 울고 있는 소년이 나의 남동생이다.

- There were a lot of teenagers <u>dancing</u> to rock music.

  록 음악에 맞춰 춤추는 많은 십대들이 있었다.

- <u>Crying out</u> loudly, he jumped up and down.

  = As he cried out loudly, he jumped up and down.

  그는 큰 소리로 외치면서 위아래로 뛰었다.

- She asked me my hand, <u>smiling</u> brightly.

  = She asked me my hand while she smiled brightly.

  그녀는 밝은 미소를 지으면서 나에게 악수를 청했다.

2 과거분사형이 명사를 수식하는 경우와 과거분사 구문을 이끄는 경우

과거분사형이 명사를 후치수식하는 경우 명사와 분사와의 의미적 관계는 수동의 뜻을 갖는다.
또한 분사구문에서는, 부사절의 술어 동사가 수동태일 경우 이것이 분사구문이 되면 보통 being이나 having been
은 생략되고 과거분사만 남는다.

- I received a letter <u>written</u> in English.

  나는 영어로 쓰인 편지를 받았다.

- Of those <u>invited</u>, all but Tom came to the party.

  초대받은 사람들 중에서 Tom을 제외한 모든 사람들이 파티에 왔다.

- <u>Given</u> the test, he started to sweat.

  = When he was given the test, he started to sweat.

  시험지를 받을 때 그는 땀을 흘리기 시작했다.

- <u>Written</u> in haste, the book has many mistakes.

  = As the book was written in haste, it has many mistakes.

  그 책은 급하게 쓰여서 오류가 많다.

(201~215) **Choose the one that best completes the sentence.**

201 In 1066, a bright comet _____ in the sky attracted much attention.

① appears

② appearing

③ it appeared

④ was appearing

202 To believe that this corruption will simply evaporate when the Bush presidency is done is to underestimate the permanent erosion _____ over the past six years.

① inflict

② to inflict

③ inflicting

④ inflicted

203 Americans consistently have mediocre results on international tests of student performance, _____ well behind many industrialized nations and some non-industrialized countries.

① to lead

② lagging

③ doing

④ to follow

204
덕성여대
The importance of the laser lies in the great variety of uses it has at the present time, and the still greater number _____ in the future.

① it expects

② we expecting

③ expecting

④ expected

205
동국대

Any executive _____ how to keep workers healthy is invited to a seminar to be held on July 5, at the Seoul Center.

① concerning about

② concerning

③ who concerned about

④ concerned about

206
홍익대

Justice Thurgood Marshall was _____ to serve on the U.S. Supreme Court.

① the African American who first

② the first African American

③ who the first African American

④ the first and an African American

207
가톨릭대

Some defense watchers note that East Asian nations are becoming more conservative of late, _____ this could raise the possibility of an arms buildup in the region.

① voiced concern that

② voicing concern about

③ voicing concern that

④ voiced concern about

208

_____ artifacts from the early Chinese dynasties, numerous archaeologists have explored the southern Silk Road.

① Searching for

② They were searching for

③ Searched for

④ It was a search for

209　London restaurants use old newspapers _____ "fish and chips," a traditional Britain dish.

① wrap

② wraps

③ wrapped

④ to wrap

210
단국대

The University of North Carolina, _____ in 1871, was the first state-supported land-grant university in the South.

① to be chartered

② having chartered

③ was chartered

④ chartered

211　When the earliest modern computers, _____ first-generation computers, were built in the United States in the mid-1950s, they were dramatically different compared to systems of today.

① now referred to as

② referred now as to

③ referring now to as

④ as to referring now

212
동국대

_____ in a terse, lucid style, the book describes the author's childhood experiences in Kentucky just before the outbreak of the Civil War.

① Written

② Writing

③ Having written

④ To write

213 I happen to know there is a treasure _____ in my garden.

① buried

② burying

③ to bury

④ buries

214 The _____ the message of the Pakistan Government to close
동국대 down the channel, ridiculed the decision.

① authorities concerned, while having conveyed

② authorities concerned, while conveying

③ authorities concern, while having conveyed

④ authorities concern, while conveying

215 _____ , the wolf has been hunted to near-extinction.
아주대
① Once considered a dangerous predator

② Because once considering a dangerous predator

③ Because it is once considering a dangerous predator

④ Once considering a dangerous predator

⑤ Once has been considered a dangerous predator

[216~227] **Choose one that is ungrammatical or unacceptable.**

216 ① For those ② wanted a luxury stay at the heart of Seoul's business and tourist districts,
경기대 many people ③ say that ABC Hotel Seoul is the best ④ option.

217 Even ① seeing at a distance, ② eating his lunch ③ at an open-air restaurant in Cannes
harbor, Picasso was ④ instantly recognizable.

03

218
성균관대

We clearly need some mechanism ① for discussing economic, trade, and development policies ② so that they can be coordinated to minimize the ③ unintending impact upon other countries in the region, and this need is ④ all the more imperative in light of our ⑤ heightening independence.

219
세종대

① To stay ② mostly at home to ③ care for us, she didn't have many chances to try out ④ sundry words and phrases.

220
명지대

Develop each of ① these points in concrete and ② convincing detail using ③ any of the methods ④ to mention earlier in this chapter.

221
세종대

I don't have ① room for all the little memories I cherish. I only brought ② a handful of pictures from home, ③ left behind all my year-books as well as my ④ dried flowers.

222
단국대

For Nietzche, the use of language ① detached people from the actual ② experiences of the world, thereby ③ make them less sensitive ④ to living.

223

The grain is stored in ① a terra-cotta pot and ② age to mellow its flavors; ③ more ingredients are added ④ as needed, but the pot is never emptied or cleaned.

224
상명대

All employees ① were to ② attend the company party on Friday, and everyone ③ should ④ bring a present for the gift exchange.

225 Foreign teachers are ① complaining ② over the government's new immigration law ③ to ask them ④ to submit police background checks and medical documents.

226
숙명여대
① Up until the ② bombing of Pearl Harbor, the United States did not have an official propaganda office, a terrible mistake ③ that produced ④ unexpecting and ⑤ horrifying consequences.

227
명지대
When the census ① was taken in ② the late 1920s, there ③ were nearly 2 million people ④ lived in the country.

14 | 감정분사를 ~ing로 쓸 것인지 p.p로 쓸 것인지는 항상 출제된다

현재분사(능동, 진행)		과거분사(수동, 완료)	
amusing	즐겁게 해주는	amused	재미있어 하는
boring	지루한, 지겨움을 주는	bored	지겨워하는, 지루함을 느끼는
confusing	혼란스럽게 만드는	confused	혼란스러운
depressing	우울하게 만드는	depressed	우울함을 느끼는
disappointing	실망시키는	disappointed	실망한
embarrassing	창피하게 하는	embarrassed	창피함을 느끼는
exciting	흥분시키는, 흥미진진한	excited	흥분한
exhausting	지치게 하는	exhausted	지친
frightening	두렵게 만드는	frightened	두려움을 느끼는
interesting	흥미를 주는, 흥미로운	interested	흥미를 느끼는
moving/touching	감동을 주는	moved/touched	감동받은
surprising	놀라게 하는, 놀라는	surprised	놀란

• The long, boring lecture is finally over.

  길고 지루했던 강의가 마침내 끝났다.

• The audience was bored by the lecture.

  청중들은 강연을 지루해했다.

• It was the most embarrassing moment of his career.

  그것은 그의 직장 경력에서 가장 당혹스러운 순간이었다.

• The poor embarrassed girl could barely speak.

  당혹스러움을 느낀 그 가련한 소녀는 거의 말을 할 수 없었다.

• There are interesting reports on their website.

  그들의 웹사이트에는 흥미로운 기사들이 있다.

• We were interested in what we read on their website.

  우리는 그들의 웹사이트에서 읽은 내용에 대해 흥미를 느꼈다.

• This movie was touching and revealed what true beauty is.

  그 영화는 감동적이었고 진정한 아름다움이 무엇인지를 보여주었다.

• I was touched by the movie when I was a kid.

  내가 어렸을 때 나는 그 영화에 감동을 받았다.

228 Choose the one that best completes the sentence.

> Davis _____ the sight of the _____ child who was completely apathetic as if alone in an empty world.

① was appalling at – emaciated
② appall at – emaciating
③ was appalled at – emaciated
④ appalled at – emaciating

229
한국외대

Choose the most appropriate form for each word in parentheses.

> A number of tourists visiting the U.S. (face) more than the language barrier. The intricacies of tipping have some of them (baffle).

① face – baffled
② are facing – baffling
③ faces – baffled
④ have faced – baffling
⑤ is facing – baffling

(230~238) **Choose one that is ungrammatical or unacceptable.**

230
이화여대

The ① actor's career ② skyrocketed with his ③ amused appearances on *In Living Color*, a TV show that led to a string of box-office ④ hits like *Ace Ventura: Pet Detective*, *The Mask*, and *The Truman Show*.

231
홍익대

Starfishes and sea urchins, members of the spiny skinned animals, ① are particularly ② interested ③ because of ④ their unusual structures.

232
홍익대

In the photograph, ① taking sometime in ② the 1960s, my father's head is ③ turned to his left, his mouth slightly open in a ④ relaxed smile.

233
이화여대

I ① encountered an ② unsettled passage in a book, ③ which said that ostriches do not, in fact, stick their heads into the sand ④ for protection when they feel fear.

234
한국외대

Most people ① are quite puzzled about how languages come ② into being. When they think about it, their thoughts ③ are led inevitably to the ④ fascinated and unsolved problem ⑤ of the ultimate origin of language.

235
세종대

When we examine television ① advertising we find art and technology ② being used to create simulations that ③ tell stories in an effort to evoke ④ desiring reaction.

236
삼육대

① We chose to take a trip ② to the Caribbean because it was advertised as ③ adventurous and ④ intrigued.

237
한양대 에리카

We'd worried that, without TVs and computers, the kids might get ① boring. But they really enjoyed ② watching the moon rise and slowing down enough to toss a ball around. The ③ enhanced family time was especially meaningful ④ for Mike.

238
가천대

Some people were ① puzzling about the effects of a chemical like DDT; they were ② pleased that it killed insects, but ③ they were not sure if ④ it was safe to use around humans and other animals.

239   Choose the sentence that is grammatically Correct.

① Jane is boring with her job because she does the same thing every day.

② Jina's English is excellent. She speaks perfect English.

③ The woman is carrying a plastic small black bag.

④ Mark tried hardly to find a job, but he had no luck.

240   Choose the sentence that is Not grammatically correct.
광운대

① The comedian is a very interested person.

② The motivating news spread around the world.

③ The Haitian quake made me so surprised.

④ Disneyland is an exciting entertainment park.

⑤ Look at the concerned eyes on her face.

CHAPTER

04

조동사와 가정법

15 | 조동사의 기본적인 형태와 의미에 충실하자

각 조동사의 고유한 용법이 출제된다. 이는 조동사가 갖고 있는 의미와 기능이 저마다 다르기 때문에 반드시 출제될 가능성이 높은 부분이며 특히 가정법과 연관되어 복합문제의 성격을 갖는다. 그것을 파악하고 나서 추측의 정도를 비교해서 학습해야 한다.

can	1. 능력 · 가능	Can you speak English? 당신은 영어를 말할 줄 압니까?
	2. 추측	Can the rumor be true? 그 소문은 과연 사실일까?
	3. 허가	Can I go home now? 지금 집에 가도 됩니까?
	4. 정중한 의뢰 · 부탁	Could you speak more slowly? 더 천천히 말씀해 주시겠습니까?
may	1. 허가	He may go. 그는 가도 된다.
	2. 추측	She may be at home now. 그녀는 지금 집에 있을지도 모른다.
	3. 목적	I work hard so that I may succeed. 나는 성공하기 위해서 열심히 일한다.
must	1. 필요 · 의무	You must do as you are told. 당신은 지시받은 대로 해야 한다.
	2. 강한 추측	He must be honest. 그는 정직함에 틀림없다.
will	1. 단순미래	I will be in New York in mid May next year. 나는 내년 5월 중순이면 뉴욕에 있을 것이다.
	2. 주어의 의지, 고집	I won't change my nickname because I'm the real hero. 나는 진정한 영웅이기 때문에 나의 별명을 바꾸지 않을 것이다.
	3. 경향, 습성	Women will be happy when they are being noticed. 여성들은 눈에 띄게 되면 좋아하는 경향이 있다.
	4. 요청, 제안	Will you come and follow me? 저를 따라 오실래요?
	5. 추측, 예측	This case will be different from the others. 이번은 다른 경우와 다를 것이다.

would	1. will의 과거형	Did you know when he would come? 너는 그가 언제 올지 알았니?
	2. 과거의 불규칙적인 습관	I would sometimes follow my mother to market. 나는 어머니를 따라 시장에 가곤 했었다.
	3. 공손한 표현	Would you please shut the door? 문을 좀 닫아 주시겠습니까?
	4. 과거의 고집	I told him not to do it, but he would do it. 나는 그에게 그것을 하지 말라고 말했다. 그러나 그는 그것을 하려고 했다.
	5. 강한 의지 · 바람	I wanted to know if you would go to the beach with me. 나는 네가 나와 함께 해변에 가고 싶어 하는지 알고 싶었다.
shall	1. 단순미래	I shall be in New York in mid May next year. 나는 내년 5월 중순이면 뉴욕에 있을 것이다.
	2. 법률, 규칙, 입법, 권위	All players shall not be fined or suspended for such conduct. 모든 선수들은 그러한 행동으로 인해 벌금처벌이나 출장정지를 받아서는 안 된다.
	3. 예언, 운명, 필연, 명령	Knock, and the door shall be opened to you. 두드려라, 그러면 열릴 것이다.
should	1. shall의 과거형	I told him that I should be at home that evening. 나는 그에게 내가 저녁에 집에 있을 것이라고 말했다.
	2. 의무 = ought to	You should obey traffic regulations while driving. 당신은 운전하면서 교통 법규를 지켜야만 한다.

04

241 Choose the one that best completes the sentence.

> A pride of lions _____ up to forty lions, including one to three males, several females, and cubs.

① is containing

② contain

③ can contain

④ have been containing

⑤ is contained

242 서강대

Order the following four responses according to the strength of inference beginning with the strongest.

> "Someone's knocking at the door."
> A: That should be Minsu.
> B: That could be Minsu.
> C: That must be Minsu.
> D: That may be Minsu.

① A – B – C – D

② D – C – B – A

③ C – D – A – B

④ C – A – D – B

(243~244) **Choose one that is ungrammatical or unacceptable.**

243 According to the Big Bang theory, time and space ① did not exist prior to the beginning of the expansion. Thus, the age of the universe ② could well be calculated from the distance and the velocities of the stars traveling away from us. ③ A definite age still cannot be given for the universe, but scientists ④ guess it to be between 10-20 billion years old.

244
한국외대

One of ① the chief things in science ② is careful observation, for things that ③ look rather alike may actually ④ very different when we come ⑤ to look closely.

245
국민대

Choose the sentence that is grammatically Correct.

① Not until 1607 the English founded their first colony at Jamestown, Virginia.

② He will probably be uncomfortable at now being in debt to you.

③ Melody is believed to have been deprived the patterns of spoken words.

④ The company lamented at the loss of an eight figure deal.

16 | used, need를 정복하자

대부분의 조동사를 학습하고 나서 이제 used, need에 관한 문제를 정리해야 한다. 이들 역시 조동사로 뒤에 동사원형을 취하지만 각각의 쓰임이 다르기 때문에 정확하게 암기하고 문맥에서 선택할 수 있어야 한다.

used	used가 들어 있는 여러 가지 형태가 있다. 혼동하기 쉽지만 올바르게 이해한다면 실수하지 않을 수 있다. ① used to + 동사원형: ～하곤 했다. ② be used to + (동)명사 : ～에 익숙해지다 ⇨ be accustomed to ～ing / 명사 ③ be used to + 동사원형: ～하는 데 사용되다 ⇨ be used for ～ing / 명사 He is used to getting up early. 그는 일찍 일어나는 데 익숙해 있다. Water is used to put the fire out. 물은 불을 끄는 데 사용된다.

need	본동사	긍정문	She needs to go there.
		부정문	She doesn't need to go there.
		의문문	Does she need to go there?
	조동사	긍정문	(없다)
		부정문	She need not go there.
		의문문	Need she go there?

먼저 본동사일 경우에는 뒤에 목적어로 명사도 취할 수 있지만 동사가 올 경우에는 반드시 to부정사를 써야 한다. 현재형은 needs이며 과거형은 needed가 된다.

246~247 Choose the one that best completes the sentence.

246 I _____ sit in the back of the classroom, but now I prefer to sit in the front row.

① used to
② use to
③ am using to
④ am used to

247
덕성여대

Some teachers argue that students who _____ using a calculator may forget how to do mental calculation.

① used to
② are used to
③ are about to
④ cannot but

248~250 Choose one that is ungrammatical or unacceptable.

248
성균관대

Although Yukiko was used ① to write around 100 text messages daily, she ② never expected that ③ thumbing her keypad would enable her ④ to become one of the country's hot ⑤ writers.

249
아주대

Some teachers ① argue that students who ② used to using a calculator may ③ forget ④ how to do ⑤ mental calculations.

250
서울여대

Cellphones, ① which are usually ② used to helping people keep track of each other, are ③ starting to take on quite a different function—helping users ④ hide their whereabouts.

17 | 조동사＋have＋p.p와 관용적인 표현을 암기하자

조동사의 현재형은 실현 가능성이 어느 정도 있는 것이지만 조동사의 과거형은 '실현 가능성이 희박하다'라는 공통점이 있다. 조동사 다음에 동사원형을 쓰게 되면 현재에서 바라보는 관점이며 조동사 다음에 have p.p를 쓰게 되면 과거를 바라보는 관점이다.

과거 사실에 대한 추측	may[might] have p.p: ～했을지도 모른다
	must have p.p: ～했음에 틀림없다(강한 추측)
	cannot have p.p: ～했을 리가 없다
과거 사실에 대한 유감	need not have p.p: ～했을 필요는 없었는데
	should have p.p: ～했어야 했는데(＝ought to have p.p)
	would rather have p.p: ～하는 게 나았을 텐데(＝had better have p.p)
	could have p.p: ～하려면 할 수도 있었는데

1 cannot but V: ～할 수밖에 없다

cannot but＋동사원형: ～하지 않을 수 없다
＝ cannot help ＋ ～ing ⇨ 동명사가 온다는 것에 주의!
＝ cannot help but 동사원형
＝ cannot choose but 동사원형
＝ have no choice[alternative] but to v

2 may가 쓰이는 관용표현

may well V	～하는 것도 당연하다 ＝ S ＋ have good reason to ＋ v ～ ＝ It is natural that ＋ S ＋ (should) ＋ v ～
may as well V (... as V ～)	～하는 것보다 차라리 … 하는 것이 낫다 ＝ had better v ＝ It would be better for ～ to ＋ V
might as well V ... as V ～	may as well 용법보다 더 실현 가능성이 없는 문장에 쓰인다.

3 would rather가 쓰인 관용적 표현

would rather V ~: 차라리 ~ 하겠다

would rather V(A) than V(B) : B하느니보다는 A하는 것이 더 낫다

would rather have p.p: 차라리 ~ 하고 싶었다 ⇨ 과거 내용

S1 + would rather + S2 + 과거동사: S1은 S2가 차라리 ~하기를 바란다

S1 + would rather + S2 + had p.p.: S1은 S2가 차라리 ~했기를 바란다

(251~254) **Choose the one that best completes the sentence.**

251
동덕여대

A: I am surprised that John didn't return your call.

B: He _____ not have gotten my message.

① must

② could

③ should

④ ought

252

If the universe is expanding, then in the past it _____ now.

① would have been smaller than it is

② would be smaller than it is

③ must have been smaller than it is

④ must be smaller than it is

253

They couldn't but _____ at the funny scene.

① laughing

② laugh

③ laughed

④ to laugh

254

If there are any barriers to further progress, then science _____
at unprecedented speed just before it crashes into them.

① well may to move

② well may be move

③ may well be moving

④ may well to move

(255~258) **Choose one that is ungrammatical or unacceptable.**

255   Art has not always been what we think ① it is today. An object regarded as "Art" today may not ② have perceived as such when it was first made, ③ nor was the person who ④ made it necessarily regarded as an artist.

256   Usually young people get taller ① compared with the typical adult including their fathers. A new style of buses ② should be developed earlier considering this. But there ③ has been no consideration for the difficulties young people have had. Now it is high time that we ④ made a plan for young people. We must design a new style of buses.

257   U.S. marines ① on a recent trip to Afghanistan ② offered medical care to local women in the village of Lakari, but ③ some of these women said they would rather die ④ than being touched by a male doctor.

258   Although in some ways I'd rather ① stay out of the protest ② myself, I have no choice but ③ will support my ④ fellow union members.

18 | 당위성을 나타내는 should의 용법

1 It be + 이성적 판단의 형용사 + that + S' + (should) v ~의 형식으로 쓴다.

important	compulsory	necessary	crucial
proper	no wonder	natural	vital
right	well	fit	essential
imperative	obligatory		

- It is <u>natural</u> that he (should) not understand it.

  그가 그것을 이해하지 못한 것도 당연하다.

- It is <u>right</u> that you (should) decline his proposal.

  네가 그의 제안을 거절하는 것은 바람직하다.

- It is <u>necessary</u> that she (should) work out the solution.

  그녀가 그 문제를 해결하는 것이 필요하다.

2 S + 주장 · 요구 · 제안 · 권고 · 명령의 의미의 v + that + S' + (should) v ~의 형식으로 쓴다.

주장(insist, persist)	요구(demand, require)	제안(suggest, propose)
권고(advise, recommend)	명령(order, command)	

- The doctor <u>suggested</u> that the patient (should) stop smoking.

  의사는 그 환자가 담배를 끊을 것을 권고했다.

- He <u>insisted</u> that the budget (should) be discussed at the next meeting.

  그는 그 예산을 다음 회의에서 토론할 것을 주장했다.

- The committee <u>recommends</u> that the plan (should) be put into practice.

  그 위원회는 그 계획을 실천할 것을 권유한다.

(259~264) **Choose the one that best completes the sentence.**

259
강남대

The sales manager ordered all of the employees that they _____ on time at the marketplace for the promotional event.

① be

② being

③ are

④ were

260

Many student organizations made a proposal that a student _____ to choose whether to take a course for a letter grade or for Pass/Fail.

① be allowed

② should allow

③ allows

④ is allowed

261

He also requested that the private sector voluntarily _____ from any such activity.

① refrain

② might refrain

③ has been refrained

④ can refrain

262
아주대

They planned to sell luxury T-shirts and shoes to coincide with the movie's release, but Sarah demanded that the merchandise _____ sold only through her Bitten line.

① should

② were

③ be

④ being

⑤ are

263
광운대

The professor requested that the student _____ his paper as soon as possible.

① should finish to write
② should finish the writing
③ finish writing
④ finishes writing
⑤ finished writing

264
세종대

From the beginning, the European governments viewed the Indian tribes as sovereign nations, and international law and protocol dictated that _____ in formal treaties.

① all dealings with the Indian nations be legitimized
② all dealings by the Indian nations is legitimized
③ all dealings with the Indian nations are legitimized
④ all dealings by the Indian nations has to be legitimized

(265~269) **Choose one that is ungrammatical or unacceptable.**

265   ① It is mandatory ② that a registered student ③ maintains his or her GPA ④ of B⁺ in the major field.

266   ① Considering ② the many new housing developments, the city council ③ proposed that a new shopping center ④ was built.

267   ① The committee recommended that the legislation ② included a sunset clause, which would ensure that Congress ③ review the issue after three to five years and decide at that time ④ whether the prohibition should be continued.

268
이화여대

① Sensing the imminent arrival of his infant son, Dr. Frankenstein demanded that his maid ② disinfected his house ③ in order to make sure that the baby is well ④ taken care of.

269
경기대

① In the draft, ② obtained by the Associated Press, the Security Council demands that all parties in Syria immediately ③ to stop any violence irrespective ④ of where it comes from.

270
광운대

Choose the sentence that is Not grammatically correct.

① Eventually the dogs left off barking.

② I advised that he talks to the boss about the problem.

③ He put off making a decision till he had more information.

④ He is determined to get a seat even if it means standing in a queue all night.

19 | 가정법의 기본 형태와 도치 현상

1 가정법 과거

현재에 있어서의 실현 불가능한 바람, 현재 사실과 반대되는 가정을 나타낸다.

> If + S + were[과거동사], S + would[should, could, might] + 동사원형

- If I were rich, I could buy a car.
  만약 내가 지금 부자라면, 나는 차를 살 수 있을 텐데.
- If I knew it, I would tell you about it.
  만약 내가 그것을 알고 있다면, 너에게 말해줄 텐데.

2 가정법 과거완료

과거 사실의 반대, 과거 사실에 대한 순수한 가정을 나타낸다.

> If + S + had p.p, S + would[should, could, might] have p.p.

- If he had not died young, he would have been a great scholar.
  만일 그가 젊은 나이에 죽지 않았다면, 그는 위대한 학자가 되었을 텐데.
- If I had had enough money, I could have helped him.
  만약 내가 돈이 충분히 있었더라면, 그를 도울 수 있었을 텐데.

3 가정법 미래

미래에 대한 강한 의심, 의혹을 나타낸다.

현재, 미래의 희박한 일에 대한 가정	If + S + should + 동사원형, S + 조동사 현재/과거 + 동사원형
불가능한 일 가정	If + S + were to + 동사원형 ~, S + would[should, could, might] + 동사원형
주어의 의지(wish to)	If + S + would + 동사원형, S + 조동사 현재 / 과거 + 동사원형

- If it should be fine tomorrow, I will go on a picnic.
  (내일 날씨가 화창한 것 같지는 않지만) 만일 날씨가 좋다면 소풍을 갈 것이다.
- If it should rain tomorrow, the party would not be held.
  내일 비가 온다면 파티는 열리지 않을 것이다.

- If the sun were to collide with the moon, what would become of the earth?

  태양이 달과 충돌한다면 지구는 어떻게 될까?

- If the sun were to rise in the west, I would not change my mind to love you.

  해가 서쪽에서 뜨더라도 내가 당신을 사랑하는 마음은 변치 않을 것입니다.

- If you would succeed, you would have to work harder.

  만일 당신이 성공하고자 한다면 당신은 더 열심히 일을 해야 할 것이다.

4 혼합가정법

과거 사실이 현재까지 영향을 미친다. '만약 과거에 ~했다면(가정법 과거완료), 현재 ~할 텐데(가정법 과거)'의 형태를 취한다.

> If + S + had + p.p ~, S + would[should, could, might] + 동사원형

- If you had not helped me, I would not be alive now.

  = As you helped me, I am alive now.

  네가 나를 돕지 않았더라면, 나는 지금 살아 있지 못할 텐데.

5 if 생략 도치구문

조건절(if + S + V ~)에서 if를 생략하면 동사가 문두로 나가 주어와 동사가 도치된다.

- If I were as rich as he, I would go abroad.

  = Were I as rich as he, I would go abroad.

  그만큼 부자라면 외국에 갈 텐데.

- If he had listened to me, he would not have failed.

  = Had he listened to me, he would not have failed.

  그가 내 말을 들었더라면 그는 실패하지 않았을 텐데.

- If it should rain tomorrow, the party would not be held.

  = Should it rain tomorrow, the party would not be held.

  내일 비가 온다면 파티는 열리지 않을 것이다.

(271~279) **Choose the one that best completes the sentence.**

271
성균관대

They could have stopped him if they _____.

① want to

② were wanting to

③ have wanted to

④ wanted

⑤ had wanted to

272
아주대

_____ in his dream of conquering Europe, the map of the continent would look very different today.

① If Napoleon succeeded

② Had Napoleon succeeded

③ Napoleon had succeeded

④ If Napoleon succeeds

⑤ Did Napoleon succeed

273
가톨릭대

_____ I visited the company earlier, I could have obtained enormous help from lots of different sectors of its management.

① Since

② If

③ Unless

④ Had

274
광운대

I didn't know you were asleep. Otherwise, I _____ so much noise when I came in.

① didn't make

② wouldn't have made

③ won't make

④ don't make

275
동덕여대

I'd rather you _____ anything about it for the time being.

① do

② didn't do

③ don't

④ didn't

276
덕성여대

If a person wanted to travel across the United States mainland in the early 1950s, s/he _____ any of the super highways, freeways, or turnpikes which cross most states nowadays.

① didn't find

② will have not found

③ could not have found

④ would not have been found

277
강남대

If I had been the CEO, I _____ the company and hired more staff.

① restructured

② would restructure

③ would have restructured

④ would have been restructured

278

If you had studied English hard, you _____ any difficulty now.

① would not find

② need not have found

③ won't find

④ would not have found

279
단국대

On Sunday afternoon, John planted flowers in his garden by himself. He might _____ $350 if he had hired someone to do the job.

① paying
② be paid
③ have paid
④ have been paid

280
한국외대

Choose the most appropriate form for each word in parentheses.

> Many splendid achievements in human history have been those of exceptional people. But there is no reason, in the ages (come), the sort of people who are now exceptional should not become usual; if that were to happen, the exceptional people in the new world (rise) as far above Shakespeare as Shakespeare now rises above common people.

① that are coming – can rise
② coming – could be rising
③ coming – would have risen
④ to come – will be rising
⑤ to come – would rise

281

다음 글의 흐름으로 보아, 밑줄 친 부분 중 어법상 자연스럽지 못한 것을 고르시오.

> An ancient Arabian traveler accidentally invented cheese, and for four thousand years people ① have continued making cheese. Milk spoiled quickly, but ② by making cheese, people ③ could preserve the milk's nutrition for long periods of time. Over two thousand varieties of cheese are produced around the world. If you tasted a different kind each week, ④ it would have taken almost forty years to sample all the varieties. And by that time, someone would probably have developed some new ones to try, too.

282
가톨릭대

다음 글에서 문법적으로 옳지 못한 부분을 포함하고 있는 문장을 고르시오.

① The French officer talking to me seemed very upset, but I didn't know what to do. ② I couldn't speak French at all, and I realized that I was in trouble. ③ Fortunately, my roommate said that he could help me since he could speak French. ④ If he had not been able to speak French, I would have to go to the police station.

(283~286) **Choose one that is ungrammatical or unacceptable.**

283
광운대

① If the Internet ② had been invented ③ a thousand years ago, ④ will people be significantly more homogeneous than ⑤ they are now?

284
숙명여대

Nancy ① could easily ② have gotten a higher score ③ on her college entrance exam if she ④ would have read more ⑤ in her school career.

285
명지대

① Who would care to ② live in Seoul if it ③ were deserted by its inhabitants, and if the horn of a motor vehicle ④ were never to heard in its streets?

286
명지대

An art teacher ① had seen talent among the prisoners, and felt ② that if they ③ received support earlier, ④ their lives might have turned out differently.

Choose the sentence that is grammatically Correct.

287
국민대

① I object to go for a walk after dinner.

② He is older than I am over two years.

③ The Korean War broke down in June, 1950.

④ If I were in your shoes, I wouldn't choose him.

288

① If I will be you, I would buy a new car.

② If he has been more careful, the accident wouldn't have happened.

③ I heard you saw a great movie last night. I wish I have gone with you.

④ I got an invitation to my sister's graduation. I wouldn't have been able to go without the invitation.

Choose the sentence that is Not grammatically correct.

289
광운대

① If the Korean War wouldn't take place, Korea could be a stronger nation.

② Were the sun to rise in the west, Ms. Kim would marry you right now.

③ Had it not been for the U.S. help, Korea could not have come this far.

④ Mr. Kobayashi speaks English very well as if he were a native speaker.

⑤ I wish I had chosen a different university for my education.

290
광운대

① Were it not for my wife, my life would be in despair.

② Should there be any problem, please call me immediately.

③ Had I taken my teacher's advice, I can get into Harvard University.

④ I wish I had enough will to stop smoking and drinking.

⑤ It is about time you started studying TOEIC.

20 | 가정법의 특수용법

1 I wish 구문

I wish = would that = if only = would rather로 '~하면 좋을 텐데'라는 뜻으로 이룰 수 없는 소망을 나타낼 때 쓴다.

> I wish + S + 가정법 과거 (동사의 과거형 / were): 현재 사실의 반대
> I wish + S + 가정법 과거완료 (had p.p): 과거 사실의 반대

- I wish it were true.
  그것이 사실이면 좋겠는데.
- I wish I worked harder.
  나는 더 열심히 공부했더라면 좋았을 텐데.
- I wish it had been true.
  그것이 사실이었으면 좋았을 텐데.
- I wish I had worked harder.
  나는 더 열심히 공부했었더라면 좋았을 텐데.
- I wish you had not done such a thing.
  네가 그런 일을 하지 않았다면 좋았을 텐데.
  = I'm sorry you did such a thing.
  네가 그런 일을 하다니 유감이다.

2 as if 구문

as if, as though는 '마치 ~인 것처럼'의 뜻이다.

> 직설법 + as if [as though] S + 가정법 과거 ⇨ 앞 문장과 동일 시제 반대
> 직설법 + as if [as though] S + 가정법 과거완료 ⇨ 앞 문장보다 하나 앞선 시제 반대

- He talks as if he were rich. (앞 문장이 현재이므로, 현재 사실의 반대)
  그는 마치 부자인 것처럼 말한다.
- He talks as if he had been rich. (앞 문장이 현재이므로, 과거 사실의 반대)
  그는 마치 부자였던 것처럼 말한다.
- He talked as if he knew everything. (앞 문장이 과거이므로, 과거 사실의 반대)
  그는 마치 모든 것을 다 알고 있는 것처럼 말했다.
- He talked as if he had known everything. (앞 문장이 과거이므로, 대과거 사실의 반대)
  그는 마치 모든 것을 다 알고 있었던 것처럼 말했다.

3 It is time 구문

it is (high) time (that)은 '~할 시간'이라는 뜻이다.

> It is time for you to go to bed.
> = It is time (that) you went to bed.
> = It is time (that) you should go to bed.
> 이제는 네가 잠자리에 들 시간이다.

- It's (high) time you had a haircut.
  네가 머리를 깎을 때가 되었다.

4 would rather 구문

이 경우, would rather 전후에 주어가 각각 다르며, 과거동사와 과거완료를 써서 가정법 과거, 가정법 과거 완료의 뜻을 내포하고 있다.

> I'd rather + S + 과거동사 ⇨ 나는 S가 ~하기 바란다
> I'd rather + S + 과거완료 ⇨ 나는 S가 ~했기 바란다

- I'd rather you went home now.
  나는 네가 지금 차라리 집에 가기를 바란다.
- I'd rather you hadn't done that.
  나는 네가 그런 일을 하지 않았으면 한다.

5 otherwise 구문

> 직설법 현재 + otherwise + 가정법 과거
> 직설법 과거 + otherwise + 가정법 과거완료

- I am ill now, otherwise I would go there.
  나는 지금 아프다. 그렇지 않다면 거기에 갈 텐데.
- He went at once, otherwise he would have missed the train.
  = If he had not gone at once, he would have missed the train.
  그는 곧장 갔다. 그렇지 않았더라면 기차를 놓쳤을 것이다.

6 but that 구문

> 가정법 과거＋but that / except that / save that / only that＋직설법 현재
> 가정법 과거완료＋but that / except that / save that / only that＋직설법 과거

- I might employ her but (that) she does not have experience.
  그녀가 경험이 없다는 사실만 아니라면, 나는 그녀를 고용할 텐데.
- I would have fallen but that the professional mountain climber caught me.
  내가 떨어질 뻔했지만, 전문 산악인이 나를 잡아주었다.

04

7 가정법 관용어구

> as it were = so to speak 말하자면
> if ever ＋ (동사) ～한다 하더라도
> if anything 어느 편인가 하면
>
> what if 만일 ～한다면
> if any ＋ (명사) ～있다 하더라도
> if not all 전부는 아니지만

- He is, as it were, a walking dictionary.
  그는 말하자면 걸어 다니는 사전이다.
- What if I fail?
  만일 내가 실패를 한다면 어떻게 될까?
- He seldom, if ever, goes to church.
  그는 교회에 간다 하더라도 거의 가지 않는다.
- There are very few, if any, mistakes.
  실수가 있다 하더라도 거의 있지 않다.
- He is, if anything, worse today.
  그는 어떤가 하면 오늘 더 좋지 못하다.
- He spent more than half the money, if not all.
  그는 전부는 아니지만 돈의 반 이상을 소비했다.

(291~295) **Choose the one that best completes the sentence.**

291 You'd never know Miss Park just had a huge meal — she's acting as though she _____ anything.

① didn't eat

② hasn't eaten

③ wouldn't have eaten

④ hadn't eaten

292
단국대

It seems that few businessmen participated in the charity ball for the street children; otherwise, more money _____.

① would have been raised

② was being raised

③ had been raised

④ might have been raising

293
가톨릭대

I _____ happy to see him, but unfortunately I didn't have time.

① had been

② have been

③ would have been

④ will have been

294
광운대

It's about time she _____ out what that reason is.

① find

② finds

③ found

④ had found

295   He is already on the wrong side of forty. It's about time he _____ himself a wife and settled down.

① had found
② finds
③ should find
④ found

(296~298) **Choose one that is ungrammatical or unacceptable.**

296
항공대

I ① wish you ② have not changed the financial system without ③ checking ④ with the chief manager of your division.

297
세종대

Marsa's title is ① curator, as if her design store, ② which sells horns and glass insects, ③ was a ④ natural history museum.

298
강남대

She often laughs ① spontaneously, and her good humor breaks ② out as ③ brightly as if it ④ was a part of the sunshine above.

(299~300) **Choose the sentence that is grammatically Correct.**

299
국민대

① It is high time we went home.
② I objected to treat like a child.
③ Let's go to the movies when the final exam will be over.
④ The program is sponsored by schools and is received their funds by volunteers.

300
국민대

① It's time we all went home.
② I have seen Paris, but he didn't.
③ Being a liar, he cannot be relied.
④ A watching pot is long in boiling.

CHAPTER
05

명사, 관사,
대명사

21 | 가산명사와 불가산명사를 구별하자

1 가산명사의 특징

일정한 모양이나 한계가 있고 셀 수 있는 것을 나타내는 명사로서, 셀 수 있는 명사라고 한다.
사전에는 countable의 C라고 표시되어 있다. 보통명사와 대부분의 집합명사가 가산명사에 속하며, 다음과 같은 특징을 가지고 있다.

(1) 단수, 복수의 구별이 있다.

a cat, cats / a tooth, teeth / a book, books

(2) 단수에는 관사가 붙는다.

a boy, a Korean, a house

(3) 수사나 막연한 수를 나타내는 말이 붙는다.

two cats, three times, a few books

2 불가산명사의 특징

개수로 셀 수 없는 것을 나타내는 명사로서 사전에는 uncountable의 U라고 표시되어 있다. 고유명사, 물질명사, 추상명사, 일부 집합명사가 여기에 속한다. 다음과 같은 특징을 갖고 있다.

(1) 부정관사를 붙일 수 없다.

happiness, baggage, paper, money

(2) 복수형으로 쓸 수 없다.

milk, poverty

(3) 조수사를 써야 한다.

a sheet of paper(종이 한 장), three pieces of furniture(가구 세 점)

3 명사의 분류

(1) family형

사회의 조직을 단위로 표시할 때 쓰며, 전체를 나타낼 때는 단수, 구성원을 나타낼 때는 복수로 받는다.

family, committee, class, audience, team, crowd, staff
- 집합명사: 집합체를 하나의 개체로 평가 (단수 취급)
- 군집명사: 집합체를 구성하는 개체 중심(member of ~) (복수 취급)

- His family *is* very large. (집합명사)

  그의 가족은 대가족이다.
- His family *are* all well. (군집명사)

  그의 가족은 모두 건강하다.
- The committee *consists* of twelve persons. (집합명사)

  그 위원회는 12명으로 구성되어 있다.
- The committee *were* divided in their opinions. (군집명사)

  그 위원회 인원들은 그들의 견해에서 일치되지 않았다.

(2) the police형

사회의 일정 계층을 나타내며, 부정관사를 붙일 수 없고, 정관사 'the'를 붙여 복수 취급한다.

the police 경찰	the nobility 귀족 계급
the jury 배심원	the public 대중
the clergy 성직자	the peasantry 농민 계급

- The police are on the murder's track.

  경찰이 살인자의 뒤를 쫓고 있다.
- The clergy were assembled in the room.

  성직자들이 그 방에 모여 있었다.

(3) people형

단순한 무리나 떼거리를 나타내며, 정관사 'the'를 사용하지 않고, 복수 취급한다.

people 사람들	cattle 소떼
vermin 해충	poultry 가금류

- People hate being interrupted while speaking.

  사람들은 말할 때 누가 껴들면 아주 싫어한다.
- Cattle are grazing in the pasture.

  소들이 목장에서 풀을 뜯고 있다.
- Poultry are scarce in these districts.

  이 지방에는 가축이 귀하다.

(4) furniture형

항상 단수 취급이다. 부정관사를 붙일 수 없고, 복수형으로 사용할 수 없다. 가산명사의 수표시어인 many, a few로는 수식이 불가능하다.

baggage = luggage 수하물, 짐	clothing 옷	furniture 가구
merchandise 상품	equipment 장비	jewelry 보석류
stationery 문구류	machinery 기계류	weaponry 무기류
scenery 경치	poetry 시	traffic 교통
produce 농산물	rubbish 쓰레기	weather 날씨

• They travel with much baggage.
  ⇨ 불가산 명사: 양적 취급
• They travel with many pieces of baggage.
  ⇨ 수량사를 복수형으로 수적 취급

301~304 **Choose the one that best completes the sentence.**

301 It is true that we have made _____ progress in controlling pollutants, but much more needs to be done.

① few

② a few

③ little

④ a little

302 We take drugs that do _____, work too many hours, and stress ourselves.

① more harm than good

② harmer than good

③ better than harm

④ more than harm and good

303
가톨릭대
_____ half of all the city residents understand the kinds and amounts of the minimum public education necessary for the sustenance of community life.

① There are

② It is

③ Fewer than

④ As much as

304 I bought _____ for my apartment.

① a furniture

② some furnitures

③ furnitures

④ some furniture

(305~316) **Choose one that is ungrammatical or unacceptable.**

305
서울여대

The number of Americans who are obese ① continues to increase ② at alarming rate while in Italy ③ the percentage of obese people is half of ④ what it is in the United States.

306
세종대

Our service is here ① to assist those women ② who need help with tough ③ housekeeping task such as minor repair ④ work.

307
세종대

① The journey of Aeneas and his men was a long and treacherous one, not unlike that of ② Odysseus. Aeneas was sidetracked so many times that finally ③ prophetess stepped in and guided him to ④ the underworld.

308
세종대

TV ① commercial construct thirty-second ② dramatizations demonstrating the small ways people can stand out ③ by featuring a coffee that someone will comment ④ on.

309
성균관대

Many Christians and Jews ① converted to Islam, but ② those who refused were allowed to live in peace if they paid the jizyah, an annual tax ③ that sometimes comprised ④ no more than a measure of ⑤ wheats.

310
아주대

Putting ① radio collars on ② bears helps ③ scientists to gather important ④ informations concerning the bears' ⑤ movements.

311
단국대

The guests at the hotel ① were forbidden, ② unless they had ③ special permissions, from swimming at the pool ④ after 11:30 p.m.

312
가톨릭대

Every 2.43 ① seconds another ② one of our fellow brothers and sisters ③ dies of ④ starvations.

313
서강대

The gist of these objections can be developed ① as follows. Relativistic dynamics ② cannot have shown Newtonian dynamics to be ③ wrong, for Newtonian dynamics is still used with ④ a great success by most engineers and, in selected applications, by many physicists.

314
세종대

① A herd of elephants, monkeys, and ② another wildlife ③ stampede across ④ a series of wide, open plains.

315
서울여대

One of ① the world's largest tropical rain forests ② spreads across the islands of the Indonesian archipelago: it is ③ home to orangutans and ④ wide variety of palms and orchids.

316
세종대

As Facebook was negotiating ① a half-billion-dollar investment from Goldman Sachs ② recently, MySpace was preparing to fire nearly ③ half its ④ staffs.

Choose the sentence that is grammatically Correct.

317
광운대

① They sell various wine at that store.

② Nobody except you and her saw him enter the room.

③ Birds of feather flock together.

④ Five thousands people live on the island.

⑤ You are enough old to help your mother at home.

318
국민대

① Any just pleas will not go unheard of.

② Let him have what little pleasure he can.

③ I met a 50-years-old American businessman yesterday.

④ I think of Twitter not a social but an information network.

(319~320) **Choose the sentence that is Not grammatically correct.**

319
한국외대

① My family are all fast learners.

② She refused to give evidence at the trial.

③ Do some research before you buy a house.

④ We finally came to firm decision on the matter.

⑤ They are sick of the discomforts of air travel.

320
단국대

① I am well and in a good mood save that I have a slight cold.

② The physician advised that the man cut down on alcohol drastically.

③ Fire is reported to have broken out at a church in Springfield last night.

④ I met a youngster at the Christmas party, whom I find attractive and smart.

22 | 복수형을 쓰는 경우와 소유격을 쓰는 경우를 정복하자

1 단 · 복수 동형: 단수형과 복수형이 동일한 명사

sheep 양	carp 잉어	trout 송어	salmon 연어
deer 사슴	species 종류	corps 군대	swine 돼지
fish 물고기	means 수단		

참고 Swiss, Japanese 등 어미가 [s], [z]로 끝나는 국가의 명칭은 단 · 복수 동일

2 분화복수: 복수가 되면 다른 의미를 갖는 명사

air 공기 — airs 거드름		arm 팔 — arms 무기	
authority 권한 — authorities 당국		custom 관습 — customs 세관	
damage 손해 — damages 손해배상		good 선, 이득 — goods 상품	
letter 글자, 편지 — letters 문학		manner 방식 — manners 예의	
sand 모래 — sands 사막		water 물 — waters 바다	
advice 충고 — advices 통지		cloth 천 — clothes 옷	
color 색깔 — colors 깃발		content 만족 — contents 목차	
glass 유리 — glasses 안경		labor 노동, 진통 — labors 수고	

3 상호복수: 상대방의 도움으로 이루어지는 행위의 복수형

change cars 차를 갈아타다	exchange seats with ~와 자리를 바꾸다
take turns 교대하다	shake hands with ~와 악수하다
change clothes 옷을 바꿔 입다	make friends with ~와 친구가 되다
change hands 소유주가 바뀌다	be on good terms with ~와 사이가 좋다
exchange greetings 인사를 주고받다	come to terms with ~에 타협[화해]하다

4 **소유격 만드는 법**

생물명사, 특히 사람이나 동물의 소유, 인척관계는 -'s(apostrophe s)를 이용해 만든다. -s로 끝나는 경우 -'(apostrophe) 만을 붙인다. 무생물 명사의 부분, 소속 혹은 동격은 'of + 무생물'의 형식을 쓴다.

- my father's book 아버지의 책
- a dog's tail 개의 꼬리
- the legs of the table 테이블의 다리
- the roof of my house 우리 집 지붕
- a dollar's worth of sugar 1달러어치의 설탕 ⇨ 가격 · 거리 · 시간 · 중량의 명사
- ten miles' race 십 마일의 경주

5 **각자 소유와 공동 소유: 각자 소유의 명사는 반드시 복수형을 취한다.**

A and B's book (공동 소유) + 단수 동사
A's and B's book (각자 소유) + 복수 동사

- <u>Tom and John's room</u> is large.
  Tom과 John 공동 소유의 방은 크다.
- <u>Tom's and John's room</u> are large.
  Tom과 John 각각의 방은 크다.

6 **독립소유격: 명사의 반복을 피하기 위해 소유격 다음의 명사를 생략**

- This *bag* is <u>my sister's</u>.
  이 가방은 나의 누이 것이다.
- If you need a *camera*, you can borrow <u>Kathy's</u>.
  네가 카메라가 필요하다면 Kathy의 카메라를 빌릴 수 있어.

(321~324) Choose the one that best completes the sentence.

321 That is _____ newly built house.

① Lee's and Kim's

② Lee and Kim

③ Lee and Kim's

④ Lee's and Kim

322 Many students had questions after the lecture. I answered the _____ questions.

① student

② student's

③ students'

④ students's

323 For the last 15 years I didn't use _____.

동국대

① a dollar worth of my dental benefits

② a dollar's worth of my dental benefits

③ my dental benefits dollar-worth

④ my dental benefits a dollar's worth

324 In the picture he depicts a group of farm laborers _____.

세종대

① struggled the sheeps

② struggling with their sheep

③ struggling their sheeps

④ struggled with their sheep

325~330 Choose one that is ungrammatical or unacceptable.

325
세종대
① Over the centuries, ② this Silk Road way station has been ③ conquered by ④ Chinese general, Tibetan warlords, and Mongol horsemen.

326
Employees who ① accept other positions should ② inform their employers at least ③ three month before ④ leaving.

327
세종대
The 33 miners ① all returned to the surface ② late on Oct. 13, 2010, after a successful rescue ③ effort operations that inspired Chile and ④ riveted the world.

328
동국대
Wolves are the classic illustration of ① species that defends a group territory. ② The average wolf pack is ③ an extended family of from five to eight individuals with a territory of ④ a few hundred square kilometers.

329
한국외대
One of the most ① useful material in the world ② is glass, ③ which ④ is made ⑤ chiefly from sand, soda, and lime.

330
아주대
When Rip Van Winkle came ① out of the forest ② after sleeping for twenty years, ③ many news ④ awaited him in ⑤ his native village.

23 | 관사가 정확하게 쓰였는지 확인하자

1 부정관사

관사 뒤에 오는 명사의 철자가 아니라 관사 바로 뒤에 오는 발음에 따라 부정관사 a와 an을 구별해서 써야 한다.

a used car	a union	a week	a woman
a European	a university	a year	a young couple
an heir	an hour	an apple	an honest boy
an elephant	an umbrella	an MP	an X-ray

2 부정관사의 관용표현

all of a sudden 갑자기	as a rule 대체로
at a distance 약간 떨어져서	at a loss 당황하다
in a hurry 급히	come to an end 끝나다
keep an eye on 감시하다	for a change 기분 전환으로
make a scene 소란을 피우다	as a whole 전체로서

3 정관사

명사 앞에 쓰여 지시 혹은 한정의 뜻을 나타낸다. 혼동의 가능성이 없을 정도로 특정되어야 한다.
앞에 언급되었거나 이미 아는 개념 또는 고유하고 유일한 것들을 정관사로 나타낸다.

(1) 앞에 나온 명사를 받을 때: 특정한 것, 알고 있는 것, 분명한 것을 지칭

- I bought a book at the bookstore. The book is very interesting.
  나는 서점에서 책을 한 권 샀다. 그 책은 매우 흥미롭다.

(2) 한정된 수식 어구가 있을 때: 형용사구, 형용사절의 수식을 받는 경우

- He is called the Newton of Korea.
  그는 한국의 뉴턴이라고 불린다.

(3) 고유하고 유일한 것, 방위 표시

- The earth moves round the sun.
  지구는 태양 주위를 돈다.

(4) 형용사의 최상급, 서수사, only, last, same 앞

- Seoul is the *largest* city in Korea. 서울은 한국에서 가장 큰 도시이다.

(5) 악기, 발명품

- Does the tall boy play the piano well?

  저 키 큰 소년이 피아노를 잘 칩니까?

(6) 대표 단수

- The elephant is an intellectual animal.

  코끼리는 지적인 동물이다.

(7) 추상명사: the + 단수 보통명사

- He felt the patriot rise within himself.

  그는 마음속에서 애국심이 솟아오르는 것을 느꼈다.

(8) 시간, 수량의 단위 표현

- Salt is sold by the pound.

  소금은 파운드 단위로 팔린다.

(9) 신체의 일부분 표시

- He caught me by the arm.

  그는 내 팔을 잡았다.

4 무관사: 다음과 같은 환경에서는 관사를 쓰지 않는다.

(1) 국적과 언어

- In China, I never noticed I'm Chinese because everyone is Chinese.

  중국에서는 모두 중국인이기 때문에 내가 중국인인 것을 인식한 적이 없었다.

(2) 호칭, 가족 지칭

- Waiter, bring me my bill, please.

  웨이터, 계산서 좀 가져와요.

- Father is washing the car.

  아버지는 세차를 하고 계신다.

(3) 식사 · 질병 · 운동 · 계절 · 학과명

- He came immediately after dinner.

  그는 저녁 식사 후 즉시 왔다.

- My uncle died of cancer.

  나의 삼촌은 암으로 돌아가셨다.

- He plays tennis every weekend.

  그는 매주 주말마다 테니스를 친다.

- Fall comes after summer.

  여름이 가면 가을이 온다.

- I major in history.

  나는 역사학을 전공한다.
- I have a cold.

  나는 감기 걸렸다.

  주의 가벼운 병명 언급 시 관사를 사용한다.
- I have a toothache.

  나는 이가 아프다.

(4) 관직, 혈통, 신분 표시어가 동격이나 보어로 쓰일 때

- He became mayor of our city.

  그는 우리 시의 시장이 되었다. (주격 보어)
- They elected him President.

  그들은 그를 대통령으로 선출했다. (목적격 보어)
- He was appointed Governor.

  그는 주지사로 임명되었다. (주격 보어)
- Elizabeth II, Queen of England, visited the Korea. (동격)

  영국 여왕 Elizabeth 2세가 한국을 방문했다.

(5) a kind / sort / type of + 무관사 명사

- The pine tree is a common *kind* of tree in Korea.

  소나무는 한국에서는 흔한 종류의 나무이다.
- He is not the *sort* of man to do a cruel thing like that.

  그는 그 따위 잔인한 짓을 할 종류의 사람이 아니다.

(6) 본래의 목적에 쓰여 추상적인 개념이 되는 경우

in school 재학 중	in prison 복역 중
go to church 예배 보러 가다	go to sea 선원이 되다
go to hospital 입원하다	go to prison 교도소 수감 중이다
at church 예배 중	at school 수업 중
go to court 법정에 서다	go to bed 잠자리에 들다
at table 식사 중	at work 근무 중

- He is at table.

  그는 식사 중이다.
- He is at the table.

  그는 식탁에 있다.

- He went to sea.

  그는 선원이 되었다.
- He went down to the sea.

  그는 해변으로 갔다.

(7) 교통 · 통신 수단

on foot 도보로	by parcel post 소포로
on horseback 말을 타고	by special delivery 빠른우편으로
by registration 등기로	by words of mouth 구전으로

- I went there <u>by water</u> and returned <u>by land</u>.

  나는 해로로 거기에 가서 육로로 돌아왔다.
- I informed him <u>by telephone</u>.

  나는 그에게 전화상으로 통지했다.

(8) 양보 구문에서 보어(명사)가 문두로 도치될 경우

- <u>Woman</u> as she was, she could do so heavy a task.

  = Though she was a woman, she could do so heavy a task.

  그녀는 비록 여자였지만, 그렇게 힘이 드는 일을 할 수 있었다.
- <u>Weak boy</u> as he was, he helped us dig up the garden.

  = Weak boy though he was, he helped us dig up the garden.

  = Though he was a weak boy, he helped us dig up the garden.

  약한 소년이었음에도 불구하고, 그는 우리가 정원을 일구는 것을 거들었다.

(9) 한 사람을 가리키거나 불가분의 관계가 있을 때의 and 다음에서

- <u>A poet and novelist</u> is my friend.

  시인이자 소설가는 내 친구다.
- <u>The king and queen</u> attended the party.

  국왕과 여왕은 파티에 참석했다.

(331~334) **Choose the one that best completes the sentence.**

331
세종대

_____ in drama at the University of Missouri, he worked as an intern in New York.

① After earning a MA degree

② After earned a MA degree

③ After earned an MA degree

④ After earning an MA degree

332
동국대

Smoking causes _____ of fire deaths in the US.

① an estimated 30 percent

② estimated 30 percents

③ the estimated 30 percent

④ the estimated 30 percents

333
가톨릭대

Because the train drivers are _____ tomorrow, I don't think I will go to Busan after all.

① on strike

② in strike

③ on the strike

④ in the strike

334
가톨릭대

Many of the mammals that dwell in the desert are active only at _____ as the intense heat of a desert day can be fatal to warm-blooded animals.

① a night

② night

③ the night

④ nights

Choose one that is ungrammatical or unacceptable.

335
숭실대

In 2009 Brazil, ① long the world's worst offender, saw its pace of jungle-clearing plummet to ② the third of its historical rate. That's ③ due in part to the recession, as falling commodity prices made clear-cutting for farms ④ less profitable.

336
한국외대

The road ① to success is filled with obstacles. We must ② set resolve not merely to meet those challenges but ③ to look forward ④ to conquering them.

337
경기대

① Experts who work with the mentally ② ills are especially ③ concerned about the misinformation ④ spread by the jokes and casual use of medical terms.

338
단국대

It is largely ① due to the publisher's ② efforts that there has been ③ a resurgence of interest in Hurston's writings, and all her books are back ④ in the print.

339
세종대

In the United States, ① having chosen ② to purchase ③ same item created an immediate affinity ④ among Americans.

340
중앙대

In spite of the doctor's orders, Eric is ① playing tennis today because he is ② one of those athletes who are determined to play, ③ no matter what the coach says. ④ No error.

341 ① All of a sudden, the young woman ② rose to ③ her feet and struck him on ④ his face.

342
단국대
The forest's mangrove trees ① grow 70 feet or more above islands of ② layered sand, deposited by ③ rivers that flow more than a thousand miles from ④ Himalayas to the Bay of Bengal.

343
세종대
① Embodied in the action of the poker game is the ② ever-present notion that anyone with skill, patience, and ③ a little luck can easily make the leap from rags to ④ rich.

344
아주대
These four major corporations ① have tasked their troops ② to employ all ③ means necessary to explore ④ moon for rubidium deposits, ⑤ then establish and secure rubidium refineries.

345
세종대
① The rice yields more food per acre than ② any other ③ grain, and more people depend on ④ it than any other foodstuff.

346
경기대
Although ① the hail ② consists of ice or snow, it usually falls ③ during the summer at ④ the beginning of a thunderstorm.

347
아주대

After it was introduced ① in the Middle East around 3500 BC, ② plow freed ③ some people from ④ the necessity of growing their ⑤ food.

348
이화여대

The story you hear all the time — of ① a stagnant economy in which high taxes and generous social benefits have undermined incentives, ② stalling growth and innovation — bears ③ few resemblance to ④ the surprisingly positive facts.

349
서강대

① Five-time world champion figure skater Michelle Kwan says that South Korea's Kim Yu-na, ② one of the favorites for the Vancouver Olympics, is ③ influential role model for future figure skaters ④ from the Asian nation.

350
국민대

Choose the sentence that is Not grammatically correct.

① The desks are kept some distance apart, so as to prevent cheating.

② Had I known you were coming, I would have baked a cake.

③ The old man is anxious about his wife's health.

④ The elderly is increasingly asserting it's rights.

24 | 관사의 어순이 맞는지 확인하자

원칙적으로는 '관사 + (부사) + 형용사 + 명사'의 어순을 취한다. 하지만 so나 such가 명사를 수식할 경우에는 어순이 변한다.

1 so[as, too, how(ever)] + 형용사 + 부정관사 + 명사

- He is so honest a boy that everybody loves him.
  그는 너무나 정직한 소년이므로 누구나 그를 좋아한다.
- He is as kind a boy as you are.
  그는 당신만큼 친절한 소년이다.
- That is too difficult a question to answer.
  그것은 너무나 어려운 질문이어서 대답할 수 없다.
- How pretty a flower it is!
  그것은 얼마나 예쁜 꽃인지!
- However rich a man he may be, he must not be idle.
  사람이 아무리 부자일지라도 게을러서는 안 된다.

2 such[half, rather, many, quite, what(ever)] + 부정관사 + 형용사 + 명사

- I have never seen such an honest man.
  나는 그렇게 정직한 사람을 본 적이 없다.
- He is quite a nice fellow.
  그는 꽤 친절한 사람이다.

3 all[double, both, half] + 정관사 + 명사

- They spent all the money.
  그들은 돈을 모두 소비했다.
- Both the boys passed the examination.
  그 소년들 둘 다 시험에 합격했다.
- He was willing to pay double the price for the book.
  그는 기꺼이 그 책의 가격을 두 배로 지불했다.

(351~354) **Choose the one that best completes the sentence.**

351 Wherever I went shopping with my mother, who was an outsider in an English-only world, our task inevitably led to _____ speak up to help my mother.

① so an awkward scene that I had to

② so awkward not a scene for me to

③ too awkward a scene for me not to

④ too an awkward scene that I had to

352
한국외대

We think and talk _____ to have conscious awareness of and control over everything we think and say.

① at too fast a rate

② in too fast a rate

③ at a too fast rate

④ in a too fast rate

353
홍익대

A new Administration in Washington has a chance to be both supportive of Israel and honest with it. Over the past three years, many Israelis have told me that President George W. Bush was _____.

① a too good friend of theirs

② a good friend of theirs too

③ too good a friend of theirs

④ theirs too good of a friend

354
홍익대

He claims that this is _____ anybody could have feared, but that's not quite right.

① as bad a result for the drug as

② a bad result as for the drug as

③ as a bad result for the drug as

④ as bad a result as for the drug

355
한국외대

① At issue is whether Treasury Inflation-Protected Securities, commonly ② known as TIPS, are ③ too a good deal for investors: Opponents say the government ④ has been losing money on them while defenders question ⑤ that accounting.

356
가톨릭대

You can buy ① a quite good guitar ② for under 200 dollars, but the most ③ expensive ones ④ cost thousands.

357

If life died, the ocean ① would become, in fact, one enormous cesspool. Billions of ② decaying bodies would create ③ too insupportable a smell that man would be forced to leave all the seashore regions. But far worse things ④ would follow as the result of the pollution.

358
아주대

A chemical plant explosion that ① occurred on November 13 in the northwest province of Jilin has severely polluted one of China's ② the biggest rivers, causing water supplies for millions of people to be cut and pollution fears ③ to spread not only in the city but also ④ in neighboring Russia.

359
국민대

Choose the sentence that is grammatically Correct.

① Mary is easy to please her.
② This is too good a chance to lose.
③ I will give this book to whomever wants it.
④ Good historians combine good style, thorough information, and being impartial.

360
국민대

Choose the sentence that is Not grammatically correct.

① The crowd outside the gates of the palace was enormous.
② On the whole, it was quite a good performance.
③ The chances of newborn baby to survive are much better now.
④ The two cars in front of me almost collided with each other.

25 | 무엇을 지칭하는지 정확하게 해석하고 표기하자

인칭에는 주격, 목적격, 소유격이 있으며 문장 내에서 '격'에 맞게 쓰여야 하며, 지칭하는 그 명사의 수, 인칭 및 격을 일치시켜야 한다. '~의 것'이라는 의미를 갖는 소유대명사 용법 또한 중요하다.
가주어, 가목적어로 쓰이는 it의 용법 또한 자주 출제된다.

1 대명사의 일치 문제

주어, 주격 보어, 목적격 보어 자리에는 주격을 쓴다.

- I thought that it was he.

  나는 그건 바로 그라고 생각했다.

- The police could not yet confirm that Tom is the victim, but detectives said they believe it to be he.

  경찰은 Tom이 희생자일 것이라고 아직 확신할 수 없었지만 탐정들은 그일 것이라고 말했다.

  ⇨ 'to be he'는 목적격 보어이므로 목적격 대명사가 온다.

2 재귀대명사에 관련된 문제

동일한 절(clause) 내에서 목적어가 주어와 일치할 경우 목적격을 쓰지 않으며 재귀대명사를 이용하여 목적어를 표현한다.

- Motorcyclists are required to wear headgear to protect them. (×)

  Motorcyclists are required to wear headgear to protect themselves. (○)

  오토바이 운전자들은 자신을 보호하기 위해서 헬멧을 써야만 한다.

- A great many plants have thorns or stinging hairs that protect themselves. (×)

  A great many plants have thorns or stinging hairs that protect them. (○)

  많은 식물들에 스스로를 보호하는 가시나 쐐기털이 있다.

3 소유대명사에 관련된 문제

소유대명사는 명사의 반복을 피하기 위해 사용하며, '대명사의 소유격 + 명사'로 주어, 목적어, 보어가 될 수 있다.
명사의 기능을 수행한다.

- His parents are present; yours are not. (= your parents)

  그의 부모님은 살아계신다; 너의 부모님은 그렇지 않다.

- Your things are in the locker and ours are in the car. (ours = our things)

  너의 짐은 로커 안에 있고, 우리 것은 차 안에 있다.

4 가주어, 가목적어에 관련된 it의 용법

- It's a pity to make a fool of yourself. (가주어)
  스스로를 웃음거리로 만들다니 유감이다.
- It is wrong to tell a lie. (가주어)
  거짓말을 하는 것은 잘못이다.

- He made it his business to settle the matter. (가목적어)
  그가 그 문제의 해결을 맡았다.
- I took it for granted that I would give the opening address at the conference. (가목적어)
  나는 당연히 내가 회담에서 기조연설을 하게 될 것이라 생각했다.

5 명사의 반복을 피하기 위한 that, those

지시대명사란 this, these, that, those와 같은 대명사를 가리키는 것으로, 공간, 시간, 심리적으로 가까운 것은 this, these, 먼 것은 that, those를 사용한다. 앞 문장에서 언급한 명사의 반복을 피하기 위해서 지시대명사를 쓰고 특히 비교 대상이 있을 경우에는 that과 those만 쓴다. 물론 지칭하는 명사가 단수로 쓰였는지 복수로 쓰였는지 주의해야 한다.

- *The winter* of Canada is colder than that of Korea.
  캐나다의 겨울은 한국의 겨울보다 춥다.
- I think *the cold* of this year is severer than that of last year.
  금년의 추위는 작년의 추위보다 더 맹렬하다.
- *The ears* of a rabbit are longer than those of a cat.
  토끼 귀는 고양이 귀보다 더 길다.
- *The houses* of Seoul are more expensive than those of other cities.
  서울의 집은 다른 도시들의 집보다 더 비싸다.

6 those who의 용법

those는 people의 의미로 '~하는 사람들'이라는 뜻이다.

- Heaven helps those who help themselves. (= people who)
  하늘은 스스로 돕는 자를 돕는다.
- Luck comes to those who look after it.
  행운은 그것에 주의하는 사람들에게 찾아온다.

(361~366) **Choose the one that best completes the sentence.**

361
서울여대

Students are now more savvy about what _____ to get an A.

① it takes

② they take

③ takes them

④ takes it

362
한국외대

I could truly sympathize with _____ to try to carry on a Western-style conversation.

① how hard they found

② how hardly they found

③ how hard they found it

④ how hardly they found it

363
서울여대

The president's declaration of an emergency was a procedural maneuver to make it easier for hospitals, should they be swamped with sick people, _____ them to alternate sites for triage and treatment.

① transfer

② to transfer

③ will transfer

④ transferring

364
동국대

Physicists often find _____ to separate a bean of particles into a spectrum according to their energy.

① it is used

② it useful

③ useful

④ its use

365
홍익대

People who get a high score on the hope scale have had as many hard times as _____, but have learned to think about it in a hopeful way.

① low scores
② with low scores
③ those low scores
④ those with low scores

366

The system of weight and measurement in one country is not always the same _____.

① as that in another
② like that in the other
③ as this in another
④ as it in the other

(367~375) **Choose one that is ungrammatical or unacceptable.**

367
경기대

Princess Philips has followed ① in her mother's footsteps in becoming ② an equestrian champion and has carved out ③ his own life away ④ from palace pressures.

368
중앙대

The author's novels ① may seem somewhat old and musty, but ② its form ③ survives in modern popular novels. ④ No error.

369
성균관대

In both ① their public and private spheres, the nation is rightly acting to reduce ② many of the risks ③ which people have no choice ④ but to hazard—on the road, in factories, in the environment, ⑤ even in the field of speculative finance.

370
중앙대

① By the time Ralph Rogers completes his testimony, every major executive of our company but Mark Jamieson ② and I ③ will have been accused of complicity in the stock swindle. ④ No error.

371

We all will have to ① start living within our means — or preferably ② below it. If you don't overborrow or overspend, you're ③ far less vulnerable ④ to whatever problems the financial system may have.

372
경기대

① Most of the water at the bottom of the North Pacific Ocean ② has not been exposed to sunlight in at least 800 years and ③ some of them has been down there for ④ two millennia.

373
한양대

George Orwell's best work was ① political, but his politics were difficult to ② pin down. Shy in person, ③ though vehement on the page, Orwell could fairly describe ④ him as simultaneously a left-wing socialist, an anti-communist and a Tory anarchist.

374
한국외대

Researchers at the university ① are investigating a series of ② indicators that ③ could help ④ themselves ⑤ predict earthquakes.

375
이화여대

The problem of school education that John ① is experiencing is similar to ② you ③ in that they both ④ stem from the lack of interaction between students and teachers.

26 | 부정대명사는 반드시 출제된다

1 one ~, another ~, a third ~

하나하나 순서대로 열거할 때 사용
- One is red, another is white, and a third is green.

  첫 번째 것은 붉고, 두 번째 것은 희고, 세 번째 것은 녹색이다.

2 one ~, another ~, and the third[the other] ~

(셋 중에서) 하나는 ~, 다른 하나는 ~, 나머지 세 번째는 ~
- There are three flowers in the vase; one is a rose, another is a tulip, and the other is a lily.

  꽃병에 꽃이 세 송이 있다; 하나는 장미이고, 다른 하나는 튤립이고, 나머지 세 번째는 백합이다.

3 one(하나) ~ the other(나머지 다른 하나)

둘 중의 하나를 선택하는 경우
- I have two brothers; one is in Seoul and the other is in Busan.

  나는 형이 둘 있는데, 한 명은 서울에 있고, 다른 한 명은 부산에 있다.

4 one(하나) ~ the others(나머지 모두)

여럿 중 하나를 선택하는 경우
- We have five dogs; one is black, and the others are white.

  우리는 다섯 마리의 개를 가지고 있는데, 한 마리는 검정색이고, 나머지는 모두 하얀색이다.

5 others(other + 복수 명사)

많은 것 중 몇 개를 취하고 남은 임의의 몇 개를 표현
- These hats are too big. Do you have any others?

  이 모자들은 너무 크네요. 다른 것은 없습니까?

6 every와 each

둘 다 단수 동사를 받으며, each는 '개별적인 것(각각은, 각자의)', every는 '모두'를 가리킨다. 아래와 같은 표현들이 주어로 올 경우, 동사는 현재일 경우 단수 취급한다.

every + 단수 명사	each + 단수 명사
every + 단수 명사 and 단수 명사	each of the + 복수 명사

7 all, both: 전치한정사의 용법과 부정대명사의 용법

• <u>All</u> are in the room.

<u>All books</u> are in the room.

<u>All the books</u> are in the room.

<u>All of the books</u> are in the room.

<u>All of them</u> are in the room.

모든 책들이 방 안에 있다.

• <u>Both</u> are delicious.

<u>Both apples</u> are delicious.

<u>Both these apples</u> are delicious.

<u>Both of these apples</u> are delicious.

<u>Both of them</u> are delicious.

두 사과 다 맛이 있다.

8 most와 almost

most는 '대다수(의), 대부분(의)'의 의미로 명사적 용법과 형용사적 용법으로 모두 쓸 수 있다. 물론 단독으로도 사용할 수 있다. 하지만 almost는 부사적 용법으로 쓰인다.

almost + 부정 대명사(everybody, no one, anybody, something)
almost + 부정 형용사(every, all, no, any, some)

• <u>almost all students</u>

= <u>almost every student</u>

거의 모든 학생들

• <u>almost 50 percent of the students</u>

거의 50퍼센트의 학생들

- <u>Most</u> will start to leave the house when they are in the age of 19.

  <u>Most teenagers</u> will start to leave the house when they are in the age of 19.

  <u>Most of the teenagers</u> will start to leave the house when they are in the age of 19.

  <u>Most of them</u> will start to leave the house when they are in the age of 19.

  19살이 되었을 때 대부분의 십대들은 집을 떠난다.

9 either와 neither

either는 둘 중에서 한 쪽 긍정, neither는 양쪽 부정을 나타내며, 둘 다 단수 취급한다.

- <u>Either</u> is fine with me.

  <u>Either type</u> is fine with me.

  <u>Either of the types</u> is fine with me.

  <u>Either of them</u> is fine with me.

  (둘 중) 어느 것이든 좋습니다.

05

(376~382) **Choose the one that best completes the sentence.**

376 Among the many tubes that drip nutrients and medicine into the patient's blood, _____ is attached to a small pump.

① some

② the other

③ one

④ there

377
서울여대

The Olympic Games have grown from a one-day affair to _____ sixteen days each time it is held.

① that which lasts

② one that lasts

③ that which is lasted

④ one that is lasted

378 In our family, we all give homemade gifts to _____ during the holidays.

① oneself

② itself

③ one another

④ themselves

379
국민대

Both of them got the flu; _____ was at work today.

① neither

② either

③ any

④ nor

380
덕성여대

Most _____ dealt only with railroads and their employees without extending to other industries.

① of early federal labor law
② early federal labor law
③ the early federal labor laws
④ of the early federal labor laws

381
아주대

Angela was sick yesterday, so she had to spend _____ in bed.

① most her day
② most the day
③ most of the day
④ most of day
⑤ her most the day

382
숭실대

For epidemic influenza, the elderly have the greatest risk of influenza mortality, yet children are responsible _____.

① for the mostly transmission
② for most of the transmission
③ for mostly transmitted
④ for most of the transmitted

(383~389) **Choose one that is ungrammatical or unacceptable.**

383
경기대

Because the plan ① that was made yesterday is ② no longer feasible, the manager ③ had to choose ④ other alternative.

384
중앙대

① One should try to avoid breaking rules, not only because ② doing so is wrong, but also because you do not ③ know whether you will be caught. ④ No error.

385
서울여대

People ① <u>who want</u> to ② <u>stop smoking</u> usually ③ <u>remind themselves of</u> the health risks, the bad smell, the cost, and ④ <u>other's reactions</u> to their smoking—the drawbacks of smoking.

386
건국대

① <u>According to</u> experts, companionship and social support are vital ② <u>to</u> both our psychological and physical well-being — one reason, perhaps, why ③ <u>married</u> people tend to live ④ <u>longer</u> than unmarried ⑤ <u>one</u>.

387
숭실대

① <u>Wherever</u> people live together in a society, ② <u>almost of them</u> feel that some values can be ③ <u>fully satisfied</u> only by rules ④ <u>that bind</u> everyone in the society.

388
아주대

Why a person has ① <u>none</u> relationship is ② <u>something</u> that cannot ③ <u>be</u> adequately ④ <u>determined</u> by ⑤ <u>a survey</u>.

389

Telephones, television sets, and automobiles make life ① <u>both</u> more convenient and more interesting. But ② <u>either of them</u> presents dangers that must be recognized and controlled, unless we ③ <u>are willing</u> to let them ④ <u>control us</u>.

390
한국외대

Choose the sentence that is Not grammatically correct.

① Peter bought two red pens yesterday and two blue ones today.

② Peter bought red wine yesterday and white one today.

③ Peter bought a computer yesterday and one today, too.

④ Peter bought some books yesterday and some today, too.

⑤ Peter bought some rice yesterday and some today, too.

MEMO

CHAPTER

06

형용사, 부사, 비교

27 | 형용사와 부사의 선택문제는 실수하지 말자

형용사는 문법에서 여러 가지 기능이 있다. 먼저 수식어 기능을 하고 서술어의 기능을 하기도 한다. 먼저 수식어의 기능을 올바르게 알기 위해서는 가장 기본적인 문법 규칙을 지켜야 한다. 명사를 수식하는 위치에 따라 전치수식, 후치수식으로 나눈다. 그러나 문맥에서 이 기본적인 규칙을 지키기에 더 복잡한 환경이 될 수 있으므로 아래의 문법사항으로 세부적으로 나누어 학습해 보자.

1 다른 품사와의 관계를 꼭 따져보자.

(1) 형용사와 부사와의 관계

① (관사) + 부사 + 형용사 + 명사: 가장 기본이 되는 어순이다.
② (관사) + 형용사 + 형용사 + 명사: 여러 개의 형용사가 명사를 수식하는 구조이다.

(2) 형용사와 명사와의 관계

형용사는 명사를 수식하거나 서술 기능을 한다. 이때 서술어로 쓰인 형용사는 2형식에서는 주격 보어로, 5형식에서는 목적격 보어로 사용한다. 올바른 형용사의 형태를 갖도록 해야 한다. 이때 명사와 형용사를 구별해서 써야한다.

① S + V + C: 주격 보어로 쓰이는 형용사
② S + V + O + OC: 목적격 보어로 쓰이는 형용사

(3) 분사와 형용사의 관계

분사도 형용사이므로 명사를 수식할 경우 현재분사 형태가 되어야 하는지 과거분사가 되어 수식을 해야 되는지 꼭 구별해서 써야 한다.

① 현재분사: 명사와의 의미적 관계가 능동이나 진행의 의미를 지니는 경우
② 과거분사: 명사와의 의미적 관계가 수동이나 완료의 의미를 지니는 경우
③ 유사분사: 명사에 '-ed'를 붙여 형용사적 기능을 하는 경우

2 부사는 품사구별 문제가 제일 많이 출제된다.

부사 문제는 먼저 형용사와 관련되어 품사를 구별하는 문제가 제일 많이 출제된다. 우선적으로 형용사를 써야 하는 자리인지 부사를 써야 하는지가 문법적으로 판단이 되어야 한다. 이는 실제적으로 문제를 많이 풀어보면서 문맥 속에서 결정되어야 할 문제다.

부사는 동사, 형용사, 부사, 문장을 수식한다.

형용사는 한정적 용법으로 명사를 수식하는 기능이 제일 많다. 그러나 부사는 동사, 형용사, 부사, 또는 문장을 수식해야 한다.

① 동사 수식: 부사는 일반적으로 동사의 상태나 동작의 의미를 자세히 설명해 주는 역할을 한다.

- John can imitate his father's speech <u>perfectly</u>.

  John은 자기 아버지의 말투를 완벽하게 흉내 낼 수 있다.

② 형용사 수식: 부사는 형용사를 수식할 수 있다.

- This manual is <u>too</u> difficult for me.

  이 매뉴얼은 나에게 너무 어렵다.

③ 다른 부사 수식: 문장 안에 쓰인 또 다른 부사의 의미를 강조하거나 덧붙여 설명할 수 있다.

- The Italian Minister of Foreign Affairs came <u>very</u> late.

  이탈리아의 외무장관은 너무 늦게 도착했다.

④ 구, 절 수식: 부사구나 부사절을 수식할 수 있다.

- <u>Much</u> to my surprise, he became a doctor.

  많이 놀랍게도 그는 의사가 되었다.

3 수량형용사를 조심하자.

명사를 수식할 경우 수량형용사가 쓰이는데 이때 수식을 받는 명사가 반드시 가산명사인지 불가산명사인지 꼭 확인해야 한다.

(1) 가산명사에는 많을 경우 many를 쓰고 '조금 있는'의 긍정의 의미일 경우에는 a few를, '조금밖에 없는, 거의 없는'이라는 의미로는 few를 써야 한다.

many	a good number of = a great number of = a large number of	
	a good many = a great many	
	many a + 단수 명사	
	a host of	
few	a few	극소수의
	(조금 있는 ⇨ 긍정)	⇨ only a few = very few = but few
	few	많은
	(거의 없는 ⇨ 부정)	⇨ not a few = quite a few = a good few

(2) 불가산명사에는 많을 경우 much를 쓰고 '조금 있는'의 긍정의 의미일 경우에는 a little를, '조금 밖에 없는, 거의 없는'이라는 의미로는 little를 써야 한다.

many	a good deal of = a great deal of	
	a great amount of = a large amount of	
	a good quantity of = a great quantity of = a large quantity of	
few	a little	극소량의
	(조금 있는 ⇨ 긍정)	⇨ only a little
	little	아주 많은
	(거의 없는 ⇨ 부정)	⇨ not a little = no little = quite a little

(3) a lot of, lots of, plenty of 다음에는 불가산명사가 올 수도 있고 복수 명사가 올 수도 있다.

(391~395) **Choose the one that best completes the sentence.**

391
동국대

Today, Rwanda's Parliament is set to consider legislation that would for the first time make homosexuality a crime, _____. The bill would also ban any activities that could be construed as "encouraging or sensitizing" same-sex relationships.

① punishable by five to ten years in prison
② punished by five to ten yea33rs in prison
③ being punished by five to ten years in prison
④ having been punished by five to ten years in prison

392

We were certain _____ we could reach an agreement by the next day.

① that
② what
③ of
④ whether

393

In _____ formulating a strategy and assumptions, the company also must consider the impact of technology on its customers, societal trends on its markets, and customer preferences.

① effect
② effects
③ effective
④ effectively

394 There is no guarantee of a profit in any enterprise, which is why businesses, both large and small, _____ all the time if they do not have enough political influence to get bailed out by the government.

① go bankruptcy

② go into bankrupt

③ go to bankrupting

④ go bankrupt

395 Mandarin Chinese is the most _____ spoken language in the world, but English is number two.

① wide

② widen

③ widely

④ widening

(396~410) **Choose one that is ungrammatical or unacceptable.**

396
성균관대
Asia ① certainly has no ② lack of amazing sights, ③ sounds and adventures to keep visitors ④ awe and on a ⑤ lasting high.

397
이화여대
Rosa Parks neither ① sought nor expected the attention that her ② act in defiant brought her. Nevertheless, she is ③ pleased that people ④ consider her the mother of the civil rights movement.

398
이화여대
The ① excruciating focus on nuclear weapons and war ② was all the more remarkable because it was irrelevant to the challenges most ③ galling to Americans in 1980, the plight of American hostages in Iran and the nation's ④ sagged economic position in the world.

399 ① In a communist country, the central ② government controls capital and creates ③ plans national for ④ its use.

400
숭실대
① A few generations back, racially mixed couples were an anomaly. But between the 1990 and 2000 census, ② the percentage of racially ③ intermarriage couples nearly ④ doubled.

401
세종대
WikiLeaks was ① founded in 2006 by Julian Assange, ② an Australian activist and journalist, ③ along with a group of ④ like-mind activists and computer experts.

402
동덕여대
The marketing head is ① concerned about that the company's ② advertising blitz came ③ half a week after their competitor ④ launched a similar product.

403
서강대
After ① competing in the Tour de France, Lance Armstrong reported that he ② wasn't able to bend his knees ③ for two entire days and had to walk very ④ slow to get around.

404
세종대
Blacks, who feel they waited ① longest and endured most in the fight for equal opportunity, are ② uneasily about ③ being supplanted ④ by Hispanics or Asians.

405
아주대

① The question of ② whether computers can have ③ minds is ④ rapid becoming ⑤ a significant issue.

406
세종대

The result could be biofuel that is ① cheaper ② than petroleum and a lot ③ more environmental friendly, with a carbon footprint 80% ④ smaller than oil's.

407
경기대

Scores of villagers spent the night ① sheltering ② on higher ground after a major 7.4 magnitude earthquake ③ sparked a tsunami warning that was ④ latter downgraded.

408

Media attention ① has widened the appeal of home exchange ② over the past few years and ③ a great many thousand of people make arrangements to exchange their homes in order to take a holiday ④ either in England or overseas.

409
세종대

The job involved not just piecing together more than three ① billions DNA ② sequences, but making sure none of the ③ material that was used came from bacteria or other ④ organisms clinging to the fur.

410
이화여대

According to Germaine Greer, the reason ① quite a few women artists have achieved greatness is that they have historically ② internalized their oppression, ③ thereby draining the energy ④ required for creative work.

28 | 부사는 이것만 외워라

주요 부사 중에 enough와 still 그리고 '빈도부사'의 위치를 묻는 문제가 빈번하게 출제되므로 관련문법 사항을 잘 정리해 두어야 한다.

1 enough의 용법

명사를 전치수식, 후치수식하며 형용사, 부사를 후치수식한다.

- Now you are old <u>enough</u> to tell right from wrong. ⇨ 부사

  너도 이제는 옳고 그른 것을 구별할 나이가 됐잖아.

- They gathered <u>enough</u> information for the research. ⇨ 형용사

  그들은 연구에 필요한 충분한 정보를 수집했다.

2 still의 용법

'아직'의 의미로 일반적으로 빈도부사의 위치를 따라간다. 단, 부정의 조동사 앞에 위치한다.

- Do you <u>still see</u> him? ⇨ 일반동사 앞

  너는 아직 그를 만나니?

- He <u>is still</u> standing on a hill. ⇨ be동사 뒤에

  그는 여전히 언덕에 서 있다.

- I <u>still can't</u> believe what you said to me. ⇨ 부정의 조동사 앞에 위치

  나는 여전히 네가 나에게 말한 것을 믿을 수 없다.

  I can't still believe what you said to me. (×)

- He <u>still hasn't</u> finished reading the novel. ⇨ not 앞에서

  그는 아직도 그 소설책을 다 읽지 못했다.

- Has he <u>still</u> got the book or not? ⇨ 의문문일 경우

  그는 그 책을 구했니 아니면 못 구했니?

3 빈도부사의 위치

(1) 횟수를 측정할 수 있는 부사: 일반적으로 문두에 오며 강조할 경우에는 문두에 온다.

- I have been in America <u>once</u>. ⇨ 주로 문미에 위치
  나는 한 번 미국에 가본 적이 있다.

(2) 횟수를 측정할 수 없는 부사: 아래와 같이 막연한 빈도나 횟수를 의미하는 부사들은 원칙적으로 일반동사 앞, be동사 뒤, 조동사 뒤에 온다.

막연한 빈도를 나타내는 부사의 위치

always	frequently	often	long	sometimes
hardly	scarcely	never	ever	

① 조동사의 경우: used to, have, ought to 앞이나 뒤에 올 수 있고 조동사를 강조할 때는 조동사 앞에 올 수 있다.

② 본동사가 생략되면 조동사 앞에 위치한다.

411
서울여대

Choose one that is ungrammatical or unacceptable.

① Throughout history, most technological progress has been a result of ② relative minor improvements and refinements ③ rather than ④ through major inventions.

(412~414) **Choose the one that best completes the sentence.**

412
세종대

The existence of ice rather than water for the majority of the year means that _____.

① vegetation does not have moisture for growth enough to take place

② vegetation does not have enough moisture for growth to take place

③ vegetation does not have enough moisture for taking place growth

④ vegetation does not have moisture enough for growth to take place

---

413
세종대

"Hi, Mr. Kim! Has everyone gone for the Easter break?"
"Some kids _____."

① are gone yet

② are gone ever

③ here are already

④ are still here

414

Kids today are being assigned _____ homework, so schools should require teachers to limit their after-school assignments to a maximum of one hour's worth of work.

① much too far

② far too much

③ too much far

④ so much far

(415~419) **Choose one that is ungrammatical or unacceptable.**

415
명지대
Tom's injuries ① were ② enough severe for him ③ to be hospitalized ④ for a month.

416
세종대
① All the same, even when Western mothers think they ② are being strict, they ③ don't come usually ④ close to Asian mothers.

417
In my family, we ① eat usually ② most of our meals together in the dining room. However, ③ sometimes we eat in the living room ④ in front of the TV.

418
세종대
It would ① thus be futile to argue that industrialization destroyed the great ② extended family of ③ the past, since such a family type ④ rare existed.

419
The young pitcher ① threw the ball ② so hardly ③ that the batter ④ could not hit it at all.

420
한국외대
Choose the sentence that is Not grammatically correct.

① When someone has hay fever, the eyes itch.

② As Mary approached the garden, her mood lightened.

③ A Scottish battalion marched down the street.

④ As the days shortened, the work week lengthened.

⑤ From that time he has always shunned publically.

29 | 비교 문제는 항상 형식에 주의하자

1 비교급의 기본 형식

비교급에서 가장 중요한 문제로 항상 형식에 맞게 쓰였는지를 먼저 확인해야 한다. 원급(동등비교), 비교급, 최상급은 고유한 형식이 있기 때문에 항상 아래와 같은 규칙을 지켜야 한다. 가장 기본이 되는 형식이지만 실수하면 안 되는 문제들이다.

동등비교	① as ~ as의 형식을 꼭 지키자. 원급비교는 비교 대상이 되는 사람이나 사물의 그 정도가 같음을 나타내며 형용사, 부사의 원급이 쓰인다. 'as ~ as'를 동등비교라고 하며 'not so ~ as'를 열등비교라고 한다.
비교급	② '비교급 + than ~'의 형식을 꼭 지키자. 비교급이 쓰인 문장에서 가장 많이 출제되는 형식이 바로 than의 구조다. 이 than이 쓰일 경우 반드시 그 문장 어디에선가는 반드시 형용사나, 부사의 비교급이 있어야 한다. 원급이나 최상급(×) ~ than
최상급	③ 정관사 the를 누락시키지 말자. 최상급이 쓰인 경우, 정관사 the를 누락시켜서는 안 된다. 또한 형용사나 부사의 원급에 '-est' 또는 3음절의 이상의 단어가 쓰였을 때 most가 쓰였는지 꼭 확인하자.

• He became as famous as she. ⇨ 형용사의 원급 비교

그는 그녀만큼 유명해졌다.

• The air is polluted as badly as the rivers. ⇨ 부사의 원급 비교

공기도 강만큼 오염이 심하다.

• Gold is heavier than copper. ⇨ 비교급의 기본이 되는 형식

금은 구리보다 무겁다.

• She is less beautiful than her cousin. ⇨ 열등 비교인 경우

그녀는 사촌보다 덜 예쁘다.

• Mt. Everest is the highest mountain in the world. ⇨ 최상급이 쓰인 문장의 기본 구조

에베레스트산은 세계에서 가장 높은 산이다.

2 비교 대상

원급 및 최상급 비교구문에서 서로 비교가 되는 대상은 가능한 동일한 문법적 구조나 형태로 나타내야 한다. 또한 비교하고자 하는 비교 대상간의 내용도 서로 같은 내용으로 일치되어야 한다. 이 부분의 내용은 병치와도 밀접한 관련이 있는 부분이다. 먼저 비교 대상을 나타내는 방법은 다음과 같다.

that of	*The winter* of Canada is colder than <u>that</u> of Korea. ⇨ the winter 캐나다의 겨울은 한국의 겨울보다 춥다.
those of	*The ears* of a rabbit are longer than <u>those</u> of a cat. ⇨ the ears 토끼 귀는 고양이 귀보다 더 길다.
N's	Her *hair* is the same colour as <u>her mother's</u>. 그녀의 머리카락은 그녀 어머니의 머리카락과 똑같은 색이다. ⇨ her mother's = her mother's hair

3 원급 비교의 비교 대상과 격

뒤에 쓰인 as는 접속사이며 비교 대상이 오는 자리다. 이때 비교 대상을 앞 문장과 연결해서 분석해본 후 주격인지 목적격인지 의미상 구별해야 한다.

• I love you <u>as much as he</u>.

그가 널 사랑하는 만큼 나도 널 사랑한다.

⇨ I love you.라는 문장과 He loves you.라는 문장이 결합된 것이다.

• I love you <u>as much as him</u>.

나는 그를 사랑하는 만큼이나 너를 사랑한다.

⇨ I love you.라는 문장과 I love him.이라는 문장이 결합된 것이다.

(421~425) **Choose the one that best completes the sentence.**

421
서울여대

For jurors, the believability of a witness often depends _____ the witness presents evidence as on the contest or relevance of that evidence.

① on how

② on as how

③ as much how

④ as much on how

422

In a competitive market, keeping loyal customers is _____ important than attracting new ones.

① better

② more

③ well

④ greater

423
아주대

Ozone depletion results when ozone destruction occurs at _____ than ozone production.

① a fast rate

② a faster rate

③ the fastest rate

④ the faster rate

⑤ the fast rate

424
아주대

Few American politicians have spoken _____ William Jennings Bryan.

① as eloquent as

② more eloquently as

③ more eloquently than

④ more eloquent than

⑤ as eloquently than

425
세종대

Despite his long exposure to them, Hay's involvement with Native-American cultures was _____ of an amateur who liked collecting things.

① never more than that
② never what
③ never one
④ never more than one

426
한양대

밑줄 친 부분이 어법에 맞게 수정된 것을 고르시오.

> A mixture of jazz and classical idioms, the music of Gershwin was more innovative <u>than most of his contemporaries</u>.

① that most of his contemporaries was
② than most of his contemporaries were
③ that were most of contemporaries
④ than that of most of his contemporaries

(427~435) **Choose one that is ungrammatical or unacceptable.**

427
세종대

① Few countries have ② as ③ valued the study of classical philosophical and religious texts as ④ have China, Korea, and Japan.

428

The Platonic point of view says that freedom and happiness ① are found not by focusing on oneself but by focusing on something both ② larger than and external than oneself, something ③ that compels and lifts one's vision above the mundane preconceptions that ④ most people mistake as significant.

429
경기대

Even if we have the political will ① to spend substantially more money ② on education ③ as we do now, do you think we ④ can improve our schools if we deride our studious pupils?

430
홍익대

No group of stories exhibits ① greatest richness and depth, and certainly ② none has been ③ more influential, than the set of tales ④ which we know as 'the Greek myth.'

431
단국대

In a study of local brain activity in people ① performing a language task, people with ② stroke-related aphasia showed ③ high activity levels in the right half of the brain than ④ people who did not have aphasia.

432
중앙대

The appearance of the beggar was ① in one respect ② similar to the elegant gentleman, ③ for the beggar, too, walked with dignity. ④ No error.

433
서울여대

Babies' intelligence, ① the research shows, is very ② different from adults and ③ from the kind of intelligence we usually ④ cultivate in school.

434
이화여대

People interviewed by the magazine ① often expected younger people to be ② less honest than ③ their elders'; however, younger people in the wallet test had the same "honesty score" as older people — ④ exactly 67 percent.

435
서강대

More than any other film in recent history, ① the financial success of James Cameron's *Titanic*, ② which grossed over six hundred million dollars at the box office, ③ has changed the way movies ④ are developed and marketed in the United States.

30 | 중요 비교 구문을 암기하자

1 원급, 비교급, 최상급을 수식하는 부사

비교급을 강조하는 부사와 최상급을 강조하는 부사들이 있다. 혼동하기 쉬우므로 같이 정리하면 다음과 같다. much, far, by far는 비교급, 최상급 양자에 모두 쓸 수 있다. 'far and away, the very, much the'와 같은 부사들이 최상급의 의미를 강조한다. 비교급의 강조와 함께 반드시 구별해서 암기해야 한다. 특히 very와 much가 정관사 the와 함께 쓰일 경우 어순에 주의해야 한다.

2 the 비교 ~ the 비교

'the + 비교급 ~, the + 비교급 ~'은 '~하면 할수록 더욱더 ~하는'의 뜻이다. 앞의 the는 관계부사, 뒤의 the는 지시부사로 쓰인 것으로 the + 비교급의 문제를 풀 때는 항상 형식에 주의해야 한다. 먼저 정관사 the를 누락시켜서는 안 된다. 또한 the 비교급에 사용된 품사가 원래의 문장에서 하는 역할에 따라 형용사, 부사, 명사로 정확하게 쓰여야 한다.

the 형용사 비교급	the 다음에 형용사의 비교급이 있을 경우, 이 형용사가 뒤의 문장에서 형용사가 꼭 필요했던 자리인지 확인해야 한다. 일반적으로 보어로 쓰인 경우가 가장 많다.
the 부사 비교급	the 다음에 부사의 비교급이 있을 경우, 이 부사는 원래의 문장에서 대부분 동사를 수식했던 품사일 가능성이 높다.
the 명사 비교급	이런 경우에는 명사를 수식하는 비교급은 many 또는 much가 되는데 결국 more가 되어 'the more + 명사'의 구조를 갖는다.

- The wiser one grows, the more modest one becomes.
  사람은 현명해질수록 그만큼 더 겸손해진다.
- The sooner you leave, the earlier you will arrive at your destination.
  빨리 떠날수록 목적지에 빨리 도착할 것이다.
- The more television children watch, the more junk food they eat.
  아이들이 TV를 더 많이 보면 볼수록, 아이들은 불량식품을 더 많이 섭취하게 된다.

3 중요 비교 표현

(1) 배수비교 표현

'A보다 몇 배나 ~한'이라는 의미로 'as ~ as'를 이용한 표현이 있고 '배수사 + 명사'를 이용한 표현이 있다.
배수사에는 half, once, twice, three times, four times ~ 등이 있다.

• He has <u>two-thirds as</u> many books <u>as</u> I (have).
그는 나의 책의 2/3를 가지고 있다.

(2) not so much A as B의 표현

'A라기보다는 차라리 B이다.'라는 의미다. 가장 흔하게 나오는 문제 형식이 바로 뒤에 as를 쓰는 문제다.

(3) 이중긍정, 이중부정의 표현

다음과 같은 4가지 표현은 아주 중요한 것으로 수사적으로 쓰일 경우와 이중긍정, 이중부정을 나타내는 표현들
이 있기 때문에 철저하게 이해를 해야 한다.

no more than	① no more than + 수사 = only, nothing but
	② no more A than B = B가 A가 아닌 것처럼 주어도 A가 아니다 (양자부정)
no less than	① no less than + 수사 = as many as 또는 as much as
	② no less A than B = B가 A이듯이 주어도 A다 (양자긍정)
not more than	① not more than + 수사 = at most (기껏해야)
	② not more A than B = B만큼 A하지 않다 (직역 가능)
not less than	① not less than + 수사 = at least (적어도)
	② not less A than B = B못지 않게 A하다 (직역 가능)

(436~447) **Choose the one that best completes the sentence.**

436 Across the globe, food is cheaper than ever, but especially calorie-laden food. Our meals and snacks are more drenched in sugar and oil than _____.

① they had ever be

② they have ever been

③ ever they had been

④ that they ever were

437
동국대

The implication of both of these trends, although largely anticipated in the context of the new policy environment under the Uruguay Round, is that a _____ of cereals is now imported under commercial terms.

① much greater volume

② greater much volume

③ volume much greater

④ greater volume much

438 The higher the content of carbon dioxide in the air, _____.

① more heat it retains

② the more heat it retains

③ it retains more heat

④ the hotter it retains heat

⑤ than it retains more heat

439
서강대

The stronger _____ magnetic field, the greater the voltage produced by a generator.

① than the

② is the

③ is equal to

④ the

440
세종대

The more I learned about the current trend in intellectual property law, _____ that novel forms of cultural copyright come with substantial risks.

① the more became it obvious

② it became the more obvious

③ the more obvious it became

④ the more it obvious became

441
세종대

Credit insurance against default on corporate bonds costs _____ default insurance for the government debt.

① nine time as many as

② nine times as much as

③ nine times as many as

④ nine time as much as

442
세종대

The demand for homes _____ the supply.

① estimate to be twice than

② is estimated to be twice than

③ estimate to be twice

④ is estimated to be twice

443
아주대

Less measurable _____ profound is a sapping of confidence across our land– a nagging fear that America's decline is inevitable, and that the next generation must lower its sights.

① and no more

② and no less

③ but no less

④ but not more

⑤ but no more

444   _____ the six-party talks have been concerned, South Korea is fully prepared to make progress.

① That

② If

③ As far as

④ Granted

445   Some argue that we have a moral obligation to protect children from words and images that they are too young to understand. Others go _____ that today's artistic statements are escalating beyond what is healthy even for adults.

① far so much as saying

② so far as to say

③ as far as they saying

④ to say as far as

446   In the United States, the emphasis was _____ the Constitution as a symbol or historical object as on the Constitution as a depository of democratic beliefs that were said to be fundamental and unshakeable.

① not so much as on

② not so much on

③ so much not on

④ on not so much as

447   French anthropologist Claude Levi-Strauss, who died last year, said that the scientific mind does _____.

① not to provide the right answers but to ask the right questions

② not as much provide the right answers so ask the right questions

③ not to ask the right answers but to provide the right questions

④ not so much provide the right answers as ask the right questions

(448~450) **Choose one that is ungrammatical or unacceptable.**

448
아주대

The new phone system is ① <u>able to</u> hold ② <u>farther</u> more messages ③ <u>than</u> ④ <u>was</u> the phone system that ⑤ <u>had previously been used</u>.

449
서강대

A story ① <u>always</u> sounds clear enough ② <u>at a distance</u>, but ③ <u>nearer</u> you get to the scene of events, the ④ <u>vaguer</u> it becomes.

450
서강대

In Hawaii and Barbados, it was found that each tourist used ① <u>between six and ten times</u> as much water and electricity ② <u>than</u> a local. In Goa, villagers ③ <u>forced to walk</u> to wells for their water ④ <u>had to watch</u> as a pipeline to a new luxury hotel was built through their land.

MEMO

CHAPTER
07

접속사, 관계사, 전치사

31 | 등위접속사, 상관접속사, 명사절은 눈으로, 부사절은 해석으로 판단하자

1 등위접속사

단어와 단어 또는 절과 절, 문장과 문장을 대등하게 이어주는 접속사를 말한다.

구분	주요 예문
and	She is bright and diligent. (부가)
but	He is a clever man but fails in perseverance. (역접)
or	You may dance or sing there. (선택)
for	He stayed at home, for it was raining hard. (이유)
so	He is still young, so he can work. (결과)

2 상관접속사

두 개 이상의 단어가 유기적으로 결합하여 접속사 역할을 하는 것이다.

(1) both A and B: A와 B 둘 다

- This book is both interesting and instructive.
  = This book is at once interesting and instructive.
  이 책은 재미있기도 하고 교훈적이기도 하다.

(2) not only A but also B: A뿐만 아니라 B도 또한(= B as well as A)

- He not only helped her cook but (also) did the dishes.
  = He not only helped her cook but did the dishes as well.
  = Not only did he help her cook but he (also) did the dishes.
  = He did the dishes as well as helped her cook.
  = He did the dishes in addition to helping her cook.
  그는 그녀의 요리를 도와준 것뿐만 아니라 설거지도 해주었다.

(3) either A or B / neither A nor B

| either A or B | A와 B 둘 중의 하나 (양자 택일): 동사는 B에 일치 |
| neither A nor B | A와 B 둘 다 아닌 (양자 부정): 동사는 B에 일치 |

- Either your brakes or your eyesight is at fault.
  네 브레이크 아니면 네 눈이 잘못되었다.
- Neither you nor I am to blame for it.
  너도 나도 그것에 대해 책임이 없다.

(4) not A but B: A가 아니고 B인

- She really cares for not you but me. (= She really cares not for you but for me.)

  그녀가 진정 좋아한 사람은 네가 아니라 나이다.

- He works not slowly but accurately.

  그는 천천히 일하는 것이 아니라 정확하게 일하고 있다.

  참고 확장 표현: A 때문이 아니라 B 때문이다.

- He quit his job not because he wanted but because he was forced.

  = He quit his job not that he wanted but that he was forced.

  그는 자신이 원해서가 아니라 강요를 당해서 일을 그만둔 것이었다.

3 명사절(종속접속사)

접속사가 이끄는 절이 문장의 주어·보어·목적어 구실을 한다. 명사절 that 이외의 중요한 문법사항은 다음과 같다.

(1) 의문사가 이끄는 간접의문문 ⇨ 'S + V'의 평서문 어순

- Why he is trying to quit his job is inestimable. (주어절)

  왜 그가 일을 그만두려고 하는지 종잡을 수가 없다.

- Nobody knows when he will quit his job. (목적절)

  그가 언제 일을 그만둘지는 아무도 모른다.

- Our concern is how he can find another job. (보어절)

  우리의 관심은 그가 어떻게 새 일자리를 구할 것인가이다.

- I'm not interested in what kind of job he is looking for. (전치사의 목적절)

  난 그가 어떤 종류의 일을 찾고 있는지 관심이 없다.

- The question, when he will quit his job, interests all. (동격절)

  그가 언제 일을 그만둘지의 문제는 모두의 관심사이다.

의문사 종류

의문대명사	who, whom, what, which, whose	+ 불완전한 문장
의문형용사	what, which, whose	+ 명사
의문부사	when, where, why, how	+ 완전한 문장

(2) whether와 if

① whether 선택절: 모든 명사절을 유도하고 or not과 결합 가능

② if 선택절: 타동사의 목적절만을 유도하고 원칙상 or not과 결합하지 못함

- Whether he will quit his job (or not) is unknowable. (주어절) (○)

  If he will quit his job is unknowable. (주어절) (×)

- We cannot know if he will quit his job. (목적절)

  우리는 그가 일을 그만둘지 그만두지 않을지 알 수 없다.

4 부사절(종속접속사)

(1) 시간

when	while	after	as long as
as	until	since	by the time
before	as soon as	no sooner ~ than	
hardly[scarcely] ~ before[when]			

- While he was reading, the couple started to fight with pillows.

  그는 책을 읽을 때, 그 커플은 베개로 싸우기 시작했다.
- You may stay here as long as you like.

  있고 싶을 때까지 여기에 있어도 좋다.

(2) 원인, 이유

since	because	as	on the ground that
now that	in that	seeing that	

- Since you are going, I'll accompany you.

  당신이 가니까 나도 가겠다.
- Seeing (that) life is short, we must not waste time.

  인생은 짧기 때문에 시간을 낭비해서는 안 된다.
- Now (that) I am a man, I think otherwise.

  나는 남자이므로 달리 생각한다.
- She is lucky in that she doesn't have to worry about the money.

  그녀는 돈 걱정을 할 필요가 없다는 점에서 행운이다.

(3) 양보

though	although	(even) if	even though	as

- She took care of her sisters, though she was only ten.

  그녀는 겨우 10살이었지만, 여동생들을 돌보았다.
- Although the train was crowded, I managed to get a seat.

  열차가 혼잡했음에도 나는 가까스로 자리를 잡았다.
- Even if you offer it to him, he won't accept it.

  네가 그것을 그에게 제공하더라도 그는 받지 않을 것이다.

  비교 양보 표시 전치사(구)

  in spite of, after all, for all, with all, in the face of, despite, notwithstanding
- With all his poverty, he is happy.

  그는 가난함에도 불구하고 행복하다.

(4) 결과

so (that)	so + 형용사[부사] + that
such + 명사 + that	such that(= so great that)

- His honesty is <u>such that</u> everybody loves him.

  = <u>Such</u> is his honesty <u>that</u> everybody loves him.

  그는 매우 정직하기 때문에 모두가 그를 사랑한다.
- It was quite windy, <u>so (that)</u> we had to button our coat up.

  바람이 매우 센 날씨였기에 우리들은 상의의 단추를 채우지 않을 수 없었다.
- It was <u>such</u> a good story <u>that</u> I'll never forget it. (such + a[an] + 형 + 명)

  = It was <u>so</u> good a story <u>that</u> I'll never forget it. (so + 형 + a[an] + 명)

  그것은 매우 좋은 이야기라서 잊혀지지 않을 것이다.

(5) 목적

~하기 위하여 (긍정의 목적)		
that ~ (may)	so that ~ (may)	in order that ~ (may)
~하지 않기 위하여 (부정의 목적)		
lest ~ (should)	for fear that ~ (should)	

- He works hard <u>that</u> he <u>may</u> gain promotion.

  = He works hard <u>to</u> gain promotion.

  = He works hard <u>so as to</u> gain promotion.

  = He works hard <u>in order to</u> gain promotion.

  그는 승진하기 위하여 열심히 일한다.
- She works hard <u>lest</u> she <u>(should)</u> get fired.

  = She works hard <u>so as not to</u> get fired.

  그녀는 해고당하지 않도록 열심히 일한다.

(6) 조건

if	unless	provided (that)
providing (that)	in case (that)	on the condition (that)
so long as	so far as: ~하는 한	once: 일단 ~하면
supposing (that)	suppose (that)	if only: ~하기만 한다면

- I will pardon you <u>provided (that)</u> you acknowledge your fault.

  네가 네 자신의 잘못을 인정한다면 용서해 주겠다.
- You may eat whatever you like, <u>so long as</u> you do not eat too much.

  너무 많이만 먹지 않는다면 어떤 것이든 먹어도 좋다.
- <u>Once</u> you have made a promise, you should keep it.

  당신이 일단 약속을 했으면 반드시 지켜야 한다.

(7) 정도 · 비례

as	according as	in proportion as

- It became colder <u>as</u> we went up higher.

  우리가 높이 오르면 오를수록 점점 추워졌다.

- You can earn <u>in proportion as</u> you work.

  너는 일한 만큼 벌 수 있다.

(451~463) **Choose the one that best completes the sentence.**

451
동덕여대

_____ Latin speakers originally borrowed the word "caupo," meaning "merchant," from Germanic speakers or vice versa is not clear.

① That
② Whether
③ Which
④ That which

452
서강대

By the year 2020, the demand for grain is projected to go up by nearly half _____ the amount of land available for farming will probably decrease.

① nonetheless
② whether
③ whereas
④ thus

453
숙명여대

_____ the great popularity of chocolate stems from the last century, it is far from new. The earliest records of the serving of chocolate as a drink go back to the Aztecs of Mexico. Soon its use spread widely, and Europe was dotted with houses that specialized in providing hot chocolate for their customers.

① Although
② Since
③ Because
④ As
⑤ As long as

454
세종대

_____, the Inuit people were under the misapprehension that they were the only people in the world.

① Until European explorers first made contact with them in the early 1800s

② After European first explorers made contact with them in the early 1800s

③ Although explorers made first contact with them in the early 1800s

④ Since first explorers made contact with them in the early 1800s

455
숭실대

Most social systems exist in a state of dynamic equilibrium, in which each part is constantly adjusting to the others, keeping its functions integrated with those of the other parts _____ the system continues to operate.

① what

② since

③ so that

④ in order to

456
덕성여대

In the game of chess, a chessboard is placed between two players on opposite sides of a table _____ a white square on the right side.

① and each players have

② as a result each player has

③ so that each has

④ therefore both has

457
세종대

The great human migration within the Americas cannot be stopped; human beings are natural forces of the earth, _____.

① just like that rivers and winds are natural forces

② just as rivers and winds are natural forces

③ just that rivers and winds are natural forces like

④ just as rivers and winds being natural forces

458
가톨릭대

In the past, inexperienced young adults, when with _____ crucial life decisions, tended to accept the judgement of parents and other authority figures.

① be faced
② facing
③ faced
④ to face

459
홍익대

_____ small specimen of the embryonic fluid is removed from a fetus, it will be possible to determine whether the baby will be born with birth defects.

① If a
② That a
③ A
④ After it is a

460
동국대

The newspaper has an article today which says that small businesses are having no trouble getting the money that they need, _____ have a good credit rating.

① that providing they
② they providing that
③ providing they that
④ providing that they

461
덕성여대

_____ Russia was christianized by the Eastern Church, whose official language was Greek, its alphabet was borrowed from Greek.

① Although
② Considering
③ While
④ Because

462
단국대

In one 1918 telegram, Lenin ordered Bolsheviks in the Penza region of Russia to hang at least a hundred rich peasants, _____ people for a hundred miles might see it and tremble.

① in which
② now that
③ so that
④ for which

463
아주대

Just as Napoleon faced defeat in Russia, _____ Hitler saw his dreams of conquest evaporate at the siege of Leningrad.

① so
② and
③ as
④ yet
⑤ but

464
한국외대

Choose the most appropriate form for each word in parentheses.

> With negotiations on the nuts and bolts of peace scheduled to begin December 12, as (agree) at Washington, the old reality remains firmly (entrench).

① agreed – entrenching
② agreeing – entrenching
③ having agreed – entrenching
④ agreeing – entrenched
⑤ agreed – entrenched

(465~478) **Choose one that is ungrammatical or unacceptable.**

465

Unfortunately, ① either those tragedies nor the court's decisions are likely to end the shameful intrusions of ② moralizing politicians and busybody activists who feel they ③ are entitled to impose their moral judgements ④ on suffering patients and their families.

466
동국대

Because language arises ① naturally in all human groups, linguists study ② not simply the sounds, grammars and meanings of the world's languages, but also ③ that these languages function in ④ their social settings.

467
단국대

Some modern scientists believe that the impact ① which a gigantic meteor ② crashed into the Earth millions of years ago ③ set off the chain of events that led to the extinction of the dinosaurs and ④ the close of the Age of Reptiles.

468
세종대

European antitrust investigators are asking advertisers ① that Google ever suggested they ② increase spending ③ in return for ④ improved visibility in Web search results.

469
숙명여대

Every established theory ① has been established through ② having proved adequate to explain a considerable mass of data, ③ of observed facts. And it cannot be dethroned or discredited by any new hypothesis ④ if that new hypothesis can account for the same facts as well or ⑤ even better.

470
세종대

The ① various parts of the body require ② so different ③ surgical skills that ④ many surgical specialities have developed.

471
서울여대

① Before long he invented ② the car ③ known as the Model T, Henry Ford ④ made the American public a promise.

472
숙명여대

The bill will also ① oblige professionals, ② such as doctors, nurses, teachers, and social workers, to report to the authorities when they ③ will come ④ across people ⑤ requiring emergency help.

473
세종대

What's ironic ① is before the Islamists ② were expelled by the Ethiopians, the Somalis ③ had managed to impose ④ a semblance of law and order on the capital.

474
세종대

He ① himself believed ② in freedom, so ③ more so that he would rather die ④ than live without it.

475
명지대

I ① look upon myself as very fortunate in that I ② have found men so interesting ③ whom I am almost incapable ④ of being bored by them.

476
홍익대

I knew the restaurant ① would be busy on ② a Friday evening, ③ since I made reservations earlier in ④ the week.

477
중앙대

① Last month's sales seminar ② was received ③ very well by the staff in Lexington that one has been ④ set up for the Corrigan branch.

478

Many species of fish, particularly smaller fish, travel in schools, ① moving in tight formations often with the precision of the most highly disciplined unit on parade. Some move in synchronized hordes, ② as others move in starkly geometric forms. ③ In addition to the varieties of shapes of schools of fish, there are ④ countless varieties of schooling behaviors.

Choose the sentence that is Not grammatically correct.

479
① People will be paid more or less according to how many hours they work.
② Sam asked her son that he liked to go picnicking.
③ It was not until she wrote a letter to him that she finally received the help she needed.
④ You may depend on it that we will stand with you in any national crisis that may arise.

480
한국외대
① You are drunk and incoherent there is no point talking with you.
② Human emotions are so complicated we cannot fully understand them.
③ Crude oil mixed with water does not dissolve but remains separate.
④ The ballots contain pictorial signs so the illiterate recognize them easily.
⑤ The project required such a large budget they decided to reevaluate it.

07

32 | 관계사의 격을 결정하자

관계사 뒤에 나오는 문장을 올바르게 분석해서 빈칸에 주격이 필요한지 목적격이 필요한지 먼저 파악해야 한다. 또한 완전한 문장인지, 불완전한 문장인지 확실히 결정을 내려야 한다.

1 주격과 목적격을 쓰는 경우

주격을 쓰는 경우	목적격을 쓰는 경우
주어가 없는 문장 ~ the woman who plays the piano	(1) 타동사의 목적어가 없는 문장　~ the boy whom the girl likes Ø (2) 전치사의 목적어가 없는 문장　~ the girl whom he is fond of Ø (3) 목적격 관계사가 생략된 문장　~ the girl (whom) he is fond of Ø

2 소유격 관계사 다음에는 반드시 명사가 와야 한다.

• He is the doctor whose name is known to many people.

그는 그의 이름이 많은 사람들에게 알려진 의사이다.

• The mountain the top of which is covered with snow is Mt. Everest.

= The mountain of which the top is covered with snow is Mt. Everest.

= The mountain whose top is covered with snow is Mt. Everest.

꼭대기가 눈으로 덮인 산이 에베레스트 산이다.

3 삽입절이 들어간 경우

관계사절 안에 삽입절이 있을 경우 선행사가 관계사절 안에서 주격으로 쓰였는지 목적격으로 쓰였는지 분석해봐야 한다. 주로 삽입절을 이끄는 동사는 인식동사인 think, believe, know, guess, suppose 등이 쓰인다.

• I met a man. + I thought he was an American. (주격)

= I met a man who I *thought* was an American. (선행사가 사람)

내가 생각하기에 미국인인 한 사람을 만났다.

• He lent me some books. + I knew the books were difficult to read. (주격)

= He lent me some books which I *knew* were difficult to read. (선행사가 사물)

그는 내가 읽기에 어려운 몇 권의 책을 나에게 빌려 주었다.

• This is the man. + They believe him to be rich. (목적격)

= This is the man whom they believe to be rich. (선행사가 사람)

이 사람은 그들이 부자라고 믿는 사람이다.

(481~483) **Choose the one that best completes the sentence.**

481
단국대

Nitrogen gas, _____ up about 78 percent of our atmosphere, is constantly being used by plants and animals.

① which makes
② which it makes
③ makes
④ it makes

482
서울여대

Plastics are a vast group of synthetic materials _____ structures are based upon the chemistry of carbon.

① what
② which
③ whose
④ of which

483
가톨릭대

The city is struggling with a $26.5 million budget gap, the result of a long decline in Camden's property tax base and Gov. Christie's decision to cut state aid, _____ made up more than 80 percent of Camden's budget last year.

① who
② that
③ what
④ which

(484~488) **Choose one that is ungrammatical or unacceptable.**

484
경기대

① Limiting the number of full-time employees who we have to pay benefits for ② them, and using more part-time people ③ should reduce expenses considerably and ④ increase profits.

485
한양대

Amnesty International is ① a human rights organization that ② was founded in London. Its work centers on the rights of prisoners of conscience, ③ men and women who governments have imprisoned them ④ for their beliefs, ethnic origins or religions.

486

Virginia Woolf, ① which developed new literary ideas ② for effecting social change, ③ led the intellectual movement for ④ freedom from the British government.

487
경기대

Korea ① successfully hosted the Group of 20 ② summit in Seoul on November 11-12, ③ what is believed to have helped ④ boost the nation's diplomatic clout and international reputation.

488
서강대

The term bilingual education ① refers to programs ② designed to instruct nonnative speakers of English ③ which ④ have not yet mastered English as their second language.

(489~490) **Choose the sentence that is Not grammatically correct.**

489
명지대

① If I were you, I wouldn't take a holiday in winter.
② Fish are cold-blooded animals with gills and fins.
③ Henry seems convinced that there's money in dairy farming.
④ They learned to pass the exams which I think it is not good enough.

490
한국외대

① To whom do you want to talk?
② Who do you want to talk to?
③ To who do you want to talk?
④ Whom do you like to talk to?
⑤ Who would you like to talk to?

33 | 관계사 that과 what을 구별하자

1 완전한 문장인지 불완전한 문장인지 파악하자.

that과 what이 쓰인 문장에서 주어와 목적어, 보어, 수식어의 문장성분 구조 파악을 한 후에 완전한 문장인지 불완전한 문장인지에 관한 판단을 먼저 내려야 한다.

• The trouble is _____ my father is ill in bed. (보어절)

⇨ that이 들어가야 한다.

문제는 나의 아버지가 아파서 누워 계신다는 것이다.

• Your cooperation is _____ he wants now. (보어절)

⇨ what이 들어가야 한다.

너의 협조가 그가 지금 원하는 것이다.

2 선행사의 유무를 파악하자.

that절이 불완전한 절을 이끌 경우 관계사로 쓰였고, 앞에는 선행사가 있어야 한다. 선행사가 없다면 what을 써야 한다.

• We won't be able to give him all _____ he wants now. (목적절)

⇨ that이 들어가야 한다.

우리는 지금 그가 원하는 모든 것을 줄 수 없을 것이다.

• We won't be able to give him _____ he wants now. (목적절)

⇨ what이 들어가야 한다.

우리는 지금 그가 원하는 모든 것을 줄 수 없을 것이다.

주의 전치사 뒤에 관계대명사 that은 올 수 없다.

The music to that we listened last night was good. (×)

The candidate for that I voted did not win the election. (×)

주의 전치사 뒤에 관계대명사가 오는 경우, 전치사가 관계사절에 쓰인 동사와 관련이 있다.

The music to which we listened last night was good.

The candidate for whom I voted did not win the election.

(491~494) **Choose the one that best completes the sentence.**

491
단국대

Roughly 100,000 years ago, during the last ice age, wolves migrated from Eurasia to the highlands of _____ is now Ethiopia.

① that
② where
③ what
④ which

492
동덕여대

Williams met a Forty-niner who said that _____ was tough trousers to replace the badly torn ones that he was wearing.

① he needed
② to need what
③ what he needed
④ what needed for him

493
세종대

_____ to be simply irritable behaviour in a child may actually be a symptom of parental neglect.

① It may appear
② What may appear
③ Which may appear
④ That may appear

494

Since arriving in America, I have come to understand that _____ was instilled in me as a child was a myth.

① which
② who
③ those
④ what

(495~500) **Choose one that is ungrammatical or unacceptable.**

495
세종대

As women have ① moved away from the traditional status of ② homemakers, notions of ③ that a marriage ④ should be have changed to accommodate the new reality.

496
중앙대

The best government is ① that allows its people the greatest liberty and ② encourages them to develop their potentialities as much as possible, ③ for the criterion of good government is the welfare of its people. ④ No error.

497
홍익대

① What Louise Nevelson is believed by many critics ② to be the greatest twentieth century sculptor is ③ all the more remarkable because the greatest resistance to women artists ④ has existed in the field of sculpture.

498
경기대

Now virtually everything ① has to be taken to a ② trained technician for repairs and many of the things ③ what we use every day cost ④ so much to repair that we simply replace them.

499
성균관대

Despite the current oil glut, ① the world's known reserves of both petroleum and natural gas ② are expected to be declining ③ by the end of the century, and ④ it would be folly to burn ⑤ which remains to generate electricity.

500
세종대

① Whether you are an aspiring beginner ② or an accomplished home cook, this book is an invaluable source for the tricks, tips, ③ and insider knowledge ④ what, until now, you could learn only in a cooking class.

34 | 전치사＋관계대명사＝관계부사

1 관계부사의 용법

관계대명사가 '접속사 + 대명사'의 역할을 하는 반면, 관계부사는 '접속사 + 부사'의 역할을 하면서 앞의 선행사를 수식하면서 자신은 형용사절의 기능을 한다. 관계부사의 선행사로 관련 있는 명사들을 숙지하고 관계부사는 또한 '전치사 + 관계대명사'로 풀어 쓸 수 있다는 점을 잘 알아두자.

관계부사의 종류

용도	선행사	관계부사	전치사 + 관계대명사
장소	the place, the house	where	in / at which
시간	the time, the day	when	on / at which
이유	the reason	why	for which
방법	the way	how	
	다른 관계부사와는 달리 how는 the way와 함께 쓸 수 없다. 둘 중에 어느 하나를 생략하고 써야 한다.		in which

- Let's go to *the place* <u>where</u> we can sit and talk. (*where* = at which)
  앉아서 이야기할 수 있는 곳으로 갑시다.
- There are *times* <u>when</u> everyone needs to be alone. (*when* = at which)
  누구든 혼자 있을 필요가 있는 때가 있다.
- This is (*the reason*) <u>why</u> I don't like her.
  이것이 내가 그녀를 좋아하지 않는 이유다.

the way how는 the way나 how 중 어느 하나만을 쓴다. 다양한 문장으로 표현할 수 있다.
- This is the way. + I solved the problem in the way.
  = This is <u>the way</u> <u>in which</u> I solved the problem.
  = This is <u>the way</u> I solved the problem.
  = This is <u>the way</u> <u>that</u> I solved the problem. ⇨ 이때 쓰인 that은 관계부사의 역할을 한다.
  = This is <u>how</u> I solved the problem. ⇨ how는 the way와 함께 쓸 수 없다.
  이것이 내가 문제를 푼 방법이다.

2 전치사 + 관계대명사의 원리

He is the man whom I traveled with.와 같은 문장에서 전치사 with가 앞으로 나가서 He is the man with whom I traveled.가 되는 경우가 있다. 이런 문법사항들을 정리하면서 붙인 이름이 바로 '전치사 + 관계대명사'라는 것인데, 전치사를 관계대명사 앞 또는 관계사절의 뒤에 써야 하는 규칙이다. 이런 문장처럼 간단한 것은 쉽게 파악할 수 있지만 경우에 따라서 의미적으로 달라 붙는 전치사가 있다. 아래와 같은 7가지의 모형을 학습하면 이 부분을 장악할 수 있다.

(1) 관계사절 뒤에서 숙어가 되도록 하자(선행사가 관계사절 안에서 숙어의 일부분이 되는 경우로 자주 암기하던 숙어가 있는지 살펴보자).

- What is the abstract idea to which we are accustomed?

  우리가 익숙한 추상적인 생각은 무엇입니까?

(2) 선행사와 의미적으로 연결하자(전치사와 함께 뒤의 문장에서 어떤 역할을 하는지 꼭 조사해 보자).

> S + V ~ 선행사 + 전치사 + 관계대명사 ~

- The boy to whom the policeman was talking seemed very nervous.

  그 경찰관이 이야기를 건네던 그 소년은 매우 긴장한 것처럼 보였다.

(3) 불필요한 전치사는 쓰지 말자(주격, 목적격, 소유격만으로도 문장이 완성되는 경우 의미적으로 불완전하지 않을 경우에는 관계대명사 앞에 쓸데없이 전치사를 쓰지 않도록 해야 한다).

- The book which is on the table is mine. (○)

  The book for which is on the table is mine. (×)

  테이블 위에 있는 책은 나의 것이다.

(4) most of which와 같은 형태를 이해하자.

부정대명사 + of + 관계대명사	all of which / both of which / half of which ~의 구조로 쓰인다. 이 밖에도 any of, none of, neither of, one of, many of, most of, some of which 등과 같은 어구가 관계대명사 앞에 놓일 수 있다. ⇨ 이런 경우 계속적 용법으로 쓰는 것이 일반적이다.

(5) 아래의 선행사를 조심하자.

the case	~ the case in which S + V ~
the extent	~ the extent to which S + V ~
the ease	~ the ease with which S + V ~

(501~505) **Choose the one that best completes the sentence.**

501
세종대

_____ you can't talk right.

① The reason you can't get a job is because

② The reason for you can't get a job is because

③ The reason for you can't get a job is because of

④ The reason you can't get a job is because of

502
숭실대

Water expands when it freezes, _____ ice humps up in the middle of the compartments in an ice cube tray.

① because

② although

③ that is

④ which is why

503
세종대

Educational theory in the nineteenth century was based on the notion that students were empty vessels _____.

① and the teacher poured knowledge

② which the teacher poured knowledge

③ into which the teacher poured knowledge

④ which the teacher poured knowledge for

504
세종대

In a general sense, of course, old age had always been a social problem, _____ institutional remedies were invented as early as the fifth century.

① in which

② for which

③ in that

④ for what

505
아주대

In this book, Mary Evans explores _____ social theory has engaged with and illuminated the question of relations between the gender and the social world.

① the extent to which
② the extent to what
③ the extent which
④ the extent to those
⑤ the extent that it

(506~510) **Choose one that is ungrammatical or unacceptable.**

506
세종대

From August 2 ① <u>until</u> October 12 Columbus and his crew were at sea, ② <u>until</u> with great relief they made landfall on an island in the Caribbean, ③ <u>whom</u> they met natives ④ <u>whom</u> Columbus called Indians.

507
아주대

① <u>To be original</u> is to create something that ② <u>marks</u> a significant departure from ③ <u>the</u> norms of the cultural matrix ④ <u>which</u> it is produced and received, ⑤ <u>a much</u> rarer achievement.

508
명지대

① <u>The period</u> in American history ② <u>during when</u> the ③ <u>sale of alcohol</u> ④ <u>was banned</u> was called Prohibition.

509
한국외대

The city's ① <u>planning committee</u> is comprised of eight members, ② <u>some of them</u> ③ <u>will</u> ④ <u>meet with</u> the mayor of the city ⑤ <u>to discuss</u> the proposed park.

510
성균관대

The Egyptian earthquake ① <u>in October</u> 1992 killed 600 residents of Cairo and hospitalized ② <u>thousands</u> of others, ③ <u>many of those</u> were expected to die ④ <u>as a result of</u> their ⑤ <u>injuries</u>.

(511~512) **Choose the sentence that is Not grammatically correct.**

511
단국대

① The 1950s were a time when doctors still made house calls.

② People who are very sick are often frightened and confused.

③ The woman thanked the doctor whose treatment had cured her.

④ They say that garlic is a plant what is commonly used in cooking.

512
광운대

① This is Mr. Kim, who will be the new director for this division.

② Mr. Kim is the man whom you can ask for advice at all times.

③ This is the hospital for that Mr. Kim decided to donate all his savings.

④ Where did the money go which Mr. Kim left on the table for us?

⑤ This is the dog which always wags its tail whenever Mr. Kim passes by.

35 | ever가 붙는 관계사를 조심하자

1 복합관계대명사: 관계대명사 + ever

주격	소유격	목적격
whoever	whosever	whomever
whichever	–	whichever
whatever	–	whatever

(1) 자체 내에 선행사를 포함하고, 선행사와 관계대명사의 역할을 수행

- Return it to whosever address is on it.

  그 위에 적힌 것이 누구의 주소이든 주소대로 돌려주어라.

- I will help whomever you choose as a chairman.

  나는 당신이 의장으로 누구를 선택하든 도와줄 것이다.

- Choose whichever you like.

  당신이 마음에 드는 것이면 어떤 것이든지 고르세요.

(2) 명사절을 이끄는 경우: any + 관계대명사

- I'll give the ticket to whosever story is interesting. (= anyone whose)

  나는 이야기가 재미있다면 누구에든 티켓을 주겠다.

- Give it to whomever you can trust. (= anyone whom)

  네가 믿을 수 있는 아무에게나 그것을 주어라.

- I will take whichever you choose for me. (= anything that)

  네가 나를 위해서 선택한 것이라면 어떤 것이든 취하겠다.

(3) 양보부사절을 이끄는 경우: no matter + 관계대명사

- Whoever advises him, he will never change his mind. (= No matter who)

  어느 누가 그에게 충고한다 할지라도, 그는 결코 마음을 바꾸지 않을 것이다.

- Whatever you may do, do it well. (= No matter what)

  당신이 무엇을 하든 그것을 잘 하세요.

- Whichever you may choose, you will be satisfied. (= No matter what)

  당신이 어느 것을 선택하든 당신은 만족할 것입니다.

2 복합관계부사

(1) whenever

- Whenever she is in trouble, she asks me for help.

  그녀는 곤란할 때마다 내게 도움을 청한다.

- Whenever it is convenient, you can write me back.

  편할 때 언제든 내게 답장 주세요.

(2) wherever

- You may sit wherever you like.

  어디든 앉고 싶은 곳에 앉으세요.

- My wife asks me the phone number wherever I go.

  아내는 내가 어디를 가든 전화번호를 묻는다.

(3) however: 어순은 'however + 형용사 / 부사 + 주어 + 동사'

- However hard you may try, the result will be the same.

  = No matter how hard you may try, the result will be the same.

  네가 아무리 열심히 애를 쓴다고 해도 결과는 마찬가지일 것이다.

- However stupid she is, she won't believe it.

  = No matter how stupid she is, she won't believe it.

  그녀가 제 아무리 어리석다고는 해도 그것을 믿지는 않을 것이다.

3 복합관계형용사

- I'll carry whichever parcel is the heavier. (선택의 의미)

  나는 소포 중 더 무거운 것을 옮길 것이다.

- Whichever way you take, it will lead you to the station.

  어느 길을 선택하든, 당신은 정거장까지 갈 수 있을 것이다.

- You oppose whatever opinion I express. (전체의 의미)

  너는 나의 의견이 무엇이든 반대한다.

- Whatever excuse he may take, we do not believe him.

  무슨 변명을 하든지 우리는 그를 믿지 않는다.

(513~515) **Choose the one that best completes the sentence.**

513
단국대
_____, there is always a risk that the money will run out if a winner overspends and does not invest wisely.

① However large is the jackpot
② No matter how is the jackpot large
③ However the jackpot is large
④ No matter how large the jackpot is

514
세종대
_____ cannot be an extremist.

① Whoever is doing such activities
② Who is doing such activities
③ No matter how is doing such activities
④ How is doing such activities

515
The pulpit is in the centre of the huge nave and the congregation sits on _____ side has been designated for them.

① wherever
② however
③ whatever
④ whichever

516
국민대
Choose the best English translation for the following.

> 몇 년 동안 Jill은 갖가지 다이어트를 다 시도해 보았지만 몸무게가 더 늘어나는 것 같았다.

① A few years' diet must have prevented Jill from gaining weight.
② Though Jill failed to lose weight, she finally found the best diet for her.
③ Since Jill didn't look skinny, she tried every diet for the last few years.
④ No matter what diet she tried for years, Jill just seemed to gain weight.

(517~520) **Choose one that is ungrammatical or unacceptable.**

517 A rent is ① <u>money paid for</u> the use of a capital asset, ② <u>whether</u> land, a building, an office, a car, a bicycle, or ③ <u>which</u> someone might want but cannot or does not ④ <u>want to own</u>.

518 Please give this scholarship ① <u>to</u> ② <u>whomever</u> in the ③ <u>graduating</u> class has done the most ④ <u>to promote</u> goodwill ⑤ <u>in</u> the community.
성균관대

519 Learning ① <u>to relax</u> by ② <u>which</u> method suits you ③ <u>best</u> is a positive way of contributing to your ④ <u>overall</u> good health.
덕성여대

520 You can have the software on the phone, ① <u>not only the PC</u>, ② <u>which means</u> you can copy files ③ <u>in wherever</u> you are ④ <u>from any PC</u> as long as you have a USB cable with you.

36 | 분사형 전치사가 출제 1위다

우선 단순형 전치사가 나오면 뒤에 목적어로 명사나 동명사가 쓰인다. 전치사구 또한 같은 원리다.
전치사구를 이루는 정확한 형태를 묻는 문제가 출제된다.

① **전치사구**: 정확하게 암기하자.

- Besides being a statesman, he was a painter.

  그는 정치가였을 뿐만 아니라 화가이기도 했다.

- In addition to being a physician, he was a great writer.

  의사일 뿐만 아니라 그는 위대한 문필가이기도 했다.

- My failure was owing to ill luck.

  나의 실패는 불운 때문이었다.

- Tom always does whatever he pleases, without regard for [to] the feeling of others.

                              = regardless of(~에 상관없이)

  Tom은 남들의 감정을 고려하지 않고 항상 자신이 원하는 것을 한다.

② **분사형 전치사구**: 자주 출제되는 부분으로 반복적으로 암기해야 한다. 분사가 전치사로 굳어진 표현들이 있다.

considering	~치고는, ~을 고려할 때	regarding	~에 관하여
concerning	~에 관하여	given	~을 고려하면
notwithstanding	~에도 불구하고		

- I know nothing regarding the matter.

  나는 그 일에 관해서는 아무것도 모른다.

- They had long talks concerning religion.

  그들은 종교에 관해 긴 이야기를 나누었다.

- Given that conflict is inevitable, we need to learn how to manage it.

  갈등이 불가피하다는 사실을 고려해 보면, 우리는 그것을 해결해야 할 방법을 알 필요가 있다.

- Notwithstanding her love of luxury, her house was simple inside.

  그녀가 사치를 좋아함에도 불구하고, 그녀의 집 내부는 검소했다.

(521~525) **Choose the one that best completes the sentence.**

521
아주대

_____ the lack of material on Japanese culture written by non-Japanese citizens, this collection of essential monographs is certainly welcome.

① Giving

② Giving which

③ Giving what

④ Given what

⑤ Given

522
세종대

The preliminary estimates indicate that investments in the range of $20 billion to $350 billion may be needed for wireless and landline infrastructure, _____ the speed of service.

① to depend on

② which depends

③ depending on

④ on which depends

523
가톨릭대

While the cold air is expected to leak out of the region, it could be a mightly slow leak, _____ the duration of the cold and the snow cover.

① give

② given

③ giving

④ to give

524
세종대

Options like solar power, hydroelectric power, and nuclear fusion are desirable in the long run _____.

① including cost and safety

② for cost and safety

③ about cost and safety

④ in terms of cost and safety

525 The logging industry has depleted a number of once abundant forests. _____ to plant new forests, much of this loss can never be recovered.

① In spite some successful not always efforts
② Despite of not always successful some efforts
③ Despite some not always successful efforts
④ In spite of some successful efforts not always

526~530 **Choose one that is ungrammatical or unacceptable.**

526
한국외대

① Working the audience is a performance technique that requires a ② rare skill. The performer goes ③ into the audience to ask questions, and ④ then makes brilliant, insulting rejoinders ⑤ regardless what the target's answer is.

527
이화여대

His failure ① to meet deadlines, ② in spite of his other faults, ③ forced us to ④ discharge him.

528
성균관대

① Amid of complaints of campaign promises ② left unfulfilled, President Obama invited ③ hundreds of leaders to the White House on June 29 ④ to assure them that their concerns ⑤ remain a priority.

529
숭실대

① Founded in 1976, we are dedicated to ② meeting the needs of working students. ③ Now the largest private university in North America, we have more than 190 campuses and learning centers in most countries around the world. ④ Regardless where or how you attend class, you'll receive a real-world education with real value.

530
동국대

SBL Group, ① a Colorado-based company, said Mr. Sam Butler will ② resign as CEO ③ due to a long health problem ④ followed a stroke three years ago.

37 | 숙어를 이루는 전치사를 암기하자

1 분사형 전치사와 복합전치사

전치사에는 분사에서 비롯된 것이 있다. 현재분사형과 과거분사형으로 된 것이 있는데 이들의 일부는 이미 전치사적인 용법으로 발달해 바로 뒤에 명사나 명사 상당어구를 수반해서 쓰인다. 전치사가 특정 명사와 결합할 경우 복합전치사구의 형태로 쓰여 역시 숙어를 이루게 된다.

분사형 전치사	① He did it well <u>considering</u> his age. 그는 그의 나이에 비해 그것을 매우 잘했다. ⇨ regarding의 의미 ② <u>Given</u> the choice, many college kids studying computer science would prefer to be rock musicians. 선택을 할 수 있다면, 컴퓨터 공학을 공부하는 많은 대학생들이 록 음악가가 되기를 선호할 것이다. ⇨ 'given + N'의 표현에서 given은 regarding, concerning의 의미를 갖는다.
복합전치사	<u>As regards</u> wheat, prices are rising. 밀에 관해 말하자면, 값이 오르고 있다. <u>In terms of</u> money, her loss was small. 금전 면에서 보면 그녀의 손실은 적었다. This is far better <u>in comparison with</u> that. 이것은 저것에 비해 훨씬 낫다. Did they go <u>in search of</u> the missing boy? 그들은 실종한 아이를 찾으러 갔느냐?

분사형 전치사	concerning = regarding: ～에 관하여 depending on: ～에 따라, 좌우되어 following: ～한 후에 including: ～을 포함하여 given: ～을 고려해 볼 때(＝considering)

2 중요 전치사의 용법

전치사에 관해서 출제되었던 문제들을 살펴보면 각 전치사의 가장 기본적인 의미에 대해서 물어보고 있고 혼동하기 쉬운 전치사를 올바르게 쓸 수 있는지를 항상 시험에 출제하고 있다는 사실을 알 수 있다. 따라서 중요 전치사들의 기본적인 기능과 의미를 학습한다면 전치사 단원의 문제들을 충분히 풀 수 있다.

(1) 날짜 앞에 쓰는 on이 출제되었고 비례를 나타내는 전치사 to가 출제되었다. 또한 항상 구별해서 써야 하는 between, among / beside, besides가 자주 출제되기 때문에 주의해야 한다.

(2) 꼭 알고 가야 할 전치사의 의미

but: ~을 제외하고

as: 자격격 전치사

(3) by와 until의 출제분석

① by: 미래의 어느 시점까지의 '동작의 완료'를 나타낸다.

I'll let you know <u>by</u> Monday.

월요일까지는 알려드리죠.

② until, till: '시간, 시기의 계속 상태'를 나타내며, till은 주로 회화체에서 쓰인다.

I waited for her <u>till</u> eight o'clock, but she didn't come.

나는 8시까지 그녀를 기다렸지만 그녀는 오지 않았다.

(4) for, during의 출제 분석

for는 어떤 일이 얼마나 오랫동안 일어났는지를 표시하는 반면, during은 언제 그 일이 일어났는가를 표시한다. 따라서 for는 일반적으로 그 뒤에 숫자가 나온다.

- I have not seen him <u>for</u> three weeks. (○)

  I have not seen him <u>during</u> three weeks. (×)

  나는 3주 동안 그를 보지 못했다.

- He was in the Army <u>during</u> the Korean War. (○)

  그는 한국전쟁 시 군대에 있었다.

07

(531~534) **Choose the one that best completes the sentence.**

531
세종대

Alzheimer's disease afflicts _____ over the age of seventy in the United States.

① two for ten people
② two in ten people
③ two and ten people
④ two or ten people

532
단국대

_____ the beginning of the first quarter of the game, no one had any idea whether or not Eric would be allowed to play.

① Once
② Besides
③ Until
④ Except

533
동덕여대

_____, Mozart had already written his first composition.

① Six years old
② His age of six
③ By the six years
④ By age six

534
숭실대

Pragmatism rejects all absolutistic assumptions about reality, admits the pluralistic nature of reality, and refuses to consider any claims _____ those focused on "fruits, consequences, facts."

① that
② but
③ although
④ then

535~538 Choose one that is ungrammatical or unacceptable.

535
숙명여대

① The three brothers ② have been ③ quarreling ④ between themselves ⑤ for many hours.

536
명지대

① Like a pestilence, the army ② swept through the city, ③ leaving but nothing ④ desolation behind.

537
세종대

The army had no choice ① but to trek ② back to the west, through freezing temperatures and Cossack attacks. ③ Up to the 600,000 who invaded, only 40,000 ④ returned to France.

538
성균관대

① Under the protocols of the blood feud, one act of revenge begot ② another, so that violence ③ originating in some forgotten crime ④ or slight could reverberate ⑤ in generation.

539
광운대

Choose the sentence that is grammatically Correct.

① You may answer this letter if you need.

② Except for these few, most of the students are studying hard.

③ I should send this book to him until the end of this week.

④ Swimming is not so good way as jogging to lose unwanted weight.

540
단국대

Choose the sentence that is Not grammatically correct.

① He is known for the father of the new constitution.

② Those books are mine, but you can use any you like.

③ All his life he had carried on business as a greengrocer.

④ The most urgent question, though, is that of political reforms.

CHAPTER
08

일치, 병치, 도치

38 | 주어와 동사의 일치는 습관처럼 이루어져야 한다

1 주어와 동사의 일치

일치에 관한 문제 중에 가장 많이 출제되는 형식은 '주어와 동사의 일치' 부분이다. 주어를 이루고 있는 부분이 무엇인지 정확하게 판단해서 이에 맞는 동사를 써야 하기 때문이다. 단수 명사인지 복수 명사인지를 제일 먼저 파악하자.

(1) 격 일치

대명사와 관련된 문제로 항상 밑줄 그어진 부분이 지칭하는 것이 단수 명사인지 복수 명사인지를 꼭 확인해야 한다.

(2) 주어와 동사의 일치

① There + 단수 동사 + 단수 주어 ~

There + 복수 동사 + ① 복수 주어 ~ 또는 ② A and B의 구조

② 구와 절은 단수 취급한다. 주어를 이루는 부분이 복잡한 경우가 있는데, 이 경우에는 주어를 이루는 부분이 길어지기 때문에 반드시 본동사가 무엇인지를 파악하는 것이 제일 중요하다.

2 관계사절이 있는 경우의 일치

주어로 쓰인 명사가 주격 관계대명사의 선행사가 될 경우에 단수 명사가 오면 단수 동사를 써야 하고, 복수 명사가 오면 복수 동사를 써야 한다. 'S + 관계사절 + V ~'의 형식을 갖기 때문에 눈으로도 쉽게 파악이 될 수 있지만 주의해야 할 형태가 있다.

(1) 선행사에 따른 일치 문제

선행사 = 단수	선행사가 단수일 경우, 주격 관계사절의 동사는 단수
선행사 = 복수	선행사가 복수일 경우, 주격 관계사절의 동사는 복수

(2) 주의해야 할 형태

① S + be + one of the 복수 명사 + 주격 관계대명사 + 복수 동사

• He is one of the greatest artists that are living in America.

⇨ artists에 맞추어 준다.

그는 미국에 살고 있는 훌륭한 예술가들 중에 하나이다.

② S + be + the only one of the 복수 명사 + 주격 관계대명사 + 단수 동사

• He is the only one of the greatest artists that is living in America.

⇨ the only one에 맞추어 준다.

그는 미국에 살고 있는 훌륭한 예술가들 중에 유일한 사람이다.

3 근자일치법에 관하여

동사와 가까운 곳에 수 일치를 하는 문제들이 출제된다. 대부분 상관접속사와 관련된 문제와 A of B의 형식에서 특히 B 부분에 나오는 명사에 초점을 두고 수 일치를 시키는 경우가 있다. B에 단수 명사가 쓰이면 단수 동사를 쓰고, 복수 명사가 쓰이면 복수 동사를 쓰는 경우가 있다.

(1) 상관접속사에 따른 수 일치

A or B	A 또는 B
A nor B	A도 B도 둘 다 아닌
either A or B	A와 B 둘 중의 하나 ⇨ 양자 택일
neither A nor B	A와 B 둘 다 아닌 ⇨ 양자 부정
not A but B	A가 아니라 B ⇨ 긍정어 우선 원칙
not only A but also B	A뿐만 아니라 B도 또한 ⇨ = B as well A

(2) A of B에서 B에 맞추는 경우

많은	a lot of ~, lots of ~
반의	half of ~
대부분	most of ~, the majority of ~
부분	a part of ~, the minority of ~
나머지	the rest of ~
분수	two-thirds of ~(2/3), three-fourths (3/4)
퍼센트	percent of ~

4 그 밖에 중요한 수 일치

이제 그 밖의 중요한 수 일치 형식과 시제 일치에 대해서 알아보자. 중요한 수 일치 형식으로는 대표적으로 a number of와 the number of의 형식이 있다. 서로 혼동해서는 안 된다. 그리고 개념상의 수 일치 문제는 '명사 and 명사'의 형식이라도 의미상 밀접한 관계는 단수로 취급을 해야 한다. 또한 시제 일치 문제는 동사편의 시제와도 밀접한 관련이 있지만 일치 부분에서 한 번 더 다루면서 넘어가야 한다.

(1) a number of와 the number of의 형식을 구별하자!

[   ] number of ~ 형태의 수 일치

a number of + 복수 명사 ⇨ 복수 동사	'많은'이라는 의미로 동사를 복수로 쓸 것
the number of + 복수 명사 ⇨ 단수 동사	'~라는 숫자'라는 의미로 수적 개념은 단수 취급

(2) 개념상의 수 일치

trial and error: 시행착오	bow and arrow: 화살이 채워진 활
curry and rice: 카레라이스	bread and butter: 버터를 바른 빵
sum and substance: 요점	time and tide: 조수
slow and steady: 인내	salt and water: 소금물
Early to bed and early to rise is ∼: 일찍 자고 일찍 일어남	All work and no play is ∼: 공부[일]만 하고 놀지 않음

(3) 또한 가장 기본이 되는 형식은 다음과 같다.

관사 + 명사 and 명사	하나의 단위로 단수로 받는다.
관사 + 명사 + and + 관사 + 명사	각각의 개별적인 단위로 복수로 받는다.

- A poet and novelist is attending the meeting. ⇨ 시인이자 소설가: 단수

  시인이자 소설가인 사람이 모임에 참석하고 있다.
- A poet and a novelist are attending the meeting. ⇨ 시인과 소설가: 복수

  시인과 소설가가 모임에 참석하고 있다.

5 시제 일치

주절과 종속절이 있는 문장에서 주절의 동사와 종속절의 동사는 그 시제가 맞아야 하는데, 이것을 시제의 일치라고 한다. 먼저 시제 일치의 대원칙을 알아보고 시제 일치를 하지 않아도 되는 몇 가지 사항들을 정리해 보자.

(1) 주절의 동사가 과거이면 종속절은 과거(미래)나 과거완료가 된다.

I think	that he is honest.
I thought	that he was honest.

I know	that he was sick.
I knew	that he had been sick.

He says	that he has read the book.
He said	that he had read the book.

(2) 시제 일치의 예외 사항

불변의 진리	Tom didn't know that iron gets rusty when it is exposed to oxygen. Tom은 철을 산소에 노출시키면 녹슨다는 사실을 몰랐다.
현재의 사실, 습관	I didn't know what Kelly's father's profession is. 나는 Kelly 아버지의 직업이 무엇인지 몰랐다.
역사적 사실	We learned that the French Revolution broke out in 1789. 우리는 프랑스 혁명이 1789년에 일어났다고 배웠다.

(541~558) **Choose one that is ungrammatical or unacceptable.**

541
서강대

The debate team ① which included ② Arthur and I ③ was stuck ④ on the bus for more than two hours on the way back from our field trip.

542
명지대

As children ① get older and enter school, teachers join parents in ② providing the education that young people ③ needs in order to become independent and ④ productive members of society.

543
성균관대

It ① wasn't long before I noticed ② that she is incredibly smart. She never ③ make the same mistake ④ twice and loves ⑤ to be praised.

544
숙명여대

① Though not everyone, teachers and librarians ② especially, ③ were sure ④ what to make of it, *The Catcher in the Rye* became an almost ⑤ immediate bestseller.

545
성균관대

The point ① at which physical decline ② with age ③ begins adversely to affect ④ a driver's capability ⑤ have not yet been thoroughly studied.

546

① Ironically, the many advances in technology, ② such as computers and fax machines, ③ rather than reducing our workload, ④ has speeded up our lives at work.

547
성균관대

The lowest stockpiles in ① decades mean there ② are less grain to buffer the impact of drought, ③ floods, and crop failures, ④ making prices ⑤ more volatile.

548 ① Rising sea level means that wetland and other low-lying lands ② get inundated, beaches erode, ③ flooding intensifies, and the salinity of rivers, bays and groundwater ④ tables increase.

549
광운대
The house ① opposite to the post office is ② among ③ the few higher ones that ④ has been put up during ⑤ the last few years.

550
경기대
But ① what genuinely recommends the service is the public playlist facility, allowing individual users ② to curate and publish groupings of songs ③ based on whatever criteria ④ takes their fancy.

551
중앙대
① Neither the Bronte sisters nor their brother Branwell ② are remembered ③ as healthy or happy. ④ No error.

552
세종대
I say ① with confidence that neither of my children ② have ③ ever before bothered to read ④ a single word of this book.

553
성균관대
The truth is that ① the commonest response to violence is ② one of repugnance, and ③ that a significant number of people everywhere ④ tries to oppose it ⑤ in whatever ways they can.

554
숙명여대
The number of accountants ① hired by the financial department ② on a yearly basis ③ are to be counted and ④ made known to headquarters ⑤ at earliest possible date.

555
서강대

① With global demand flagging, the Chinese government has manipulated ② its currency, the renminbi, even more aggressively. ③ After having allowed the renminbi to appreciate gradually against the dollar for three years, in the summer of 2008 China re-established a hard peg, ensuring that the renminbi ④ having followed the dollar as the American currency fell against the euro and the yen.

556
중앙대

It is inevitable ① that the opening of the new shopping center, ② scheduled ③ for this Friday night, ④ would be delayed at least a week because of flood damage.

557
중앙대

My uncle's pride was the principle of self-respect carried ① as far as it could go, without ② infringing upon that respect, which he ③ will have everyone else equally ④ maintain for himself.

558
아주대

① At the beginning of the novel, Sam ② had no idea that ③ he will be ④ such a successful businessman.

(559~560) **Choose the sentence that is Not grammatically correct.**

559
광운대

① Our school team have won all their games.
② Measles is a contagious disease.
③ *Great Expectations* was written by Dickens.
④ A number of students has dropped that course.

560

① The committee, at least, is not chaired by one of the premier's cronies.
② There is more than one reason to believe that John is innocent.
③ Whatever errors were made in the process were relatively minor.
④ Many a linguist think that men are born with the Language Acquisition Device.
⑤ What we need are managers with new ideas and the will to apply them.

08

39 | 병치는 눈으로만 확인해도 맞힌다

두 개 이상의 단어, 구, 절이 등위접속사나 상관접속사에 의해 연결될 때나 비교 구문에서 비교의 대상이 되는 내용은 문법적 범주(category)가 서로 같아야 한다. 좌우로 연결되어 있는 어구가 그 품사가 같은지 시험에서 항상 조심해야 할 부분이다. 부정사는 부정사끼리, 동명사는 동명사끼리 이어져야 한다. 문장이 길어질수록 이런 병치(juxtaposition)를 올바르게 파악하는 것이 매우 중요하다.

동사의 병치	We can *either* fix dinner for them *or* take them to a restaurant. 우리는 그들을 위해 (여기에서) 저녁 식사를 준비하거나 또는 그들을 음식점으로 데려갈 수도 있다.
준동사의 병치	To know is one thing *and* to teach is another. =Knowing is one thing *and* teaching is another. 아는 것과 가르치는 것은 전혀 다른 것이다. It is sometimes *quicker* to walk *than* to drive a car. ⇨ than절에서 부정사끼리 비교되어야 한다. 때때로 자동차를 타고 가는 것보다 걷는 것이 더 빠르다.
품사 병치	예를 들어 명사는 명사끼리, 형용사는 형용사, 부사는 부사끼리 병치시켜야 한다. 등위접속사로 연결되는 부분이 전치사구라면 당연히 전치사구끼리 병치되어야 하므로 전치사가 누락되어서는 안 된다. She was standing there with a sad look *but* with patience. 그녀는 슬픈 얼굴을 하고 있지만 참고 거기 서 있었다.
상관 병치	상관접속사로 연결된 경우 A, B의 형태가 같아야 한다. both A and B　　　　　　　　not A but B either A or B　　　　　　　　neither A nor B B as well as A　　　　　　　　B rather than A not only A but also B

561~568 Choose the one that best completes the sentence.

561
명지대

After the automobile crash, Hannah lay in the back seat, in a state of pain and _____.

① being shock
② shock
③ shocked
④ shocking

562
동국대

Not only did the ancient Egyptians know about the North Pole, _____ precisely in which direction it lay.

① also but had they known
② but they also knew
③ they had also known
④ but also knowing

563
세종대

Those in the first category belong to the earth spirit and, _____ even though this attunement may lead to tragedy.

① living harmonious with her
② live in harmony with her
③ to live harmonious lives with her
④ lives in harmony for her

564
아주대

Presenting yourself well in a job interview is as important as _____ about the organization.

① learning
② to learn
③ for learning
④ being learned
⑤ to be learned

565
동국대

According to some physicists, approximately 1 million years after the big bang, the universe cooled to about 3000°C, and protons and electrons _____ to make hydrogen atoms.

① to combine

② combining

③ combine

④ combined

566
서울여대

The Internet can help children isolated from traditional schoolhouses by distance or disabilities or _____ children already schooled at home by their parents.

① benefit

② benefiting

③ benefits

④ benefited

567
가톨릭대

The tongue performs the important service of helping position the food between the teeth and _____ to the back of the throat for swallowing.

① to push it

② to push them

③ pushing it

④ pushing them

568

Rather like the ant in an Aesop's fable, people with thrifty genotypes prepare for hard times by _____ they expend.

① consumption and storage of more calories that

② consume and store more calories than

③ consuming and store more calories that

④ consuming and storing more calories than

569
서강대

Find the correct forms of verbs to complete the following sentence.

"Many thousands of years ago, a man quietly (rest) on a log (reach) down and (pick) up a stick and with it (begin) (scratch) upon the sand at his feet."

① resting, reached, picked, began, scratched
② resting, reached, picked, began, scratching
③ rested, reaching, picking, began, scratching
④ rested, reaching, picking, beginning, scratching

570
한양대

다음 문장의 밑줄 친 부분이 어법에 맞게 수정된 것을 고르시오.

The artists interviewed described their work as at once exhausting, because of the emotional investment involved, and its power is still a source of pleasure to them.

① although it is powerfully a source of pleasure
② and it is powerful as a source of pleasure
③ but its power is still a source of pleasure to them
④ and powerful, because of the pleasure it provides

(571~580) **Choose one that is ungrammatical or unacceptable.**

571
숭실대

Historians have long been reluctant ① to recognize that Queen Victoria was not just a monarch ② but one of the most prominent working mothers in history — ③ one who was both deeply in love with her husband ④ but resentful of the demands on her as a mother and a wife.

572
중앙대

Catherine was honored not only for her ① initiative in establishing the fund for war refugees but also ② for devoting so much ③ of her own time and money to its success. ④ No error.

573
중앙대

Any true insomniac ① <u>is well aware</u> of the futility of ② <u>such measures as</u> drinking hot milk, ③ <u>regularly hours, deeply breathing</u>, counting sheep, and concentrating on black velvet. ④ <u>No error.</u>

574
경기대

① <u>Launched</u> in 1993 by an eminent college professor, the dance company ② <u>has</u> played ③ <u>a role in</u> promoting global cultural exchange and ④ <u>to introduce</u> unique arts from different countries.

575
홍익대

The Indians of the southwestern America ① <u>are</u> famous ② <u>for</u> their beautiful art work, ③ <u>especially</u> handmade jewelry cast from silver, carved from stones, or ④ <u>decorations</u> with beads and feather.

576
동국대

Although many of the crop circles in the past ① <u>were proven to have</u> hoaxes, crop glyph experts immediately rejected that possibility. ② <u>No footprints had been found</u> in either glyph, and not even one wheat stalk was broken. Instead, all were just bent over, ③ <u>woven together</u>, and ④ <u>still growing</u>.

577
한국외대

The proposal which included ① <u>allowing</u> schools to measure how much students learn ② <u>using</u> methods other than the standardized tests ③ <u>was</u> criticized for ④ <u>undermining</u> the law and ⑤ <u>made</u> it less stringent.

578

Mary wanted to be ① <u>free of</u> the digestive problems and joint pain ② <u>that kept</u> her ③ <u>from</u> exercising and ④ <u>to make her life miserable.</u>

579
단국대

The ① absence of organic materials, some scientists ② speculated, was the result of intense ultraviolet ③ radiation penetrating the atmosphere of Mars and ④ destroyed organic compounds in the soil.

580
서강대

Christine ① sprang out of the bed and ② seen bright sunlight streaming through the windows. She knew that Dr. Armour would not tolerate another late arrival, so she ③ leaped back under the covers and ④ slept until noon.

40 | 마지막은 도치로 마무리한다

부정어구가 문두에 나갈 경우에는 도치가 발생한다. 부정어구가 먼저 오고 시제를 고려해서 일반동사일 경우는 do동사를 이용하고 조동사가 있을 경우에는 조동사를 그대로 써서 '부정어구 + 조동사 + 주어 + 동사원형'의 형식을 반드시 갖추어야 한다.

부정어구가 문두에!	I never dreamed that he was here. = Never did I dream that he was here. 나는 여기에 그가 있을 것이라는 것은 생각지도 못했습니다.
Only + 부사구, 부사절	Only then did he realize it. 그때서야 비로소 그것을 깨달았다.
neither, nor 다음의 어순	He didn't like the restaurant, and neither did his wife. = He didn't like the restaurant, nor did his wife. 그는 그 식당이 맘에 들지 않았으며, 그의 아내 또한 그랬다.
가정법의 도치	가정법에서 if가 생략된 구조 • If it were not for ~ ⇨ Were it not for ~: 만약 ~가 아니라면(가정법 과거) • If it had not been for ⇨ Had it not been for ~: 만약 ~가 아니었더라면(가정법 과거완료) • If + S + should ~ ⇨ Should + S ~: 혹시라도 ~한다면(가정법 미래) • If + S + were to ~ ⇨ Were + S + to ~: 만약 ~라면(가정법 미래)
as 구문의 도치	▷ Feeble as I am, I may be of help to you. 내가 비록 연약하긴 하지만, 당신에게 도움이 될지도 모른다. ▷ Great soldier as he was, he was accused of using unnecessary harshness toward his men. 대단한 군인이긴 했지만, 그는 자신의 부하들에게 불필요하게 가혹해서 비난을 받았다.
균형상의 도치	① 'O + S + Vt'의 어순 ② 'C + V + S'의 어순 ③ '부사어 + 일반주어 + V'의 어순

581~592 Choose the one that best completes the sentence.

581
강남대

Sam might have lost his life, _____ taken to the hospital immediately.

① he has not been

② had he not been

③ having not been

④ if he were not

582
숙명여대

Aspirin is so helpful in treating such a wide variety of ailments. Indeed, _____ it invented today, aspirin might well be hailed as a wonder drug. Potentially important uses for it are continually being discovered and investigated.

① was

② if

③ since

④ so

⑤ were

583

Had psychological theories of economic cycles been helpful in predicting turning points in cycles, they _____ used more consistently.

① have been

② would have been

③ were

④ had been

584

_____ a step further back, you would have fallen off the cliff.

① Had you taken

② You had taken

③ If you took

④ Suppose you

585 Phillis Wheatley, a sickly, frail black slave girl, would have been easily considered the intellectual superior of all the women and most of the men in the society of her day, _____.

① if she were white

② had she been white

③ were she white

④ though she had been white

586 The violin could hardly have become so popular, _____ the music made for it not occupied a position at the top of the Western culture.

① had

② because

③ while

④ if

587 Years later, she said, had her father told me the truth, I _____ a much better girl.

① could have been

② can have been

③ will have been

④ had been

588 In April, Steve Jobs launched his iPad. And it was good. The iPad was not the first e-Reader or Tablet on the market, nor _____ as multi-functional as the iPhone. You can't make phone calls with an iPad.

① it was not

② it was

③ was it

④ it was so

589
서울여대

Good parents wouldn't jump to conclusions, _____ assume that every problem was a catastrophe they needed to fix.

① never they would
② or would they
③ neither they would
④ nor would they

590
서울여대

Only now are questions such as how a material was produced, how much energy will be used to take care of it, and what happens to it at the end of its life _____ to echo through the industry.

① begin
② begins
③ beginning
④ has begun

591
세종대

The Civil Rights Commission included no details of what new legislation might be required, _____ many specifics on changes in such matters as federal funding.

① nor it did offer
② it did not either offer
③ nor did it offer
④ it offered not either

592
세종대

During the past decade _____ have cobwebbed across the continent, putting cheap flights within the reach of every vacationer or jobseeker.

① the score of new routes
② scores of new route
③ scores of new routes
④ the score of new route

(593~600) **Choose one that is ungrammatical or unacceptable.**

593 Temporary weight reductions might be valuable ① <u>in their own right</u> should yo-yo dieting ② <u>is not associated with</u> averse ③ <u>effects on</u> ④ <u>the dieters'</u> immune and circulatory systems.

594
한국외대

A shiver ran through the tree, and the wind ① <u>sent forth</u> a blast that ② <u>would knock</u> me off, had I ③ <u>not clung</u> to the branch ④ <u>with might and main</u>.

595
국민대

I ① <u>would buy</u> this fancy ② <u>furniture</u> yesterday, ③ <u>had I</u> had enough cash ④ <u>on hand</u>.

596 No longer ① <u>there is</u> a question about whether computers will be ② <u>used for</u> instructional purposes. ③ <u>Rather</u>, the question now is how the computer will be used ④ <u>to enhance learning</u> in schools.

597
중앙대

No sooner ① <u>the Great Fire had</u> burned itself out ② <u>than</u> ③ <u>plans were</u> laid for the rebuilding of the city. ④ <u>No error</u>.

598
동국대

Vital ① <u>to</u> any analysis of the ② <u>causes</u> of the Russian Revolution ③ <u>are</u> an understanding of the ④ <u>many</u> alliances between political parties in the 1900s.

599
단국대

Leisure ① <u>as</u> we know it today in the United States is a new phenomenon; never before ② <u>had</u> so many people ③ <u>had</u> so much free time and so much money ④ <u>with</u> which to enjoy it.

600

Not only ① <u>such people are</u> ill-equipped ② <u>to do</u> anthropological work, but ③ <u>they may</u> be unable to recognize and ④ <u>deal with</u> social problems in their own society.

MEMO

에듀윌 편입영어

기본이론 완성

문법

확실한 풀이로 실력완성

정답과 해설

에듀윌
편입영어

핵심유형 완성

문법

정답과 해설

POINT 01 | 1형식에서는 자동사를 주의하자

001 ①	002 ②	003 ④	004 ①	005 ④
006 ②	007 ③	008 ②	009 ③	010 ③

001 ① will do

해석 "8달러면 될까?" "30달러 추가하면 될 거야."

해설 do 동사가 완전자동사로 쓸 경우 'be enough'의 '충분하다'라는 의미로 쓰이기 때문에 정답은 ①이다.

002 ② which concentrated

해석 Robert Burns는 미국 황야의 야성 그대로의 광경을 중점적으로 다룬 선덜랜드 유파의 가장 중요한 예술가로 여겨졌다.

해설 빈칸 앞에 'the Sunderland school'가 선행사로 빈칸의 주어 역할을 한다. 동사 concentrate가 자동사로 쓸 경우는 뒤에 전치사 on을 수반하므로 정답은 ②이다.

003 ④ there were

해석 18세기 중반이 되면 유럽으로부터 미국으로 입국하는 새 이민자의 수가 크게 증가하여 미국 초기 13개 식민지에 너무 많은 사람들이 몰렸다.

해설 전치사구로 시작하는 주어진 문제에서는 주어가 'so many new immigrants'이므로 there 구문을 써서 1형식을 완성해야 한다. 따라서 정답은 동사 were까지 올바르게 갖춘 ④이다.

004 ① sold

해석 식료품 상점에서 판매되는 통조림 식품과 포장 식품은 통제가 용이하지만 드물게 사고가 벌어지기도 한다.

해설 foods를 후치수식하는 구조로 뒤에 sell 동사가 와야 하는데 의미적으로 수동 관계이므로 정답은 ①이다.

005 ④ begins when the people who will be hypnotized

해석 최면에 걸리는 과정은 최면술을 받을 사람이 편안한 신체 자세를 잡고 완전히 긴장을 풀 때 시작된다.

해설 'The process of becoming hypnotized'가 주어이므로 빈칸에는 동사가 필요하다. ②에서는 that절에 find와 연결할 수 있는 주어가 없고, ③ 다음에는 'how people are hypnotized' 다음에 find와 연결될 수 없는 구조다. ④에서는 the people이 when절의 주어이므로 동사가 find로 연결될 수 있다.

006 ② interact ⇨ interact with

해석 내적 관점에서 감정은 생리적이고 주관적이면서 행동적인 요소를 보유하고 있고, 이들 요소는 서로 영향을 미치며 상호 작용한다. 그리고 외적 관점에서 감정은 다른 감정 및 동기와 서로 뒤섞인다.

해설 '자동사 + 전치사 = 타동사구'에 관한 문제다. 동사 interact는 influence와 함께 주격 관계대명사 which절의 동사며 one another를 목적어로 받는다. 이때 interact는 자동사이기 때문에 one another를 목적어로 갖기 위해서는 전치사 with가 필요하다.

007 ③ testifies to ⇨ testifies (to 삭제)

해석 대중문화와 상위 이론의 사례를 활용한 본 연구는, 포스트모던 시대의 소피스트에 비해 훨씬 더 과격한 방식으로, Kant와 Hegel이 우리의 동시대인임을 증명한다.

해설 testify 동사에 관한 문제다. 동사 testify는 자동사, 타동사로 모두 쓸 수 있다. 먼저 자동사로는 'testify to + 명사'와 같은 구조를 취하고 타동사의 용법으로는 testify that + 주어 + 동사 ～의 형식을 취할 수 있다. 따라서 주어진 문장에서는 뒤에 'that Kant and Hegel are ~'가 나오기 때문에 전치사 to가 필요없다. 따라서 정답은 ③이 된다.

008 ② been appeared ⇨ appeared

해석 지난 25년간 모습을 보였던 신비로운 크랍 써클들(crop circles)이 이것을 보여주는 사례들이다.

해설 appear는 '나타나다'는 뜻의 자동사로 목적어를 취하지 않으므로 수동태로 사용할 수 없다. have been appeared를 have appeared의 현재완료 능동태로 써야 한다.

009 ③ will be appeared ⇨ will appear

해석 여러분이 영어를 쓰는 원어민에게 영어가 요즘 어떻게 변하고 있는지 묻는다면, 잠시 망설인 후 그들은 새로운 어휘를 언급하거나 혹은 발음상의 몇몇 변화를 언급해 줄 것이다. 하지만 문법이 이슈 중에 하나로 등장하는 일은 없을 것이다.

해설 ③에 사용된 appear는 '나타나다'는 뜻의 대표적인 자동사이다. 목적어를 취하지 않는 자동사이므로 수동태로 사용할 수 없다. 따라서 이를 'will appear'로 변경해야 한다. 이런 종류의 동사로는 appear, disappear, happen, occur, exist 등이 있다.

010 ③ conform ⇨ conform to

해석 당신은 그저 눈을 감고 캔버스 주로 돌아가 나이에 맞게 행동할 것을 기대하는 낡은 습성에 협조적으로 따르는 다정한 사람들 속에서 속하기를 바랄 수는 없다.

해설 conform 동사는 자동사와 타동사로 모두 쓰일 수 있다. 자동사로 쓸 경우에는 'conform to + 목적어'로 써야 한다. 따라서 ③의 conform을 'conform to'로 쓴다.

POINT 02 2형식에서는 보어의 품사가 중요하다

011	④	012	⑤	013	③	014	②	015	④
016	④								

---

011 ④ tastes

해석 이 요리는 신선한 약초와 마늘을 첨가하면 더 맛있다.

해설 빈칸에는 뒤에 better를 주격 보어로 취할 수 있는 2형식 동사가 필요하다. 주어는 3인칭 단수 명사이므로 정답은 tastes가 되어야 한다.

012 ⑤ broke

해석 P. T. Barnum은 미국 대중의 지능을 과소평가한다고 파산할 일은 없다고 말했다. 나는 이에 더해 인지를 초월하는 자극으로 인한 힘을 과대평가한다고 파산할 일은 없다고 덧붙이겠다.

해설 broke는 형용사로 '파산한, 무일푼의'라는 의미다. 자동사 go와 함께 쓰여 'go broke'가 관용적으로 쓰이는 표

현이므로 정답은 ⑤이다.

013 ③ consistently ⇨ consistent

해석 비록 사람들은 나이가 들면서 점차 성격이 유해지고 억눌리던 자신의 감정을 보다 자유롭게 표출하게 되지만, 성격은 꽤나 한결같이 유지되며, 동시에 손재주 또한 다수는 쇠퇴해도 학습 능력은 온전히 유지될 가능성이 크다.

해설 remain 동사가 2형식으로 쓸 경우, 주격 보어에는 부사가 아니라 형용사가 와야 한다. 따라서 ③의 consistently를 형용사형인 consistent로 써야 문법적으로 맞다.

014 ② poorly ⇨ poor

해석 이탈리아 이민자들의 아들인 그는 샌프란시스코에서 가난하게 성장해서 당대에 가장 훌륭한 야구선수가 되었고, 아름다운 미국 여인과 결혼했으며, 말이나 행동으로 자신의 명성이나 훌륭함을 더럽히는 일을 절대 저지르지 않았다.

해설 본문은 뉴욕 양키즈의 유명한 야구선수였던 Joe DiMaggio가 사망한 후 뉴욕타임스에 실린 부고 기사이다. 그를 기리며 쓴 글에서 따온 것으로 ①은 이탈리아 이민자들의 아들이라는 표현으로 '명사 + of + 명사'의 표현으로 올바르고, ②의 grows up은 불완전 자동사이므로 뒤에 보어가 따라와야 한다. 그런데 ②에서는 부사가 나왔으므로 이를 poor라는 형용사로 바꿔야 올바른 문장이 된다. 또한 poorly는 '빈약하게, 서투르게'라는 의미로 자주 쓰인다. ③의 'of one's day'는 '~의 당대에'에 해당하는 표현이며, ④의 'in word or deed'는 '언행이 일치하여, 말이나 행동으로'를 뜻하는 'in word and (in) deed'와 같은 의미이다.

015 ④ disturbing ⇨ undisturbed

해석 허리케인으로 인한 비와 진눈깨비에도 불구하고, 새 도서관의 공사는 방해받지 않고 계속 진행되고 있다.

해설 disturbing은 '교란시키는'이라는 뜻으로 construction을 주어로 한 이 문장에서는 의미적으로 자연스럽지 않다. '방해받지 않은, 흔들리지 않은'이라는 의미의 undisturbed로 고친다.

016 ④ comfortably ⇨ comfortable

해석 나는 지금 소속된 대학에서 몇 년째 교수로 일해오고 있다. 다른 부서에서 일하며 가끔 교정에서 마주치는 한 학

생이 내 이름을 불렀다. 그 학생은 친밀한 감정을 느끼기
원해서 그랬던 것이지만, 일부 학생들은 그를 무례한 것
으로 바라보았다.

해설 feel 동사를 2형식으로 쓸 경우에는 주격 보어에 부사가
오지 않고 형용사를 써야 한다. 따라서 ④의 comfortably
를 comfortable로 써야 한다.

POINT 03 3형식 동사에서 전치사를 잘 써야 한다

017 ① 018 ② 019 ② 020 ③ 021 ③

022 ④ 023 ② 024 ③ 025 ②

017 ① of

해석 난 당신이 가장 빨리 당신의 결정 사항을 내게 일러준다
면 고마울 것이다.

해설 동사 inform은 'inform A of B'의 형식으로 알림, 통지,
공지 동사에 속한다. 따라서 빈칸에는 전치사 of가 들어
가야 한다.

018 ② from

해석 우리는 결혼과 출산에 대한 젊은이들의 의욕을 꺾는 몇
가지 요인을 고려할 필요가 있다.

해설 동사 discourage는 'discourage A from B'의 형식으
로 'A가 B를 하지 못하게 낙담시키다'라는 의미. 따라
서 정답은 ②이다.

019 ② stolen

해석 그 여성은 돈을 도둑맞은 아가씨이다.

해설 동사 steal과 rob은 다음과 같은 형식으로 써야 한다.
'steal money from 사람 / rob 사람 of money' 수동태
의 형식으로는 'be stolen from ~'이 쓰여야 한다. 여기
서는 뒤에 명사가 나와 있지 않으므로 전치사 from은 쓰
지 않아도 된다.

020 ③ divest her of these heavenly qualities

해석 노예제는 내게 해로웠던 것처럼 내 여주인에게도 해로웠
던 것으로 드러났다. 얼마 안 있어 노예제는 주인에게서
이러한 천상의 자질을 앗아갈 수 있는 능력이 있음을 드

러냈다.

해설 동사 divest는 '(지위·권리 등을) 빼앗다, ~에게서 제거
하다, (권리·재산 등을) 박탈하다'라는 의미로 'divest A
of B'의 형식을 쓴다. 이때 A에는 주로 사람이 나오고 of
뒤에 제거하는 대상이 나와야 하므로 정답은 ③이다.

021 ③ from getting — treated

해석 잘못된 진단은 환자가 필요한 치료를 받지 못하게 막는
다. 예를 들어 라임병은 항생제의 간단한 단계적 치료를
통해 조기에 치료되지 않으면 심각해질 수 있다.

해설 'A가 ~하는 것을 막다'라는 의미를 가진 'prevent A
from ~ing'라는 구문을 떠올려 보면 첫 번째 괄호에 들
어 갈 것은 "from getting"이어야 한다. 따라서 답은 ③
아니면 ④가 된다. 그리고 두 번째 문장은 라임병은 항생
제로 '치료를 받지' 않으면 목숨이 위험할 수 있다는 의미
를 갖고 있으므로, ④의 예정을 나타내는 'be동사 + to부
정사' 구문인 "to be treated"가 아니라 ③의 "treated"
가 답이 되어야 한다. 따라서 답은 ③이다.

022 ④ subverting ⇨ of subverting

해석 연합체는 정부에게 자신들이 전통적 가치를 전복시킨다
고 비난한 케이블 TV 서비스를 중단하라고 요구했다.

해설 ③의 which는 it accused 다음에 들어가야 할 목적어
역할을 하고 있다. 'accuse A of B'의 형식에 따라 ④의
subverting 앞에 전치사 of를 써야 한다.

023 ② abusing ⇨ disabusing

해석 교사들은 다른 분야로 과감히 나아감으로써 비전문가라
도 어느 정도는 해당 과목의 내용을 다룰 수 있음을 보여
줬고, 따라서 학생들에게서 어떤 분야와 관련을 맺기 위
해서는 그 분야에 숙달되어야 한다는 생각이 잘못된 것
임을 깨닫게 했다.

해설 abuse 동사는 '학대하다, 남용하다'의 의미를 갖는다. 뒤
에 구조를 보면 'abuse + students + of + the notion'
의 형식으로 해석도 자연스럽지 못하다. 따라서 'A를 B에
서 깨어나게[벗어나게] 하다'라는 의미가 되려면 'disabuse
A of B'의 형식을 갖추어야 한다. 전체 문맥에 맞게 올바
르게 해석을 할 줄 알아야 풀 수 있는 문제다.

024 ③ from ⇨ of

해석 인간의 뛰어남에 대한 고전적인 이상에서 중심적 위치를

차지하던 아름다움을 그 중심적 위치로부터 박탈시킨 것은 주로 기독교의 영향이었다.

해설 'A에게서 B를 앗아가다'는 의미의 구문으로 'deprive A of B'가 있다. 본문은 '아름다움을 중심적 위치로부터 박탈당하게 한'의 의미로 'deprived beauty of the central place'가 와야 하는데 'of' 대신에 'from'이 와 있다. 따라서 답은 ③이다.

025 ② with ⇨ of

해석 누구도 그 국회의원이 말을 못해 쩔쩔맨다고 비난한 적이 없다. 그는 거의 어느 주제에 관해서나 상세하게 말할 수 있다.

해설 accuse는 누군가를 비난하다는 뜻으로 뒤에 with가 아닌 of를 이용해 비난의 이유를 나열한다. 따라서 정답은 ②가 된다.

POINT 04	혼동하기 쉬운 동사들을 확실하게 암기하자

026 ④ 027 ② 028 ③ 029 ③ 030 ③

---

026 ④ laying ⇨ laid

해석 여러분께선 버스가 청소 중일 때는 밖으로 나가셔야 하지만, 여행 가방과 다른 소지품은 자리에 놓고 나가셔도 좋습니다.

해설 'leave + 목적어 + 보어'는 '목적어를 보어의 상태로 남겨두다'라는 의미의 구문이다. 본문에서 '가방과 다른 소지품(your suitcases and other belongings)'은 목적어, ④의 laying은 보어에 해당된다. 목적어와 보어의 관계를 보면 문맥상 보어 자리에는 가방과 소지품을 '놓는다'는 의미에서 수동을 의미하는 과거분사가 와야 함을 알 수 있다. 따라서 ④의 laying은 laid가 되어야 한다.

027 ② raises ⇨ rose

해석 여론조사에 따르면 제품에 대한 소비자 선호도는 blimp라 불리는 소형 비행선에 제품이 등장한 후 19% 상승했다.

해설 that절 안의 주어가 'consumer preference (for a product)'이다. 동사는 자동사로 쓰여 뒤에 by 19 percent와 함께 '19% 상승했다'라는 의미를 나타내야 하기 때문

에 rise – rose – risen의 동사형식을 따르면 된다. 전체 문장의 시제가 과거이므로 ②의 raises를 rose로 바꾼다.

028 ③ to rise ⇨ to raise

해석 1칼로리는 1기압에서 1갤런의 물을 섭씨 1도 올리는 데 필요한 열량이다.

해설 제시된 지문은 1칼로리에 대한 정의를 내리고 있다. ③의 rise는 자동사이므로 뒤에 목적어가 올 수 없다. 따라서 타동사인 'raise'로 변경되어야 한다.

029 ③ arisen ⇨ risen

해석 Isaac은 이에 응해 아주 귀엽게 아기 재치기를 했고, Jill은 마치 Isaac이 Jill의 팔에서 어른이 된 채 벗어나서는 몇 편의 소네트를 읊은 모습을 것을 본 것과 같은 표정을 지었다.

해설 ③의 뒤에 연결되는 구조는 up (부사) from 이하가 전치사구로 연결되고 있다. 따라서 자동사 rise – rose – risen의 동사 형식을 써야 한다. he'd 다음에는 과거분사형을 써야 하기 때문에 arisen을 risen으로 고친다.

030 ③ lay ⇨ laid

해석 ① 목소리가 안 좋은 것을 보고 화가 났다고 생각했다.
② 싸우고 나서, 그녀는 남편과 화해했다.
③ 그가 들어왔을 때 나는 내가 읽던 책을 내려놓았다.
④ 제품의 품질을 높이는 쪽으로 가닥을 잡아가고 있다.

해설 ①과 ②에서는 'infer from'과 'reconcile with'의 표현을 묻고 있으며, 전치사가 올바르게 사용되었는지 묻고 있다. ③의 경우 내려놓다는 동사 원형이 lie(눕다, 있다)가 아닌 lay(눕히다, 놓다, 두다)가 동사원형이며, 이때의 동사 변화는 lay — laid — laid가 되므로 lay가 laid로 바뀌어야 올바른 문장이 된다. ④에서는 toward가 전치사이므로 뒤에 동명사가 온다.

POINT 05 — 5형식 동사의 목적격 보어 형태가 출제된다

031	④	032	④	033	③	034	②	035	②
036	①	037	③	038	③	039	②	040	①
041	②	042	④	043	④	044	②	045	②
046	④	047	①	048	②	049	③	050	⑤

031 ④ to pick

해석 2008년 달 탐사를 위한 궤도 탐색 위성이 발사될 예정이며, 위성은 천연자원을 탐색하면서 고화질 지도를 작성하여 과학자들에게 좋은 착륙지점을 선택하게 할 것이다.

해설 타동사 allow가 5형식으로 쓰일 경우, 'allow + 목적어 + to v'의 형식을 쓴다. 이때 빈칸 뒤에 'good landing sites'가 의미적으로 자연스러운 것을 선택하면 된다. take가 아니라 '좋은 착륙지점'을 선택하는 것이므로 정답은 ④의 'to pick'이다.

032 ④ helps

해석 두 가지 사건을 연관 짓는 데 도움을 주는 뇌세포 수용체는 평생에 걸쳐 변화하는 구성요소로 이루어져 있다.

해설 'associate two events'에서 associate가 동사의 역할을 한다는 것을 알 수 있다. 선지 중에서 help 동사만이 'help (to) v'의 형식으로 쓸 수 있기 때문에 정답은 ④이다. 여기서는 to associate에서 to가 생략되었다.

033 ③ to kick

해석 구글은 검색 분야에서 선두를 계속 고수하고 비검색 분야에서 더 많은 수익을 얻는 것으로 불멸의 삶을 지속할 공산이 크다.

해설 먼저 kick in은 '(수익) 따위를 얻다'라는 뜻이다. 타동사 get이 5형식으로 쓰일 경우에는 'get + 목적어 + to v'의 형식을 쓰기 때문에 정답은 ③이다. 목적어와 목적격 보어 사이의 의미적 관계가 수동이 아니므로 ④는 정답이 될 수 없다.

034 ② falling

해석 그 노인은 아들로부터 온 편지를 받고 읽기 시작하자마자 오랜 세월 동안 쌓아온 다짐이 무너지는 것을 느꼈다.

해설 'the resolution he had built up (over so many years)' 부분이 동사 felt의 목적어로 쓰였다. 빈칸에는 목적격 보어가 와야 하는데, feel 동사는 'feel + O + OC'의 형식에서 목적격 보어 자리에 현재분사나 과거분사가 올 수 있다. 의미적으로 자동사의 능동형이 와야 하므로 정답은 ②이다.

035 ②

해석 우리는 이번 사전 구매 제안을 투자 기회로 이용하고자 하는 해외 구매자들 사이에서 열띤 경쟁이 있을 것으로 예측한다. 우리는 해외 관계자들에게 즉시 신청할 것을 권고한다.

해설 주어진 문제는 동사 urge에 관한 용법을 묻는 문제다. urge 동사는 5형식으로 쓰이는 동사로 'urge + O + to 동사원형'의 구조를 가지며 '목적어가 to부정사 하도록 촉구하다[재촉하다]'라는 뜻이다. 따라서 주어진 문제의 올바른 어순은 'We urge interested parties abroad to apply immediately.'가 되어야 한다. 'interested parties'는 '당사자, 이해관계자'라는 의미로 쓰였고 abroad는 부사로 '해외에 있는 이해 관계자들' 정도로 해석 가능하다.

036 ①

해석 가장 중요한 것은 모바일 뱅킹은 처음 휴대전화가 도입되었을 때 받은 거대한 충격을 해당 산업이 다시 재현하는 데 도움을 줄 것이다.

해설 사역동사인 help 다음에 동사원형이 나와야 하며, help의 목적어인 the industry를 의미상 주어로 보면 다음에 나올 것은 ⑤의 repeat밖에 없다. 따라서 답은 ① 아니면 ②가 된다. repeat the 다음에 "huge impact made"인지 "impact made huge"인지를 선정하면 된다. ②가 답이 되기 위해서는, repeat the impact made huge에서 "huge"는 "made"의 보어이기 때문에 "huge"가 아니라 "hugely"가 되어야 한다. 따라서 결국 답은 ①이 된다.

037 ③ put ⇨ to put

해석 진보성향 분석가들 규제에 대해 Greenspan이 지닌 반감이 어떤 식으로 혁신적인 금융상품을 치명적인 무기로 탈바꿈시켰는가에 더 집중할 것으로 보인다. 이러한 관점에 따르면, 점차 실험성이 강해지던 파생상품을 제대로 규제할 능력이 없던 시장의 출현은 부주의한 금융기관이 금융제도 전체를 위험에 빠뜨리도록 묵인하는 결과를 낳았다.

해설 　동사 allow는 'allow + 목적어 + 목적격 보어(to 부정사)'의 구조를 지닌 동사이다. 따라서 ③의 put은 to put이 되어야 한다. ①의 경우, be likely to 구문에서 형용사 likely의 비교급으로 likelier가 아니라 more가 온 것이다. ②의 경우, 형용사를 more and more로 꾸며주면 형용사의 의미를 한층 더 강조하여 '더욱더 ~ 한'의 의미를 갖는다. ④의 경우, '~을 위험에 빠뜨리다'라는 의미에서 put ~ at risk 구문이 사용된 것이다.

038　③ never cut back ⇨ never to cut back

해석 　그는 자신의 책에서 언어를 다른 문화 간의 이해를 위한 열쇠로 판단하고 우리로 하여금 외국어 교육 프로그램을 절대로 축소하지 말라고 권고한다.

해설 　urge 동사는 5형식에서 'urge + O + to v'의 형식을 쓴다. 부정사의 부정형은 not to v로 나타내기 때문에 정답은 ③이다.

039　② increasing ⇨ to increase

해석 　미국 연방항공국(Federal Aviation Administration)은 앞으로 10년 동안 항공편의 수가 3분의 1 이상 증가할 것으로 예측하고 있으며, 이는 이미 혼잡한 항공교통 시스템에 더욱 부담을 안겨다 줄 것이다.

해설 　expect 동사는 5형식에서 'expect + O + to v'의 형식을 쓴다. the number of flights가 목적어이고 ②가 목적격 보어이기 때문에 부정사를 써야 한다. ②의 increasing을 to increase로 고친다.

040　① climbed ⇨ climbing

해석 　교사는 두 남자가 자신을 향해 (비탈을) 오르는 모습을 보았다. 한 사람은 말을 타고 있었고 다른 한 사람은 걷고 있었다. 이들은 비탈 위에 건설된 학교로 이어지는 급격한 오르막을 아직 마주하지 못했다.

해설 　watch 동사는 지각동사로 5형식에서 목적어와 목적격 보어 사이의 의미적 관계가 능동일 경우에는 'watch + O + 동사원형[~ing]'의 형식을 쓴다. 따라서 ①의 climbed를 동사원형이나 현재분사로 고쳐야 한다. 문맥으로 진행을 나타내는 현재분사형을 쓰면 자연스럽다.

041　② lapsed ⇨ lapsing (또는 lapse)

해석 　우산 지붕 아래에서 나는 물에 휩쓸린 인도가 내 발 아래에서 흘러가는 모습과 흙으로 지저분한 뉴스 포스터가 교차로 바닥에 깔려 있는 모습을 봤다.

해설 　see 동사는 지각동사로 5형식에서 목적어와 목적격 보어 사이의 의미적 관계가 능동일 경우에는 'see + O + 동사원형[~ing]'의 형식을 쓴다. 따라서 ②의 과거분사 형태인 lapsed를 lapse나 lapsing으로 고친다. lapse는 자동사로 '조금씩 변천하다; 모르는 사이에 ~에 빠지다'라는 의미로 쓰인다.

042　④ to see ⇨ see

해석 　Meyers 박사는 특허가 허용된 후에 과학자들뿐만 아니라 호기심을 품은 모든 이에게 그것이 어떻게 이루어질 수 있었는지를 볼 수 있게 하겠다고 말했다.

해설 　'who was curious'는 anyone else를 수식하는 형용사절이고, 'let + 목적어 + 목적격 보어'의 형식에서 목적격 보어로 올 수 있는 알맞은 형태를 묻는 문제다. let 동사는 사역동사로 5형식에서 목적어와 목적격 보어 사이의 의미적 관계가 능동일 경우에는 'let + O + 동사원형'의 형식을 쓴다. 따라서 ④의 to see를 see로 고친다.

043　④ organizing ⇨ organized

해석 　그는 낯선 도시에서 외로이 가만히 앉아 있었고, 멀리 떨어진 나라로부터 와서 모든 서류 업무를 다시 정리하고 새로운 나라에서 정착하기 위해 노력해야 하는 악몽과도 같은 상황을 마음속에 그리고 있었다.

해설 　본문에서 ③의 get은 사역동사의 의미를 가지며, 따라서 'get + 목적어 + 목적격 보어' 형태를 지닌다. 목적어와 목적격 보어의 관계가 능동이면 목적격 보어 자리에 'to + 동사원형'이 오고, 수동이면 목적격 보어로 p.p 형태가 온다. 본문의 'getting all the paperwork organizing'에서 목적어 all the paperwork와 목적격 보어 organizing간의 관계는 능동이 아니라 수동이며, 그래야만 '서류 업무를 정리하다'라는 의미를 지닌다. 따라서 ④는 organizing이 아니라 organized가 되어야 한다.

044　② playing ⇨ played

해석 　그들은 거의 200명의 입장을 허용했는데, 입장한 사람들은 모두 단순하게 생긴 의자에 앉았고 동네의 한 소녀가 연주하는 반주를 마음 편하게 들을 수 있었다. 반주하는 소녀는 특정 장면의 분위기에 음악을 맞추려 했다.

해설 hear 동사는 지각동사로 5형식에서 목적어와 목적격 보어 사이의 의미적 관계가 수동일 경우에는 'hear + O + p.p'의 형식을 쓴다. the accompanying music과 play 사이의 의미적 관계는 '연주되다' 즉 수동관계를 이루고 있으므로 ②의 playing을 played로 고친다.

045 ② being ⇨ as 또는 to be 또는 생략

해석 요즘 다수의 미술대학에서는 컴퓨터 활용능력을 기본적인 학문적 자질에 꼭 필요한 조건으로 여기고 있다.

해설 consider 동사가 5형식으로 쓰일 경우, 'consider A as B, consider A B, consider A to be B'의 형식을 쓴다. 따라서 ②의 being의 형태를 as 또는 to be 아니면 생략해야 문법적으로 맞다.

046 ④ to be ⇨ as

해석 아마도 당신은 삶의 신조로 삼을 만한 말을 발견했고, 그 말이 당신이 중요하다고 생각하는 것을 담고 있기 때문에 그 말을 귀중히 여길 것이다.

해설 regard 동사는 5형식에서 'regard A as B'의 형식을 쓴다. 따라서 ④의 to be를 as로 고쳐야 한다.

047 ① as ⇨ 삭제

해석 식민지 개척자들은 전통적인 치유사들을 주술사(witch doctor)로 불렀는데, 개척자들은 이들 치유사의 의료행위가 열등하다 여겼다.

해설 call 동사가 5형식에서 'A를 B로 부르다'라는 의미로 쓰일 때는 'call A B'의 형식을 쓰기 때문에 ①의 as를 삭제해야 한다.

048 ② to have remained ⇨ to remain

해석 지방은 에너지를 공급해 주는 것 외에도, 체내에서 다른 기능들을 수행한다. 우리가 섭취하는 음식물 중에서, 지방은 음식물이 위에 좀 더 오래 남아 있을 수 있게 만들어 준다. 그렇게 함으로써 식사 후에도 한동안 포만감을 느낄 수 있게 해준다. 또한 지방은 음식에 다양성과 맛, 그리고 감촉을 더해주고, 이러한 사실이 튀긴 음식들이 왜 인기가 많은지를 설명해 준다.

해설 완료부정사는 주절의 동사보다 먼저 일어난 일에 대해 기술할 때 사용한다. 이 문제에서는 문맥상 'fats cause food' 다음에 '위에 좀 더 오래 남아 있을 수 있게 한다'

는 의미이지 '그 이전에 더 오래 남아 있게 했었다'라는 뜻이 아니다. 따라서 ②의 to have remained를 단순부정사인 to remain으로 수정한다.

049 ③

해석 ① 얼마 안 있으면 가을이다.
② 그 남자는 이 일이 얼마나 중요한지를 굳이 말할 필요가 없다.
③ 그 왕은 자신 앞에 그 귀금속을 가져오게 했다.
④ 우리는 만일 좀 더 천천히 걸었다면 버스를 놓쳤을 것이다.
⑤ 당신의 삼촌뿐만 아니라 아버지 또한 부자이다.

해설 사역동사 'had + 목적어 + p.p'의 형식으로 the precious stones와 동사 bring 사이의 의미적 관계는 수동이므로 문법적으로 맞게 쓰였다.
① will come ⇨ comes: 부사절에서는 현재형이 미래 시제를 대신해야 한다.
② needs ⇨ need: tell 동사원형이 쓰인 것으로 보아 needs는 조동사로 쓰인 것이다. 따라서 needs를 need로 고쳐야 한다.
④ if we walked ⇨ if we had walked: might have missed를 맞는 형태로 본다면 if절의 walked는 가정법 과거완료의 형식에 맞게 had walked로 고칠 수 있다.
⑤ are rich ⇨ is rich: A as well as B에서 수 일치는 A에 맞춰야 한다. Your father가 단수이므로 are를 is로 고친다.

050 ⑤ cleaning ⇨ clean

해석 ① 회사는 실내 흡연을 금지한다.
② 그 남자는 아들이 술을 마시거나 담배를 피우지 못하게 한다.
③ 그 간호사는 환자가 스스로 일어설 수 있게 도왔다.
④ 그 코미디언은 손님들을 진심으로 웃겼다.
⑤ 그 사장은 비서에게 사무실을 청소하게 했다.

해설 make가 사역동사로 쓰이고 목적어와 목적격 보어 사이의 의미적 관계가 능동일 경우에는 목적격 보어에 동사원형을 써야 하므로 ⑤의 cleaning을 clean으로 고친다.

CHAPTER 02 시제와 수동태

POINT 06 현재 시제를 써야 하는 경우에 주의하자

051	④	052	④	053	②	054	①	055	①

051 ④ was → is

해석 한 대형 백화점에 안경점이 있었다. 그곳에서 사람들은 시력검사를 받고 안경을 구매할 수 있었다. 어느 날 그 안경점은 무료 시력 검사를 시행하고 있었다. 그래서 백화점 내 안내방송을 통해 다음과 같은 광고를 했다. "저의 안경점에서는 오늘 무료 시력검사를 해드리고 있습니다." 많은 사람들이 백화점에서 쇼핑을 하다가 이 안내방송을 듣고 서둘러 안경점으로 달려갔는데, 이미 사람들이 많은 줄을 서고 있었다. 그러나 결국 그 사람들은 무료시력검사를 받으려고 기다리고 있었던 것이 아니라 무료 아이스크림을 먹으려고 줄서고 있었던 것이었다.

해설 첫 번째 빈칸에는 One day(과거의 어느 날)로 보아 과거 시제가 와야 한다. 두 번째 빈칸에는 직접화법의 따옴표 안에는 당시의 상황을 진술하는 현재 또는 현재진행형을 써야 한다. ⓑ 뒤의 giving으로 보아 현재진행형으로 써야 함을 알 수 있다.

052 ④ sometimes have
　　　 ⇨ sometimes (have 삭제)

해석 사업을 부와 미국의 전통적 가치와 연계시키는 많은 사람들의 믿음 덕분에 성공적인 사업을 영위한 사람들은 때로는 미국인들에게 영웅이 된다.

해설 전체 문장은 미국인들에게 영웅이 되는 사람이 누구인지를 설명하고 있다. 이 현상에 대해 과거 사실도 아니고 현재완료의 사실도 아닌 '일반적 진술'에 해당하므로 ④의 현재완료를 현재 시제로 고쳐야 한다.

053 ② lay ⇨ lies

해석 스페인은 유럽 국가로 포르투갈의 동쪽과 아프리카의 북쪽에 위치해 있다. 스페인은 대서양 북쪽 및 남쪽에 해안을 접하고 있다.

해설 스페인의 지리적 위치를 설명하는 글이기 때문에 전체

문장의 시제는 현재형으로 나타내야 자연스럽다. ②의 lay는 자동사로 쓰였을 경우 과거형에 해당하므로 lies로 고친다.

054 ①

해석 ① Sarah는 휴가 중이며 이번 주엔 일을 쉽니다.
② 나는 이 문장의 의미를 이해하지 못하겠다.
③ 우리는 고등학생 시절부터 알고 지내고 있다.
④ Kelly는 여기서 일한지 6개월이 되었다.

해설 'is not working'은 현재진행형으로 this week와 함께 가까운 미래를 나타낸다.
② is meaning ⇨ means: '의미하다'를 뜻하는 mean 동사는 진행형으로 쓰지 않는다.
③ have been knowing ⇨ have known: 상태 동사인 know는 진행형으로 쓰지 않는다.
④ has been working ⇨ worked: six months ago의 과거부사로 보아 과거 시제를 써야 한다.

055 ① is belonging to ⇨ will belong to

해석 ① 이 빨간 차는 내일 내 것이 될 것이다.
② 1920년대 말 경에 미국 여성들은 투표권을 획득했다.
③ 내일 저 나무를 벨 것이다.
④ 2008년이 되면 모든 국민이 정보고속도로를 이용할 수 있게 될 것이다.

해설 '소유'를 나타내는 belong to 동사는 진행형으로 쓰지 않는다.

POINT 07 시점 부사에 유의하자

056	⑤	057	③	058	②	059	①	060	②
061	②	062	③	063	①	064	①	065	③
066	③	067	④	068	②	069	①	070	③
071	①	072	③	073	①	074	②	075	③
076	②	077	③	078	④	079	③	080	③

056 ⑤ had served

해석 Obama는 올해 미국 대통령이 되기 전에는 일리노이 주 상원의원으로 재직했다.

해설 대통령이 되기 전에 상원의원으로 정치활동을 했으므로 과거형을 써도 무방하다. this year보다 그 이전의 시제를 대과거로도 표현할 수 있기 때문에 ⑤의 had served가 정답이다.

057 ③ we had forgotten to refrigerate

해석 우리는 냉장 보관을 했어야 하는데 잊어버린 달걀에서 악취가 나고 있음을 발견했다.

해설 discovered, was coming의 시제는 과거, 과거진행형이다. 문맥상 '그 이전에 냉장 보관을 했어야'라는 의미를 전달하기 위해서는 과거 이전의 시제를 나타내는 대과거로 표현해야 한다. ④에서는 진행형으로 나타내어 의미적으로 자연스럽지 않다.

058 ② will be starting

해석 기업의 모니터링 위원회는 이번 주가 지나고 보안코드의 침해 행위에 대한 조사를 시작할 것이다.

해설 'in a week'는 '일주일 후'라는 미래를 나타내는 시점 부사구이므로 빈칸에는 ②의 will be starting이 가장 적합하다.

059 ① have finished

해석 김 선생님은 네가 컨벤션 센터에 도달할 즈음에 이미 발표를 끝냈다.

해설 'by the time' 이하가 주어진 문장에서는 '미래 시점'을 나타낸다. 따라서 빈칸에는 will already 다음에 연결될 수 있는 올바른 시제는 미래완료이기 때문에 정답은 ①이다.

060 ② the first immigrants arrived in Canada

해석 첫 번째 이민자가 캐나다에 언제 도착했는지는 정확히 알려진 바 없지만, 첫 번째 이민자의 도착 사건이 벌어진 장소가 캐나다 어디인지는 분명하다.

해설 문맥상 빈칸에는 '이민자가 캐나다에 언제 도착했는지'를 진술하는 과거 시제가 필요하다. when 이하에 주어와 과거동사 arrived가 들어가 있는 것은 ②밖에 없다.

061 ② considerable - had been killed

해석 국무부 장관은 반란군 지도자가 죽었거나 심한 부상을 입었다는 것을 증명할 수 있는 (상당한) 증거가 있지만, 미국은 그 지도자가 (살해당했다는) DNA 같은 결정적인 증거는 갖고 있지 않다고 말했다.

해설 "사려 깊은 증거"보다는 "상당한 증거"라는 의미의 "considerable"이 맞는 표현이므로 답은 ② 아니면 ④가 된다. 그리고 '증거를 갖고 있다'는 단순과거인데 비해 '살해당했다'는 증거를 갖고 있다는 것보다 이전에 일어난 일이므로 과거완료를 통해 대과거를 사용해야 하므로, ②, ④ 중에서 ②가 답이 된다.

062 ③ have thronged — coalesced — has begun

해석 아웅산 수치(Aung San Suu Kyi) 여사는 그녀가 석방된 이후 그녀에게 모여든 군중들에 의해 입증되듯이 버마에서 여전히 존경받는 인물이지만, 한때 그녀 주위에 모였던 야당은 분열되기 시작했다.

해설 since가 있기 때문에 (a)에는 현재완료가 와야 하며, (b)는 한때(once)라는 의미가 있기 때문에 과거 시제가 와야 한다. 그리고 (c)에는 이제 막 분열되기 시작했다는 의미를 주어야 하므로 현재완료 시제가 적당하다. 따라서 정답은 ③이 된다.

063 ① discovering ⇨ discovered

해석 당신은 올바른 질문을 던지는 것으로 최상의 학습 효과를 거둘 수 있음을 확실히 파악했다. 물론 가장 까다로운 질문에는 "정답"이 없지만, 이런 까다로운 질문 또한 이해를 높이기 위한 중요한 단계이다.

해설 기본적인 시제의 형태에 관한 문제다. ① 앞에 나와 있는 have 동사 다음에 현재완료를 나타내기 위해서는 ～ing의 형태를 쓰는 것이 아니라 p.p의 형태를 써야 한다.

064 ② are finding ⇨ found

해석 해양 생물학자들이 California 고래의 정확한 이주 경로를 밝혔을 때, 생물학자들은 과거 생각했던 것보다 다뤄진 거리가 훨씬 긴 것을 발견했다.

해설 이주경로가 밝혀진 것은 과거완료(had determined)이고, 생각보다 길었음을 알게 된 것은 밝혀진 이후에 일어난 일이므로 과거완료보다 미래의 시점이어야 한다. 또한 ④의 시제 또한 과거완료이기 때문에 '생각했던 것'은 이

전에 일어난 일이고 '발견한 것'은 그보다 미래에 벌어진 일이므로 문맥상 ②의 시제는 과거완료보다 앞선 것이 와야 한다. 따라서 ②의 현재진행형은 맞지 않으며 대신 found가 되어야 한다.

065 ③ improved ⇨ have improved

해석 페니실린이 발견된 1928년부터 인류는 감염 극복을 위해 항생제를 사용하여 건강과 수명을 증진시켰다.

해설 문두에 나와 있는 'Since 1928'의 어구로 보아 ③은 과거 시제가 아니라 기본적으로 현재완료 시제가 와야 함을 알 수 있다.

066 ③ have accelerated ⇨ had accelerated

해석 19세기 말까지 유럽의 예술가와 작가, 과학자들이 만들어낸 생산량은 18세기의 다작을 오히려 왜소해 보이게 만들 정도로 가속화되었다.

해설 ①의 output이 이 문장의 주어로 사용되고 있으며, 단수형이기 때문에 뒤에 have accelerated와 수의 일치를 보이고 있지 않다. ②는 '유럽의'란 뜻의 형용사로 올바르게 쓰였으며, ③의 경우 have accelerated라고 하면 현재완료가 되어 동사의 동작이 현재까지 이어지고 있는 것을 의미하므로 '19세기 말까지(By the end of the 1800s)'라고 말한 동사의 시점과 맞지 않게 된다. 따라서 대과거가 되어 had accelerated로 수정되어야 한다. ④의 it은 output을 의미하며, ⑤는 output과 비슷한 의미로 사용된, '다작'의 뜻을 지닌 명사이다.

067 ④ No error.

해석 이 소년들은 8살이 될 때까지 프랑스에서 살았음에도 불구하고 현재 아무도 프랑스어를 할 줄 모른다.

해설 ①은 양보를 나타내는 전치사로 뒤에 the fact를 목적어로 취하고 있다. ②에서의 대과거는 until they were ~ 이하와 따져보았을 때 그 이전의 상황을 기술하고 있으므로 맞게 쓰였다. ③ 또한 '능력'을 나타내는 be able to 다음에 동사원형이 와서 문법적으로 오류가 없다.

068 ③ died ⇨ had died

해석 내가 어제 그 남자를 만났을 때 그 남자는 내게 자신의 아버지가 3주 전에 돌아가셨다고 말했다.

해설 'three weeks before'라는 어구로 보아 'he told me ~'에서 told보다 먼저 일어난 사건임을 알 수 있다. 따라서,

③의 과거 시제를 대과거로 고쳐야 한다.

069 ① begin to ⇨ began to

해석 지질학자들은 산골짜기와 산비탈에 노출된 바위를 연구하기 시작하면서 지구의 수많은 비밀을 밝히게 되었다.

해설 '~하자마자 ~했다'의 구문에서 not until 다음에 주어, 동사가 나올 경우에, 동사의 시제는 과거로 써야 한다. ④에서도 도치가 일어났지만 정확하게 과거임을 나타내는 did가 쓰이고 있다.

070 ③ begin ⇨ began

해석 1973년 스탠퍼드 대학(Stanford University) 소속 과학자들이 시험관에서 DNA 분자를 재배열하기 시작하자마자 비판가들은 이들 DNA 재배열 방법을 원자를 분해하는 물리학자의 능력에 비유하기 시작했다.

해설 '~하자마자 ~했다'의 구문에서 No sooner가 이끄는 문장에서는 'No sooner + had + S + p.p ~ than S + 과거동사 ~.'의 형식을 지켜야 한다. 그러므로 ③의 현재 시제를 과거 시제로 바꿔야 한다.

071 ① awards ⇨ awarded

해석 오벌린 대학(Oberlin College)은 일찍이 1837년부터 남녀 모두에게 학위를 수여했지만, 미국 대학에서 남녀공학은 19세기 후반부가 되어서야 확산되었다.

해설 'as early as 1837'의 어구로 보아 주어진 문장은 명백한 과거사건을 기술하고 있다는 것을 알 수 있다. 따라서 ①의 현재 시제로 나타낸 awards를 awarded로 수정한다.

072 ③ have given up ⇨ had given up

해석 자신들의 도시가 함락되던 그날 밤, 그리스 병사들이 포위를 포기하고 이미 떠났다고 잘못 믿었던 트로이 사람들은 흥에 겨워 잔치를 벌였다.

해설 특정 날을 지칭할 때는 ①과 같이 전치사 on을 사용한다. ②의 경우 원인/이유의 의미를 지닌 분사구문이 사용되었으며 believing의 주체가 Trojans이기 때문에 주어는 생략되었다. ③은 현재완료 시제가 사용되었는데 주어진 지문의 이야기가 진행되는 시점이 과거이고, 포기(give up)한 시점은 그 이전이 되어야 하기 때문에 had given up으로 수정되어야 한다.

073 ① is ⇨ was

해석 이러한 힘은 그녀가 1941년 그랜드래피즈(Grand Rapids)로 복귀하여 현지 가구 판매업자인 William Warren과 결혼했을 때 유용했다.

해설 'when she moved'의 시제가 과거이므로 주어진 문장은 과거로 나타내야 한다. 'in 1941'에서도 명백한 과거라는 것을 알 수 있다. ④의 named는 앞의 명사를 후치 수식하고 있는 과거분사로 맞게 쓰였다.

074 ② makes ⇨ made

해석 이 강화 과정이 45억년 전 태양계의 구성을 결정했으며 결국에는 "빅뱅" 이론에 따라 지구 생명체의 화학적 성질을 가능케 했다.

해설 이 문장에서 쓰인 'was', '4.5 billion years ago'의 표현으로 보아 뒤에 이어지는 문장의 내용 또한 과거라는 것을 알 수 있다. 따라서 ②의 makes를 made로 고친다.

075 ③ had been ⇨ was

해석 1922년 미국에 20년간 산 한 일본인은 대법원에 대부분의 일본인은 백인의 '근원'으로부터 유래했다고 밝혔다. 대법원 이를 부정했다. 그 다음 해, 카스트 신분이 높은 한 힌두교도는 자신도 백인이라고 주장했다. 판사 측은 그의 말에 설득력이 없음을 파악했다.

해설 ③의 과거완료는 '과거보다 더 과거에 있던 일'을 나타내고자 할 때 쓰이므로, ③이 들어간 문장은 '카스트 신분이 높은 한 힌두교도는 자신도 예전에는 백인이었다고 주장했다'라고 해석돼야 한다. 그러나 문맥상 '주장한 당시보다 더 이전에 백인이었다고 주장하다'가 아니라 '주장한 당시에 백인이라고 주장하다'가 옳기 때문에 ③의 had been은 was가 되어야 한다.

076 ② has been happening ⇨ happened

해석 많은 사람들이 종종 일생일대의 기회를 놓치고 이것으로 인해 힘들어할 수 있다. 이런 일은 나에게도 일어났던 일인데, 내가 작년에 런던을 방문했을 때의 일이다. 나는 그때 Altman 박사와 함께 일할 수도 있었지만 나는 그냥 그 기회를 지나쳐 보냈다. 만약 내가 (그때) 그와 함께 일했었더라면, 나는 지금쯤 연구소의 책임자가 되어 있을 것이다.

해설 ②번 문장에서 보면 시제가 "last year(작년)"으로 되어 있는데, 주절의 시제가 "has been happening(과거에 일어나기 시작해 지금도 일어나고 있다)"라는 현재완료 진행의 시제를 사용하고 있으므로 오답이 되며, 정답이 되려면 이를 'happened(일어났다)'로 변경해야 한다.

077 ③ is falling ⇨ is going to fall

해석 ① 사촌인 명옥이가 오늘 도착한다.
② 나는 신라호텔에서 머무르고 있다.
③ 그 나무는 내일 쓰러질 예정이다.
④ 나는 다음주에 퍼레이드에서 행진할 예정이다.

해설 4개의 선지 모두 진행형인 'be + ~ing' 형태를 취하고 있으며, ②의 현재진행을 제외한 나머지는 모두 '미래의 예정'을 내포하고 있다. 하지만 ③의 경우 나무가 내일 쓰러질 예정이라고 하면 어색하다. 나무가 주체가 되어 쓰러지는 동작을 할 수 없기 때문이다. 이런 경우에는 지금 상황으로 보기에 앞으로 어떤 일이 있을 것 같다는 의미의 'be going to'를 써야 한다.

078 ④ have been living
⇨ will have lived(will have been living)

해석 ① 그녀는 마음속에서 시인(의 기질)이 꿈틀거리는 것을 느꼈다.
② 그 법은 우리의 기본권을 빼앗을 것이다.
③ 내 컴퓨터가 망가져서, 그녀는 내가 자신의 컴퓨터를 사용하게 해주었다.
④ 돌아오는 3월이 되면 나는 이곳에서 산 지 5개월이 된다.

해설 ④는 미래완료에 관한 내용을 나타내고 있다. 미래의 특정 시점에 도달할 때쯤이면(by ~, by the time ~) 이미 어떤 동작이나 상황이 완료되어 있을 것이라는 뜻을 담고 있는 미래완료 시제를 사용하고 있다. 즉 다가오는 3월이 되면 나는 이곳에서 생활한 지 5개월이 지난 상태로 완료되어 있을 예정이라는 뜻으로, 주절이 'I will have lived(혹은 will have been living) here for five months'로 수정되어야 한다.

079 ③ has left ⇨ had left

해석 ① 우리는 방금 새 차를 사서 휴가 갈 돈이 없다.
② 이 시골 장터는 60년이 넘게 계속 있어 왔다.
③ 그녀는 강도 사건이 벌어졌을 때는 가게를 나온 뒤였다고 말했다.
④ 지난주 내가 마트에서 쇼핑하던 중에, 난 재밌는 경험을 했다.

⑤ 최근에 더 많은 여성들이 창업을 하고 있다.

해설　③은 강도 사건이 일어난 시간보다 가게를 나선 시간이 먼저임을 말하는 문장인데, 이렇게 '과거보다 더 과거'를 표현하기 위해서는 현재완료인 "has left"가 아니라 과거완료인 "had left"를 사용해야 한다. 따라서 답은 ③이다. 그 외에 문장에서 주목할 만한 용법상의 특징을 들면, ①의 '~할 경제적 여유가 없다'는 의미의 "can't afford to do ~", ②의 '60년이 넘게 계속'이란 의미에서 사용된 현재완료 표현 "has been" 등이 있다.

080　③ live ⇨ have lived

해석　① 나는 한동안 Mary를 못 봤다.
② 과정이 언제 시작되니?
③ 우리는 1997년 이래로 여기 살고 있다.
④ 너는 운전할 때 버스 정거장에서 나를 지나쳤다.
⑤ 최근에 무엇을 했니?

해설　since 1997의 어구로 보아 주절은 현재완료로 나타내야 한다. ①에서 for ages는 '오랫동안'을 나타내므로 주절에는 현재완료를 쓰고 있다. ⑤에서는 현재완료진행형이 쓰여 어느 과거 시점에서 최근까지의 시제를 나타내고 있다.

POINT 08	능동태로 쓸 것인지, 수동태로 쓸 것인지를 결정하자			
081 ①	082 ③	083 ③	084 ⑤	085 ①
086 ③	087 ①	088 ④	089 ②	090 ④
091 ③	092 ③	093 ②	094 ③	095 ⑤
096 ③	097 ②	098 ②	099 ①	100 ②
101 ④	102 ①	103 ①	104 ②	105 ②
106 ③	107 ③	108 ③	109 ③	110 ②

081　① that cause

해석　최근 치의학 계열의 학자들은 칫솔이 폐렴과 패혈성인두염을 유발하는 박테리아로 오염될 수 있다는 사실을 발견했다.

해설　빈칸 뒤에 나와 있는 'pneumonia and strep throat'이

목적어이므로 일단 능동태인 동사가 와야 한다. that절의 동사는 can become이므로 bacteria를 수식하는 주격 관계대명사 that이 있어야 한다.

082　③ to be seen

해석　존경받는 경제학자가 개혁의 길을 고수하기 위해 꼭 필요한 영향력을 보유할지 여부는 지켜봐야 할 것 같다.

해설　it remains to be seen은 '두고 봐야 안다'는 의미를 가진 구문이다. 따라서 답은 ③이다.

083　③ have been left behind

해석　비록 중국이 보건과 교육 문제에 있어서 전반적으로 괄목할 만한 발전을 이루기는 했지만, 많은 연구 자료들은 Tibet이나 Xinjiang 지역의 원주민들은 혜택을 보지 못했음을 시사한다.

해설　'leave sth behind'는 '(유산 등을) 남기다'라는 뜻이며, 'be left behind'는 '뒤로 남겨지다, 뒤처지다'는 뜻이므로, 여기서는 수동태형이 적절하다. 전반적으로 성장했지만, 몇몇 지역 주민들은 혜택을 보지 못했다는 의미가 되기 때문이다. 이런 수동형은 선지에서 ③밖에 없다.

084　⑤ was founded by

해석　우리 대학이 1865년 설립한 도서관은 학교 발전을 위해 재산을 기부한 익명의 후원자였던 사람의 이름을 따서 명칭을 지었다.

해설　타동사 found는 '설립하다, 건립하다'라는 의미로 'found—founded—founded'로 동사변화하며, 주어진 문장에서는 빈칸 뒤에 our college가 나온 것으로 보아 '그 도서관은 우리 대학에 의해 설립되었다'가 자연스럽기 때문에 수동태 형식으로 된 선지를 선택해야 한다.

085　① long considered herself

해석　마리아 칼라스(Maria Callas)는 프리마 돈나(prima donna)라는 용어가 그녀를 위해 만들어진 것은 아닌가라고 생각이 들게하는 여성이다. 그녀는 미국 출생의 그리스계 소프라노였으며, 1942년 정식으로 데뷔했다. 그 이후 그녀는 줄곧 자신을 가수 겸 배우로 여겼다.

해설　long이 동사로 사용되면 '갈망하다'는 뜻으로 쓰이지만, 여기서는 '오랫동안'이라는 부사로 사용되었다. 그리고 consider는 보통 'consider + A + B'의 형태로 사용되어 'A를 B라고 여기다'는 뜻을 지니며, 여기서는

'consider + oneself + B'의 형태를 취해 '스스로를 B라고 여기다'는 뜻이 되어야 자연스럽다. 따라서 정답은 ①이 된다. 참고로 since가 나오면 보통 시제가 현재완료형 (have + p.p)이 되지만, 이 경우는 마리아 칼라스가 생존해 있는 인물이 아니므로 과거형을 사용했다.

086 ③ were proven

해석 물품 가운데 두 개는 결함이 있는 것으로 파악되었지만 나머지는 전부 완벽하다는 것이 입증되었다.

해설 'prove + 목적어 + to be 형용사'의 수동태 형식은 'be proved to be 형용사'가 되어야 하기 때문에 정답은 ③이다.

087 ① Jamestown was not settled until 1607

해석 비록 스페인인들이 1521년경에 Aztec제국을 파괴하고 멕시코를 손에 넣었지만, Jamestown에는 1607년까지 정착이 이루어지지 않았다.

해설 기준점인 1607년보다 더 먼저인 1521년의 사건은 대과거를 나타내기 위해 과거완료를 통해 표현하고 있으며, 따라서 1607년의 사건을 나타내는 후반부 문장은 과거 표현을 사용해야 한다. 그리고 '사람 + settle'은 '사람이 정착하다'는 뜻을 가지므로 '지역'이 주어가 되면 '지역 + be settled'라는 수동형 표현이 와야 한다. 이 같은 점을 감안해 보면 답으로 가장 적합한 것은 ①이다.

088 ④ must have been deposited

해석 습지에 빠진 현금과 함께 돈을 묶는 줄이 썩어버렸음이 발견되었고, 이는 줄이 부서지기 전에 현금을 습지에 둔 것이 틀림없음을 나타낸다.

해설 본동사의 시제가 'were found'이고 문맥상 '그 이전에 ~했음에 틀림없다'라는 내용이 이어져야 자연스럽다. 따라서 정답은 'must have p.p'가 쓰인 ④이다.

089 ② be married to

해석 하지만 우리 지역 사회 내에서 왜 동시에 둘 이상의 배우자와 결혼하는 것이 가능하지 않은지 의문을 제기할 사람은 거의 없다.

해설 '~와 결혼하다'의 뜻을 가진 타동사 'marry'는 능동형으로 'marry + sb' 또는 수동형으로 'be[get] married to + sb'의 형태를 지닌다. 본문 중에서 이 같은 용법에 맞는 것은 ②이다. 보통 '~와 결혼하다'는 의미에서 'with' 같은 전치

사와 함께 쓰이는 것으로 착각하기 쉽지만, 'with'는 사용해서는 안 되기 때문에 ③, ④ 모두 답이 될 수 없다. 'marry'는 타동사이기 때문에 능동형으로 사용될 때는 ① 처럼 전치사가 붙을 수 없고, 따라서 ①도 답이 될 수 없다.

090 ④ was distributed – could be imposed

해석 과거에는 만일 기득권층이 전체 인구 가운데 일부를 대상으로 상당한 경제적 손실을 가하는 조치가 일반 대중의 이익에 부합한다는 결론을 내릴 경우, 이러한 조치가 가능하도록 정치적인 힘과 경제적인 힘이 분배되었다.

해설 주어인 'political and economic power'의 본동사가 와야 하고 타동사 distribute 다음에 목적어가 없다. 따라서 distribute는 수동태가 되어야 한다. In the past라는 부사구가 왔기 때문에 ⑤의 현재완료수동형은 올 수 없다. 두 번째 빈칸에 와야 할 impose는 'impose A on B: B에게 A(벌금, 규칙, 세금 따위)를 부과하다'의 형식으로 쓰인다. impose 다음에 바로 목적어를 취하지 않고 그 다음에 on이 쓰인 것으로 보아 수동태가 와야 한다는 것을 알 수 있다.

091 ③ is caused ⇨ causes

해석 Columbia는 태평양의 수온을 떨어트리는 라니냐 현상으로 수십 년간 가장 큰 폭우를 겪었다.

해설 태평양의 해수 온도를 떨어트리는 것이 which의 선행사인 라니냐 현상이므로 is caused처럼 수동태가 아닌 능동태 causes로 수정되어야 한다.
①의 suffer는 크게 suffer 혹은 suffer from으로 쓰인다. 전자인 suffer는 좋지 않은 것을 '경험하다'는 뜻이고 후자인 suffer from은 좋지 않은 것으로부터 '고통을 받다'는 의미를 지닌다. 따라서 ①은 올바른 표현이다.
②의 due to는 '~때문에'라는 전치사구로 뒤에 명사가 나온다.
④의 to drop은 'cause + 목적어 + to부정사'에서 to부정사에 해당하는 내용이므로 올바르다.

092 ② are holding ⇨ are held

해석 일반적으로 이 지역의 날씨 때문에 다른 달에 비해 가을에 무역 박람회가 더 많이 개최된다.

해설 'hold trade fairs'가 '박람회를 개최하다'라는 형식이다. '박람회는 개최되다'는 수동태로 나타내야 하기 때문에 능동형으로 표현한 ②를 are held로 수정한다.

093 ③ are held ⇨ are holding

해석 토끼의 해를 맞이하여 한국 문화 속의 토끼 신화를 방문객들에게 소개하고자 세 곳의 주요 박물관에서 전시회를 연다.

해설 '박물관에서 전시회를 열다'는 문장은 동사 hold를 사용해 표현하면 'A museum holds an exhibition'이다. 따라서 ③의 are held는 수동형이 아니라 능동형인 hold가 돼야 한다.
②의 경우는 three major가 아니라 major three 즉 수사 앞에 major가 오는 것이 맞다.
④의 경우는 '~하기 위해, ~하고자'란 의미에서 목적을 나타내는 부정사의 부사적 용법이다.

094 ③ can see ⇨ can be seen

해석 그 광고는 당신이 바라보는 방식에 따라 두 개의 전혀 다른 그림이 등장하는 방식으로 인쇄된다.

해설 that절의 주어인 'two very different pictures'는 'can see' 동사의 주체가 될 수 없고 원래 목적어로 쓰였기 때문에 ③을 능동형이 아닌 수동형 'can be seen'으로 써야 문법적으로 맞다.

095 ⑤ succeed ⇨ succeeded

해석 모든 폭력적인 독재정치에는 타락이 뒤따른다. 그 이유는 폭력은 필연적으로 도덕적으로 열등한 자들을 끌어당기기 때문이다. 시간을 통해 증명된 것은 걸출한 폭군의 뒤를 잇는 것은 언제나 건달들이었다.

해설 'A의 뒤를 B가 잇다'라는 표현은 'B succeed A'나 'A is succeeded by B'로 표현된다. 따라서 답은 ⑤가 되며, "succeed"는 "succeeded"로 바뀌어야 올바른 표현이 된다.

096 ③ been preserved ⇨ preserved

해석 1500년대 후반에 재발견 된 폼페이(Pompeii) 유적은 만일 발견되지 않았더라면 역사 속으로 사라졌을 로마 제국 시기 시민들의 일상을 엿볼 수 있게 보존하고 있다.

해설 'a glimpse'가 타동사 preserve의 목적어 역할을 하고 있다. 따라서, ③의 수동태 형식을 능동태로 써야 한다.

097 ② has heralded ⇨ has been heralded

해석 신약이 콜레스테롤 수치를 낮추는 돌파구가 될 것으로 선전되었으나, 복용 시 발생할 수 있는 항구적 부작용이 있을지는 지켜보아야 한다.

해설 ②의 경우 herald A as B의 용법에서(A를 B로 알리다) herald와 as가 서로 붙어있는 것으로 보아 the new drug 목적어가 주어가 되었으므로 "has been heralded"와 같이 수동태로 고쳐야 한다. 따라서 정답은 ②가 된다.

098 ② are shown ⇨ are showing 또는 show

해석 Bueno de Mesquita 교수는 중국을 포함하여 전 세계의 권위주의적인 정부들은 그들이 권력을 완화하려는 압박에 저항하면서 경제 발전의 혜택을 거둬들이고 있다는 것을 보여준다고 덧붙여 말한다.

해설 ② 뒤에 나와 있는 that 이하는 목적어 역할을 하는 명사절이다. 그러므로 이 목적어를 받을 수 있는 능동형의 타동사가 ②에 와야 하므로 수동형으로 되어 있는 are shown을 are showing 또는 show로 수정해야 한다.

099 ① ensued ⇨ ensuing

해석 뒤따라 이어진 남북전쟁 기간 동안, Abraham Lincoln은 유창하게 미국 건국의 이념을 미국인들에게 상기시켰다. "우리 건국의 아버지들은 자유 속에서 잉태되어 모든 인간은 동등하게 창조되었다는 명제(命題)에 봉헌된 새로운 나라를 이 대륙에 탄생시켰습니다."

해설 '뒤따라 이어진'을 올바로 표현한 것은 'ensued'가 아니라 'ensuing'이기 때문에 답은 ①이다.

100 ② for ⇨ in

해석 Woolf는 그녀의 소설에서, 개인들이 자신들이 처한 사회적 환경에 의해 어떻게 형성되어지는가에 관한 의문에 깊이 몰두했다.

해설 '~에 몰두하다'는 표현은 'be engaged for'가 아닌 'be engaged in'으로 표현하므로, 정답은 ②가 된다.

101 ④ had expected ⇨ had been expected

해석 나는 공항에 갔는데 내 남자 형제가 탄 비행기가 연착되어 한 시간 늦게 도착할 예정임을 알게 되었다.

해설 and 다음의 구조는 the plane that had expected ~로 이어지는 것으로 파악해야 한다. 따라서 주어는 the plane이므로 능동태가 아니라 의미적으로 수동태가 되어야 한다.

102 ① has identified ⇨ has been identified

해석 가족의 해체는 산업사회의 주요 특징 중 하나로 인식되었으며 이상적인 산업화 이전 과거의 상실과도 연관이 지어졌다.

해설 'A를 B로 인식하다[확인하다]'의 뜻을 가진 표현으로 'identify A as B'가 있는데, 본문에서는 의미상 '~로 인식하다'가 아니라 '~로 인식되다'는 수동형 표현이 와야 한다. 따라서 답은 ①이며, "has identified"는 "has been identified"로 바뀌어야 한다.

103 ① has estimated ⇨ has been estimated

해석 Jack의 재산액은 약 6억 달러에서 10억 달러 사이로 추산되며, 보유 재산은 뉴욕 시의 크라이슬러 빌딩에서 미식축구 팀인 워싱턴 레드스킨스에 이를 정도로 다양하다.

해설 주어는 Jack's wealth이고 estimate는 '추정하다, 추산하다'라는 타동사이므로 의미적으로 수동태가 와야 한다.

104 ② worn ⇨ wearing

해석 이 유람선은 일주일에 한 번 항구에 정박하며 이후 항구의 거리는 동성애자 여행객들로 가득해진다. 여행객 대부분은 노인으로, 반바지를 입고 있으며 열기와 혼란으로 인해 정신없어 보인다.

해설 ②와 ③은 and로 연결되어 있고 분사구문에 해당한다. shorts가 목적어이므로 능동태의 wearing이 와야 한다.

105 ③ considered ⇨ considering

해석 그 가족은 어떤 종류의 가구를 구입할지를 고려하면서 장식의 기본 원칙 또한 고려하고 있을 수도 있다. 계획수립 과정에서 이러한 점들을 잘 명심해 두면 실수를 예방하는 데 도움이 된다.

해설 the fundamentals of decorating이 명사구로 consider의 목적어 역할을 해야 한다. 따라서 ③의 considered는 may be 뒤에 연결할 수 있는 능동태인 considering이 되어야 한다.

106 ③ gave ⇨ were given

해석 또 다른 연구에 따르면 혼자 사는 노인이나 요양원에 사는 노인 모두에게 돌봐줄 애완동물을 제공할 경우 삶에 대한 관심이 높아졌다.

해설 의미적으로 they는 senior citizens이고 pets가 목적어 역할을 한다. 하지만 pets을 '~을 주다'의 간접 목적어로 파악하지 말고 의미적으로 pets을 받는 것이므로 be given의 형태가 되어야 한다. 시제가 과거이므로 were given이 맞는 표현이다.

107 ② be forcing to ⇨ be forced to

해석 우리가 그 문제에 대해 만족스러운 해결책을 얻지 못한다면 우리는 당신 회사에 대해 조치를 취하라는 압력을 받게 될 것이다.

해설 force는 'force + 목적어 + to부정사'의 5형식으로 쓰인다. 수동태는 'be forced to v'의 형태가 되므로 정답은 ②이다.

108 ④ with ⇨ as

해석 이들은 만일 미적 기능을 갖추고 있다고 사회적으로 인정된 산물이나 제품의 유형에 속해 있을 경우 예술로 분류될 수 있다.

해설 동사 recognize가 취할 수 있는 형태 중의 하나는 'recognize A as B'이며 수동태는 be recognized as의 형태다. 따라서 ④의 전치사 with는 as로 써야 한다.

109 ③ exposing ⇨ exposed

해석 ① 이 문제는 대체로 경제적인 문제로 여겨진다.
② Justin은 심지어 Elizabeth를 거짓말쟁이라고 부르기까지 했다.
③ 우리는 갑작스럽게 비를 맞았다.
④ 여행 준비를 출발 훨씬 전에 하는 것은 신중한 행위이다.

해설 expose는 타동사로 '~을 노출시키다'라는 의미다. expose A to B라는 능동태는 be exposed to라는 형식으로 써야 한다. 'find + O + O.C'에서 목적어와 목적격 보어 사이의 의미적 관계가 수동일 경우에는 'find + O + p.p'를 써야 한다. 그러므로 exposing이 아니라 exposed로 고쳐야 한다.

110 ② to be stolen ⇨ who stole

해석 ① 이런 생각이 일반적인 경향이라는 것은 이상한 일이다.
② 당신 아들은 갖고 싶은 것을 얻기 위해 도둑질을 하는 다른 아이들과 어울리게 될 것이다.
③ 다가오는 선거에서는 광고에 대해 제한 규정이 적용될 것이다.

④ 그렇기 때문에, 우리나라에서는 실제로 학생들이 영어
를 그다지 많이 사용하지 않는다.

해설 steal의 목적어는 '~을 훔치다'라는 의미가 되기 때문에
other boys to be stolen이 의미적으로 어색하다. 따라
서 'other boys who stole ~'가 자연스럽다.

POINT 09	목적어로 부정사를 쓸 것인지, 동명사를 쓸 것인지 결정하자

111	②	112	①	113	②	114	④	115	④
116	①	117	④	118	②	119	④	120	①
121	④	122	③	123	③	124	④	125	④
126	④	127	①	128	②	129	②	130	④
131	④	132	①	133	①	134	②	135	③
136	③	137	①	138	①						

111 ② having

해석 학생들은 의미 없는 숙제로 매일 밤 한두 시간을 채우는 것을 싫어한다.

해설 동사 dislike는 목적어로 동명사와 결합한다. 다시 말해 'dislike ~ing'이지 'dislike to부정사'가 아니라는 의미이다. 따라서 빈칸에 들어갈 것은 ②뿐이다.

112 ① being disturbed – take

해석 방해 받지 않기 위해 나는 전화는 전부 비서가 받게 했다.

해설 avoid 다음에는 동명사가 목적어로 와야 한다. disturb의 목적어가 없고 의미적으로도 수동태가 되어야 하므로 being disturbed가 와야 한다. 두 번째 빈칸에는 had가 사역동사이고 all my calls를 목적어로 받을 수 있는 능동 형태로 목적격 보어에 동사원형이 와야 한다.

113 ② introducing

해석 우리는 오로지 젊은이들만을 위해 디자인된 새로운 의류 라인의 도입을 고려 중이다.

해설 consider 동사는 동명사를 목적어로 취하는 동사다. 빈칸 뒤에 a new line of clothing ~이하를 동명사인 introduce가 능동형으로 받아야 하므로 introducing이 정답이다.

114 ④ your letting

해석 거기서 무슨 일이 있었는지 되도록 빨리 저에게 알려주

시면 고맙겠습니다.

해설 동사 appreciate는 동명사를 목적어로 취하며 동명사의 의미상 주어는 인칭대명사일 경우 소유격으로 받아야 하므로 your letting이 정답이다.

115 ④ is to find

해석 가장 도전적인 일은 세계 경제의 극히 불균형적인 팽창의 결과에 대처하기 위한 효과적인 정책을 찾는 것이다.

해설 본문의 'What'은 '~하는 일'을 의미하며, 명사절을 이끈다. 그리고 본문의 "What is most challenging"은 명사절로서 문장 내에서 주어의 역할을 한다. 따라서 주어가 주어진 이상 동사가 그 뒤를 이어야 하는데, 보기 중에서 동사가 주어진 것은 ③과 ④이다. 그리고 'find'를 수동태화하여 '발견되다'는 의미로 사용할 경우 전치사 'in'이 들어가야 하지만 ③에는 발견되지 않는다. 따라서 '발견되다'가 아닌 '발견하는 것'이란 의미에서 가장 적합한 것은 ④이다.

116 ① how best to balance

해석 여성들은 지난 한 세대의 기간 동안 일과 가정의 균형을 어떻게 가장 잘 맞출 수 있을 것인지 토의해 왔지만, 어쨌든 새로운 시기가 될 때마다 새로운 싸움이 시작된다.

해설 for a generation이 전치사구이고 have been debating의 목적어가 될 수 있는 구조가 빈칸에 나와야 한다. '의문사＋to부정사'가 명사구로 목적어 역할을 한다. best는 부사로 to부정사 앞에서 수식할 수 있어야 하므로 정답은 ①이다.

117 ④ to bequeath — identifying

해석 나는 의대생의 무모한 손길에 내 시신을 넘기기가 곤란하다는 사실을 깨달았다. 내가 왠지 모르게 내 시신과 나 자신을 동일시하지 않을 수가 없다는 점을 제외하면, 왜 그런지는 모르겠다.

해설 빈칸은 가목적어 it을 받는 진목적어로 to부정사구가 와야 하며, 뒤에 my body가 목적어이므로 능동태로 써야 한다. to bequeath가 맞는 표현이다. cannot help 다음에는 동명사가 와야 하므로 두 번째는 identifying의

형태가 맞는 표현이다.

118 ② to write — to bestow

해석 Winston Churchill은 역사가 자신을 호의적으로 평가할 것이라고 말했다. 왜냐하면 자신이 직접 역사를 쓸 마음이었기 때문이다. 전쟁에 대해 그가 저술한 저서는 본인 위주였지만 격조 높은 저서로, 이 작품에 대해 노벨위원회는 양심상 그에게 노벨평화상을 수여할 수는 없었으나, 대신 그에게 놀랍게도 노벨문학상을 수여했다.

해설 ⓐ는 바로 앞 동사인 intended와 연결되기 때문에, to부정사가 와야 하며, ⓑ의 빈칸은 unable과 연결되기 때문에 이 역시 to부정사가 와야 한다. 따라서 정답은 ②가 된다.

119 ④ to close

해석 나갈 때 창문 잠그는 것을 잊지 말아줘.

해설 remember 동사 다음에 지나간 일을 기술할 경우에는 동명사를 쓰고, 앞으로의 일을 기술할 경우에는 부정사를 쓴다. 주어진 문장은 '~할 것을 기억해라'가 자연스럽기 때문에 정답으로 부정사가 와야 한다.

120 ① to lock

해석 나는 오늘 아침 아파트를 떠날 때 문을 닫는 것을 잊었다.

해설 동사 forget 다음에 지나간 일을 기술할 경우에는 동명사를 쓰고, 앞으로의 일을 기술할 경우에는 부정사를 쓴다. 주어진 문장은 '~할 것을 잊었다'가 자연스럽기 때문에 정답으로 부정사가 와야 한다.

121 ④ seeing him guiding

해석 그 여성은 그 남성이 작년 버킹엄 궁전 주변에서 관광객들을 안내하던 모습을 봤던 기억이 있다.

해설 일단 먼저 보기 항에 지각동사 see의 5형식으로 알맞은 것은 ①과 ④이다. 그 다음에 빈칸에는 remembers의 목적어로 동명사와 부정사를 선택하면 된다. 주어진 문장에서는 last year라는 과거를 나타내는 부사구가 있으므로 '~했던 것을 기억하고 있다'가 자연스럽기 때문에 동명사가 쓰인 ④가 정답이다.

122 ③ bored — swimming

해석 A: 취미가 필요해. 요즘 지루해.
B: 수영 해볼래? 정말 재밌어.

A: 나 수영 못 해.
B: 어… 그래? 피아노 칠 줄은 아니?
A: 아니 몰라. 연주할 줄 아는 악기가 하나도 없어.
B: 아니, 그럼 뭐 줄 아는 거라도 있니?

해설 첫 번째 빈칸에는 사람을 주어로 하는 과거분사 bored가 와야 한다. 두 번째 빈칸에는 try 다음에 동명사, 부정사를 선택하면 된다. try to v는 '노력하다'라는 의미이고, try ~ing는 '~을 시도하다'라는 의미다. 주어진 문장에서는 '~해 보는 것이 어때?'가 자연스럽기 때문에 정답은 ③이다.

123 ③ wondering — getting — talking

해석 미국에 사는 한 한국 여성이, 어느 날 아침 직장에 출근했을 때, 그녀의 사장님이 "접시를 받았나요?"라고 물었다. 그녀는 그의 질문에 의아해하며 "아니요….".라고 대답했다. 그녀는 사무실에서 근무를 하며 왜 사장님이 그녀에게 접시에 대한 질문을 했는지 궁금해했다. 하루 종일 사장님의 이상한 질문에 대해 궁금해했지만, 그녀는 너무 부끄러워 사장님께 물어보지 않았다. 오후 5시가 되어서 그녀가 퇴근 준비를 하고 있는 동안 그녀의 사장님이 "내일은 제시간에 오도록 하세요. 오늘 아침에 15분이나 지각하셨어요."라고 말했다. 그녀는 "죄송합니다."라고 대답했다. 그리고 "제 차가 아침에 시동이 걸리지 않아서요…."라고 대답하다 갑자기 말하는 것을 멈추고 미소를 짓기 시작했다. 그녀는 그제야 사장님이 "접시를 받았나요?(Did you get a plate?)"라고 물어 본 것이 아니라 "늦게 일어났나요?(Did you get up late?)"라고 물어보았다는 것을 알았다.

해설 Ⓐ는 사장님의 질문에 답변을 하면서 동시에 궁금해했다는 뜻으로 동시동작을 나타내는 분사구문이다. 따라서 ~ing 형태가 와야 한다.
Ⓑ는 과거진행형이 와야 '집에 가려고 준비하고 있었다'는 뜻이 된다.
Ⓒ의 경우 'stop + ~ing'라고 하면 '하고 있던 동작을 멈추다'는 뜻이고, 'stop + to부정사'라고 하면 '~하기 위해 멈추다'는 뜻이 되기 때문에 전자의 'stop + ~ing'가 와야 문맥에 맞는다.
따라서 답은 ③이 된다.

124 ④ to learn ⇨ learning

해석 우리는 어쩌면 더 이상 젊지는 않지만, 여전히 새로운 기술을 습득하는 일에 즐거움을 느낄 수 있다.

해설 동사 enjoy는 부정사가 아니라 동명사를 목적어로 취하기 때문에 정답은 ④이다.

125 ④ to call ⇨ calling

해석 James는 아침에 샤워를 마쳤을 때 얼굴이 너무 창백해 보여서 병가를 내야 할지 여부를 고려했다고 말했다.

해설 동사 contemplate는 동명사를 목적어로 취하기 때문에 ④의 to call을 calling으로 써야 한다.

126 ④ mind to be considered ⇨ mind being considered

해석 한 쌍의 스키 대신에 하나의 보드를 타고 아래로 미끄러지며 활강하는 것을 즐기는 스노보더들은 슬로프 사용권한을 얻기 위해 투쟁했지만, 제정신이 아닌 존재들로 취급받는 일에는 신경 쓰지 않았다.

해설 동사 mind 다음에 목적어가 올 경우에는 동명사를 써야한다. 따라서 ④의 mind 다음에 to be를 being으로 고쳐야 한다.

127 ① find ⇨ to find

해석 이번 절에서는 사전에서 단어를 찾는 법에 대해 설명하고, 단어의 발음이 어떻게 되는지를 듣고, 발음을 연습해 보고, 단어 검색을 위해 와일드카드를 사용하도록 하겠습니다.

해설 how 다음에 동사원형의 형태인 find가 올 수는 없다. 본동사 explains의 목적어 역할을 할 수 있는 명사구로 '의문사 + to 부정사'가 되어야 하므로 ①을 to find로 고쳐야 한다.

128 ② make ⇨ to make

해석 '바보 같은 행동을 하다(monkey around)'와 '바보 같은 행동(monkey business)'은 1800년대 초에 등장한 표현이며 '누군가를 바보로 만들다(make a monkey out of someone)'는 1899년에 등장한 표현으로, 모두 서커스와 동물원에서 원숭이를 점차 많이 볼 수 있게 된 것에 기인한 표현이다.

해설 절과 절이 and로 연결된 문장이며 접속사 and 뒤 동사 is 앞에는 명사 상당어구가 와야 한다. 따라서 동사 make를 'to make ~'의 부정사구로 바꿔서 명사구로 만들어야 올바른 문장이 된다.

129 ② capable of provide ⇨ capable of providing

해석 식물 생명공학의 출현은 제2의 녹색혁명을 이끄는 엔진으로 칭송받고 있다. 식물 생명공학은 농부에게 더 강인하고, 수확량도 더 많으며, 질병에 대한 저항성도 강하며, 영양도 더 풍부한 농작물을 제공해줄 수 있으며, 이런 농작물은 급격히 불어나는 세계 인구를 유지하기 위해 필요하다.

해설 ②는 앞에 '관계대명사 + be동사'가 생략된 형태로 '(which is) capable of providing'의 형태가 되어야 한다. 'be capable of' 다음에는 of가 전치사이므로 동사 원형이 아닌 동명사(~ing) 형태가 와야 하기 때문이다.
①의 경우 원래 'hail A as B'라는 구문이 수동태로 되면서 'A is hailed as B'로 변형된 형태이다.
③의 nutritious의 비교급인 'more nutritious'가 뒤의 crops를 꾸며주고 있다.
④ 바로 앞에는 ②에서와 마찬가지로 '관계대명사 + be 동사'가 생략되어 있는 형태로, '(which are) needed to sustain'이 바로 앞의 선행사인 crops를 꾸며주고 있다.

130 ④ make ⇨ making

해석 하지만 이러한 사실들도, 혹시 나를 그런 혐의자(거리를 걷는 보행자들이 눈을 마주치는 것조차 피하는 두려운 존재)로 보는 것은 아닌가 하는 생각에서 느껴지는 소외감을 막아줄 위안은 결코 되지 못한다.

해설 ④의 경우 avoid 뒤에는 동명사가 와야 하기 때문에 make를 making으로 수정해야 한다.
①의 경우 문장 전체가 아닌 바로 뒤의 solace라는 명사를 부정하기 때문에 not이 아닌 no가 올바르다.
②는 전치사 of로 인해 'being ever the suspect'라는 동명사가 오고 있는 문장으로 올바르다.
③의 경우 'make eye contact with somebody'에서 나오는 'with somebody'를 '전치사와 관계대명사(with whom)'로 전환한 것이어서 문제가 없다.

131 ④ to harvest ⇨ harvesting

해석 유사시대가 동트기 훨씬 전부터, 전 세계 사람들은 겨울이 오기 전에 농작물 수확을 기념하는 의식을 가졌다.

해설 celebrate는 to부정사가 아닌 동명사를 목적어로 취하는 동사이기 때문에 'to harvest'를 'harvesting'으로 수정해야 한다.

③에 나온 'recorded history'란 과거 긴 역사의 기간 동안 기록으로 남기 시작한 역사의 시기를 말하며, 이를 '유사시대'라고 한다.

132 ① wearing ⇨ to wear

해석 신발 신는 일을 잊고 학교에 가는 것은 부끄러운 일이며, 내 반 친구들이 이 사실을 잊었으면 좋겠다.

해설 동사 forget 다음에 지나간 일을 기술할 경우에는 동명사를 쓰고, 앞으로의 일을 기술할 경우에는 부정사를 쓴다. 주어진 문장은 '~할 것을 잊었다'가 자연스럽기 때문에 정답으로 부정사가 와야 한다.

133 ① to ⇨ 삭제

해석 우리 스스로가 분수처럼 물을 내뿜는 것은 그만두고, 우아한 분수와 정교한 분수 그리고 아름다운 분수가 우리 대신에 물을 내뿜도록 하는 편이 더 낫지 않겠는가?

해설 stop 동사는 stop ~ing 또는 stop to v의 형태를 취한다. 따라서 ① 뒤에 spouting에서 ~ing 형태가 있기 때문에 to부정사를 나타내는 to를 삭제해야 한다.

134 ② to smoke ⇨ smoking

해석 많은 사람들은 흡연이 폐암의 주요 원인임을 알고 나서는 담배를 끊는다.

해설 stop 동사는 stop ~ing 또는 stop to v의 형태를 취한다. 주어진 문장은 '금연하다'라는 의미가 와야 자연스럽기 때문에 ②의 to smoke를 smoking으로 고쳐야 한다.

135 ③

해석 ① 그 남성은 내 질문에 대한 답변을 회피하려 했다.
② 나는 지금 나가야 해. 늦지 않기로 약속했어.
③ 난 피곤해. 오늘 밤에는 나가지 않는 편이 좋겠어.
④ 곧 볼 수 있게 되기를 고대해.

해설 would rather '~하는 것이 낫다'라는 표현의 부정형은 'would rather not + 동사원형'이므로 문법적으로 옳다.
① to answer ⇨ answering: 동사 avoid 다음에는 목적어로 동명사가 와야 한다.
② to not be ⇨ not to be: to부정사의 부정형에서 not은 to 앞에 와야 한다.
④ to see ⇨ to seeing: look forward to ~ing가 올바른 형태다.

136 ③ to have seen ⇨ seeing

해석 ① 나는 이 문제에 있어 당신이 내 의견을 물은 것에 감사드립니다.
② 난 왜 John이 그런 멍청한 짓을 했는지 궁금하지 않을 수가 없다.
③ 나는 이 영화를 전에 본 기억이 없다.
④ 어제 시내에 있었을 때 경찰이 도둑을 쫓는 것을 봤다.
⑤ 나는 비용 지불에 도움이 되게끔 파트타임 일자리를 구할까 생각 중이다.

해설 remember 동사 다음에 지나간 일을 기술할 경우에는 동명사를 쓰고, 앞으로의 일을 기술할 경우에는 부정사를 쓴다. before라는 부사가 쓰였으므로 동명사를 써야지, 완료부정사를 쓰면 안 된다.

137 ① expects visiting ⇨ expects to visit

해석 ① Tom은 다음 주 자신의 장모를 찾아뵐 예정이다.
② 나는 그가 자신의 아버지 지갑에서 돈을 훔치는 것을 싫어한다.
③ John은 냉장고에서 케이크를 꺼내 먹은 것을 부인했다.
④ 내가 전화기를 욕조에 떨어뜨려 수리를 해야 한다.
⑤ Mary는 주말에 파티를 열자고 제안했다.

해설 동사 expect 다음에는 동명사가 아니라 부정사가 목적어로 와야 한다.
②, ③에서는 동명사가 목적어로 바르게 쓰였다.

138 ① to sell ⇨ selling

해석 ① 나는 네 컴퓨터를 팔라고 조언했다.
② 나는 그에게 컴퓨터를 빌리라고 제안했다.
③ 나는 네게 컴퓨터를 사 줄 것을 약속한다.
④ 나는 컴퓨터 전문가인 척했다.

해설 동사 advise가 3형식으로 쓰일 경우 목적어로는 부정사를 쓰는 것이 아니라 동명사를 써야 한다. 5형식으로 쓰일 경우에 목적격 보어로 부정사를 쓴다.

POINT 10 동명사의 관용적 용법을 암기하자

139	①	140	②	141	③	142	④	143	④
144	④	145	⑤	146	①	147	①	148	④
149	⑤	150	①	151	②	152	②		

139 ① talking

해석 그 여성은 그 남성에게 팀에 합류해 달라고 설득하는 일에 어려움을 겪고 있다.

해설 'have a hard time (in) ~ing'가 '~하는 데 어려움을 겪다'라는 동명사의 관용적 용법이다. 따라서 정답은 ①이다.

140 ② visiting

해석 타지마할은 정말로 방문할 만한 가치가 있다.

해설 '~하는 것이 가치가 있다'는 'be worth ~ing' 또는 'be worthy of ~ing'의 표현을 써야 하기 때문에 정답은 ②이다.

141 ③ supporting, helping, and nurturing

해석 여자들은 할 수 있는 한 많은 시간을 사랑하는 사람들을 지지하고 도와주고 양육하는 데 보내는 경향이 있다.

해설 'spend + 시간 or 돈 + ~ing' 구문으로, 중간의 as much time as they can은 '~하는 한'을 의미하는 as ~ as they can 구문이다. 따라서 ③이 답이다.

142 ④ to spreading

해석 합기도 검은 띠 9단인 그랜드 마스터 한 사범은 태권도의 차기와 지르기 그리고 유도의 꺾기와 우아한 매치기를 결합한 무술인 합기도의 보급에 평생을 바쳤다.

해설 'devote oneself to ~ing = dedicate oneself to ~ing'는 '~에 몰두하다, ~에 전념하다'라는 관용적 표현이다. his life가 목적어로 나와 있기 때문에 빈칸에는 동명사형이 와야 한다. 정답은 ④이다.

143 ④ looking forward to going

해석 나는 주말에 시애틀에 가기를 학수고대하고 있다.

해설 ①은 am hoping의 형태로 진행형으로 쓰인 것이 자연스럽지 않다.

②에서는 be wish라는 표현이 잘못되었다.

③에서는 anticipate 다음에는 동명사가 목적어로 와야 한다.

따라서 정답은 ④이다.

144 ④ watching the champion play

해석 나는 챔피언의 경기를 볼 수 있기를 분명히 고대하고 있다.

해설 look forward to 다음에는 동명사가 오기 때문에 ②와 ④에서 선택해야 한다. 동사 watch는 지각동사로 목적격 보어에 현재분사형 또는 동사원형이 쓰이기 때문에 정답은 ④이다.

145 ⑤ participating

해석 유명 TV 시리즈인 "스타 트랙: 더 넥스트 제너레이션 (Star Trek: The Next Generation)"에 영감을 얻은 세계를 나타내기 위해 고안된 인터랙티브 컴퓨터 게임 속에서 수천 명의 플레이어들은 일주일에 최대 80시간 동안 은하계 간의 전쟁에 참여한다.

해설 'spend + 시간 or 돈 + ~ing'구문으로 목적어인 up to eighty hours a week 다음에는 동명사형이 와야 한다. 따라서 정답은 ⑤이다.

146 ① to praise or blame
⇨ to praising or blaming

해석 그들이 한 일로 사람들을 칭찬하거나 비난할 때, 우리는 정상적인 행동이라는 개념과는 상대적인 기준을 사용하는 경향이 있다.

해설 ①의 'When it comes to' 다음에는 명사형이 와야 한다. 왜냐하면 'When it comes to'에서 to는 to부정사의 to가 아니라 전치사이기 때문이다. 따라서 ①은 'to praising or blaming'으로 변경되어야 한다.

②는 관계대명사 what을 사용해 '그들이 한 일'을 표현하고 있다.

③ 또한 관계대명사로 선행사는 바로 앞에 오는 'a standard'이다.

④의 'relative to'는 '~와 상대적인'이라는 뜻을 의미한다.

147 ① accustomed to have
⇨ accustomed to having

해석 한국의 자녀들은 부모가 자신들의 결혼 계획에 개입하는 일을 익숙하게 받아들인다.

해설 '∼에 익숙하다'는 'be accustomed to ∼ing 또는 명사형'을 써야 한다. to는 부정사의 to가 아니라 전치사이므로 정답은 ①이다.

148 ④ have ⇨ having

해석 Jackie Robinson은 1947년 최초의 흑인 메이저리그 선수가 된 직후 신경 쇠약에 걸리기 직전에 이를 만큼 증오로 가득한 인종차별적 공격에 시달렸다.

해설 '∼하기 직전이다'는 'come close to ∼ing'라고 써야 한다. 따라서 정답은 ④로 have를 전치사 다음 동명사 형태인 having으로 고친다.

149 ⑤ make ⇨ making

해석 인생은 우리가 항상 원하는 식으로 되지는 않는다. 인생은 때로는 천천히 그리고 고통스럽게 인생의 가장 귀중한 교훈 가운데 일부를 배울 수 있게 도움을 준다. 교훈 가운데 하나는 다음과 같다: 세상은 스스로를 헌신하여 우리를 행복하게 해주지 않는다.

해설 'devote oneself to ∼ing = dedicate oneself to ∼ing'가 '∼에 몰두하다, ∼에 전념하다'라는 관용적 표현이다. 따라서 ⑤의 make를 making으로 고친다.

150 ① be ⇨ being

해석 이러한 혼란은 중요하지 않긴커녕 그 남자의 이론 체계에 긍정적인 역할을 수행한다.

해설 far from ∼ing는 '결코 ∼하지 않은'이라는 의미다. 전치사 다음에 동사원형이 올 수가 없으므로 be를 being으로 고쳐야 한다.

151 ② There is no saying which side they will be on.

해석 ① 그들이 어느 편을 들게 될지 아는 사람은 아무도 없다.
② 그들이 어느 편을 들게 될지 알 수가 없다.
③ 어느 쪽이 그들 편을 들게 될지 말하는 것은 불가능하다.
④ 그들이 어느 편을 들게 될지에 관해 할 말이 없다.
⑤ 그들이 지금 어느 편을 드는지 말하는 것은 불가능하다.

해설 There is no ∼ing라는 표현을 이용해서 '∼할 수가 없다[불가능하다]'라는 의미를 나타내야 하므로 올바르게 영작한 것은 ②뿐이다.
① any가 not 앞에 쓰일 수 없고, 전체부정일 경우에는

nobody라고 써야 한다.
③ It is impossible to say ∼라는 구문을 써야 자연스럽다.
④, ⑤는 주어진 해석과 맞지 않다.

152 ② felt like to cry ⇨ felt like crying

해석 ① 화재 유발의 책임은 누구에게 있는가?
② 뉴스를 듣고 나는 갑작스럽게 울고 싶었다.
③ 그 남자는 게으르지만 않다면 좋은 학생이 되었을 것이다.
④ 그 남자는 강으로 뛰어들어 물에 빠진 남자를 구했다.

해설 '∼하고 싶다'는 'feel like ∼ing'로 써야 한다.
③은 가정법 과거에서 if가 생략되어 were가 문두로 위치한 문장이다.

POINT 11	준동사의 시제와 태를 정확하게 구별해서 쓰자			
153 ③	154 ③	155 ②	156 ④	157 ③
158 ④	159 ③	160 ②	161 ③	162 ②
163 ①	164 ①	165 ②	166 ③	167 ②
168 ①	169 ③	170 ④	171 ③	172 ①
173 ④	174 ③	175 ①	176 ③	177 ②
178 ③	179 ③	180 ④	181 ⑤	

153 ③ have doubled

해석 1798년 그 저널의 판매부수는 3,000부였고, 1809년에는 그 부수가 두 배에 달했던 것으로 추산된다.

해설 두 배로 증가한 시기는 과거인 1798부터 1809년까지이다. 빈칸에는 '현재보다 과거'를 표현하기 위해 to have p.p. 형태의 '완료부정사'가 와야 한다. 술어 동사의 시제보다 하나 앞선 시제를 표현하기 위해 완료부정사를 사용하기 때문이다.

154 ③ have had an influence — been noted

해석 힌두교 요가는 불교에 영향을 미친 것으로 주장되며, 이는 불교의 영적 수행에 있어 중요한 의미를 지닌다. 또한

주목할 만한 점은 요가의 전형적인 요소인 명상 수행에 있어 힌두교와 불교 모두에게서 공통된 일련의 개념이 존재한다는 점이다.

해설 첫 번째 빈칸이 있는 문장의 본동사의 시제는 현재이고, 시간상 불교에 '그 이전'에 영향을 미쳤으므로 완료부정 사인 'to have p.p'의 형태가 와야 한다.
두 번째 빈칸의 note 동사는 타동사로 '~을 주목하다'라 는 의미다. 가주어 it이 문장의 주어이고 that이 진주어로 쓰였기 때문에 동사는 수동태가 되어야 문법적으로 맞다.

155 ② enduring — to be formed

해석 전문 용어로 성격이란 사람들에게 개별적인 정체성을 부 여하고 매우 어린 시절에 생성되는 것으로 여겨지는, 비 교적 일관성 있고 오래 지속되는 인식, 사고, 감정, 행동 패턴을 가리킨다.

해설 첫 번째 빈칸에는 뒤의 명사 patterns를 수식해야 하므 로 형용사가 되어야 한다. endurable은 '인내할 수 있는, 감내할 수 있는'이라는 의미고 enduring은 '지속적인'이 라는 의미이기 때문에 의미적으로 enduring이 들어가야 한다. 두 번째 빈칸에는 and 다음에 주어 personality가 생략되어 있다. 따라서 personality is thought to be formed ~가 되어야 한다. form의 목적어가 나오지 않고 의미적으로도 '형성되는 것'이기 때문이다.

156 ④ drawn by, fleeing

해석 멕시코 및 다른 나라로부터 미국에 정착한 불법이민자의 수는 총 5백만 명으로, 이들이 미국에 이끌리게 된 이유 는 미국에서 기회를 잡기 위해 그리고 조국의 경제적 어 려움으로부터 도망치기 위해서이다.

해설 이민자는 기회를 끌어오는 것이 아니라 '기회에 의해 이 끌리게 되는 것'이므로 수동태가 와야 한다. 두 번째 빈칸 은 뒤에 economic troubles가 목적어 역할을 하기 때 문에 능동형의 분사가 와야 한다.

157 ③ enrolled

해석 최근 보험 프로그램에 등록한 사람들은 같은 보험이지만 더 높은 보험료를 내게 될 것이다.

해설 주어진 문장에서 본동사는 will have to ~이하이다. 빈칸 은 주어 Those를 수식해야 하는 분사가 들어가야 한다. Those who are enrolled in ~의 문장에서 주격 관계대 명사와 be 동사가 생략되어 과거분사만 남게 되는 구조

로 파악하게 되면 정답은 ③이다.

158 ④ Convicted of — was sentenced to

해석 빵 한덩이를 훔친 죄로 유죄 선고를 받은 장 발장은 징역 5년 형을 받았다.

해설 'Convict A of B'라는 동사의 형식에서 수동태는 'be convicted of'가 된다. 주어가 Jean Valjean이므로 'Being convicted of ~'로 시작하는 과거분사 구문이 되어야 한다. 이 때 being이 생략되면 정답은 ③과 ④이다. 동사 sentence는 'sentence A to B'가 되며 수동태는 'be sentenced to ~'가 되므로 정답은 ④이다.

159 ③ consisting — present

해석 로스앤젤레스의 이민자 인구는 히스패닉, 흑인, 아시아계 등 다양한 구성으로 이루어져 있으며, 이는 미국의 인종 적 혼합이 어떤 모습을 띄고 있는지를 제대로 반영하고 있다. 유럽 출신 이민자들도 드문드문 존재하고 있다.

해설 'consist of'는 '~로 이루어지다'의 의미를 가지며 'A consist of B'는 'A는 B로 이루어지다'의 의미가 된다. 현재분사 구문으로 능동형이 와야 하므로 consisting을 써야 한다. 두 번째에서는 의미적으로 '존재하는'이라는 의미의 present가 맞는 형태이기 때문에 정답은 ③이다.

160 ② Having finished the Korean War

해석 1950년대 중반 한국전이 끝난 이후, 한국은 자립 가능한 경제 체제를 구축하기 위해 악전고투를 거듭했다.

해설 분사구문으로 변환되기 이전의 부사절은 'After South Korea had finished the Korean War'가 되어야 한다. 이 문장을 분사구문으로 만들어 보면, 접속사는 보통 생 략되며 주어가 동일한 경우 주어도 생략되기 때문에 남 는 부분은 'had finished the Korea War'가 되며, 여기 서 'had'를 '~ing'형으로 변환시키면 'Having finished the Korea War'가 된다.

161 ③ is said to take ⇨ is said to have taken

해석 셰익스피어는 억압적인 엘리자베스 여왕 시대에서 자신 의 가톨릭 뿌리를 폄하하기는커녕 펜을 들어 작품을 쓸 때마다 의도적으로 위험을 감수한 것으로 알려져 있다.

해설 완료부정사에 관한 문제다. 전체 문장의 주어는 Shakespeare가 된다. 다음 문장을 통해서 구조를 파악 해 보자. People say that Shakespeare took deliberate risks.를 단문으로 전환하면 'It is said that ~' 의 구조가 되며 that절 안의 주어인 Shakespeare가 문두로 나올 경우에 Shakespeare is said to ~가 된다. 이 때 say와 took의 시제가 다르기 때문에 Shakespeare is said to have taken ~이 되어야 한다.

162 ② carrying ⇨ carried by

해석 해저의 퇴적물은 강에 의해 바다로 실려 내려온 토사, 화산재, 해안의 모래, 생명체가 버린 껍질 등이 축적된 결과물이다.

해설 'silt'는 '모래보다 잘고 진흙보다 거친 침적토'를 의미하는 명사다. 실트는 강을 이동시키는 주체가 아니라, 강에 의해서 바다로 이동되어지는 대상이므로 현재분사형이 아니라 과거분사형이 되어야 하며 뒤에 the rivers 와 연결되기 위해서는 전치사 by까지 갖추어야 올바른 문장이 된다. 따라서 ②의 'carrying'은 수동형의 'carried by'로 고쳐야 한다.

163 ① bathe in light ⇨ bathed in light

해석 지구는 빛에 잠긴 행성이다. 따라서 지금까지 진화한 생명체들이 빛 에너지를 가둘 수 있도록 생물학적으로 유리한 능력을 발전시켜온 것은 놀라운 일이 아니다.

해설 ①의 "bathe"는 기본적으로 타동사로 사용되어 "~을 목욕시키다" 또는 "빛이나 열이 ~을 덮다"는 의미를 갖는다. 그리고 ①은 명사 "planet"을 꾸며주는 역할을 해서, 문맥상 본문 첫 부분은 "지구는 빛에 잠긴 행성이다"로 해석이 되어야 한다. 그러기 위해서 ①은 "bathe in light"이 아니라 "bathed in light"이 되어야 한다.

164 ① washed ⇨ washing

해석 사회를 덮치는 디지털의 물결이 클래식 음악의 기슭에서 찰랑이고 있다.

해설 The digital tide와 wash over society의 관계를 의미적으로 따져보면 '수동'이 아니라 '능동'이기 때문에 현재분사형으로 후치수식해야 한다. 따라서 정답은 ①이다.

165 ② using ⇨ used

해석 당신은 신선하고 내용물이 실한 파스타를 완벽하게 만드는 법 그리고 마늘과 토마토 및 신선한 허브 등을 포함해 파스타 소스를 만들기 위해 사용되는 몇 가지의 일반적인 재료를 다루는 법을 배우게 될 것이다.

해설 several common ingredients와 use 사이의 관계를 의미적으로 살펴봤을 때 '능동'이 아니라 '수동'이므로 using이 아니라 used가 되어야 한다. 과거분사형이 앞의 명사를 후치수식하는 구조가 되어야 하므로 정답은 ②이다.

166 ③ typified ⇨ typifying

해석 비록 모든 교육 기관이 학생들에게 중요한 사회적 상황을 특징으로 삼는 적극적 탐색을 통해 아이디어와 정보를 습득하고 테스트할 수 있는 기회를 제공할 수 있을 준비가 갖춰져야 하는 것이 이상적이겠지만, 이 모든 것들이 그렇게 비치되기까지는 오랜 시간이 걸릴 것임에는 의심의 여지가 없다.

해설 typify는 "나타내다, 대표하다"라는 의미의 타동사이고 뒤에 목적어가 있으므로, pursuits를 후치 수식할 때 능동인 현재분사 typifying을 써야 한다.

167 ② employed ⇨ employing

해석 1906년 설립되었으며 약 5만 명의 직원을 고용하고 있는 이 회사는 규모 및 전통 측면에서 명성을 누리고 있다.

해설 뒤의 an estimated 50,000 people이 목적어 역할을 하고 있어 수동을 나타내는 과거분사형이 잘못 쓰였다. 따라서 능동 형태의 현재분사구문이 되어야 하므로 ②의 employed를 employing으로 고친다.

168 ① Having thrown
⇨ Having been thrown

해석 과실치사의 결과로 주변사람들과의 관계에서 있을 법한 질서와 의미를 감지하는 입장에 처한 그는 더 이상은 투쟁하지 않는 것을 선택했다.

해설 '~한 상태로 내몰리다, ~한 입장에 처하다'는 의미의 구문으로 'be thrown into'가 있는데, 본문은 어느 한 사람이 과실치사를 저지른 결과 "~한 입장에 처했음(Having been thrown into a position)"을 말하고 있다. 그러나 ①을 보면 'Having been thrown'이 아니라 'Having thrown'으로 나와 있음을 알 수 있다. 따라서 답은 ①이 된다.

169 ② Determining ⇨ Determined

해석 전설 속의 한 버마 도자기공은 어떤 세탁업자가 번성하는 것을 질투했다. 그를 망하게 하기로 결심한 이 도자기

공은 왕을 부추겨 명령을 내리도록 했는데, 이 명령은 세탁업자가 왕의 검은 코끼리 중 한 마리를 희게 세탁하도록 하는 것이었다.

해설   determine 동사는 뒤에 목적어로 명사형을 취하거나 'be determined to v'의 형식을 쓴다. 주어진 문장에서 주어는 the potter이고, 이를 분사구로 수식하려면 'Being determined to ruin him, the potter ~'가 되어야 하므로 정답은 ②이다.

170   ④ taking to ⇨ taken to

해석   보다 더 큰 문제의 핵심은 도시의 불법 거주자들은 끔찍한 환경에 직면하고 있음에도 불구하고 이들의 수는 도시의 수에 비해 두 배에 달하는 비율로 증가하고 있으며 슬럼가의 생활환경 개선을 위해 취하는 모든 조치가 더 많은 이주민의 유입을 유발할 뿐이라는 점이다.

해설   '조치를 취하다'의 기본적인 표현은 'take a step'이다. '취해진 조치'라는 의미를 나타내려면 'a step which is taken'의 형태가 되어야 한다. every step을 take 타동사가 후치수식하려면 과거분사형이 되어야 문법적으로 맞다.

171   ① Situating ⇨ Situated

해석   대략 (북아메리카) 대륙 중앙에 위치한 치와와 사막의 북부는 수많은 식물과 동물의 동부 지역 종과 서부 지역 종이 서로 겹치는 장소이다.

해설   '~에 위치하다'는 'be situated in ~'이라는 표현을 쓴다. 원래 타동사 용법이지만 주로 수동태 표현으로 자주 쓰인다. 주어진 문장에서 주어는 'the northern Chihuahuan Desert'이므로 분사구문은 현재분사가 아니라 과거분사형이 이끌어야 문법적으로 옳다.

172   ① Having invented ⇨ (Having been) Invented

해석   서기 약 105년에 중국에서 발명된 종이는 영국 최초의 종이 공장이 설립되기 400년 전에 바그다드에서 그리고 나중에는 스페인에서 생산되었다.

해설   주어진 문장에서의 주어는 paper에 해당한다. 이때 문두에 위치한 분사구문은 현재분사가 아니라 과거분사구문이 되어야 수동의 의미로 쓰일 수 있다. 따라서 능동형의 Having invented가 아니라 Having been invented가 되어야 한다. 이때 Having been은 생략이 가능하기

때문에 Invented ~, S + V ~ 구조의 문장이 된다.

173   ④ unclaiming ⇨ unclaimed

해석   수년 전 캐나다 복권담당 관리들은 누적된 채 찾아간 사람이 없던 당첨금의 일부를 돌려주기로 결정하면서 신중한 집계의 중요성을 어렵게 깨닫게 되었다.

해설   ④의 경우, '누적된 채 찾아간 사람이 없는 당첨금'이란 의미를 갖는데, 'claim'이 '당첨금을 수령하다'란 뜻을 가지고 있으므로 '당첨금'인 'prize money'를 꾸미는 말은 '찾아간 사람이 없는, 청구되지 않은'이 되어야 한다. 여기에 해당하는 말은 'unclaiming'이 아니라 'unclaimed'이다.

174   ④ detailing résumés to ⇨ detailed résumés to

해석   해당 직위에 지원하는 것에 관심 있는 사람들은 인사과에 상세한 이력을 제출해야 한다.

해설   '상세한, 정밀한'의 의미는 detailing이 아니라 detailed의 형태가 되어야 한다. 뒤의 명사 résumés를 수식하는 한정용법으로 쓰였다.

175   ① Consisted of ⇨ Consisting of

해석   93%가 물로 이루어진 바나나 나무는 지구상에서 목질 형태의 줄기를 갖지 못한 식물 가운데 가장 크지만, 매우 연약한 식물이다.

해설   동사 consist는 자동사로 과거분사형으로 쓸 수 없다. 주어진 문장에서의 주어는 the banana tree이므로 능동형의 의미인 현재분사형이 와야 하므로 정답은 ①이다.

176   ④ accepting ⇨ accepted

해석   정부가 통제하는 우정제도가 마침내 민간의 우정사업을 인수하게 되었고, 1700년대에 유럽 대부분의 우정제도를 정부가 소유하게 된 것은 당연하다고 인정된 사실이었다.

해설   a fact of life에서 명사 fact를 수식하는 형태를 묻는 문제다. '인정된, 받아들여진'의 의미는 과거분사 형태인 accepted가 되어야 하므로 정답은 ④이다.

177   ② well-documenting ⇨ well-documented

해석   선진국 내에서는 인종, 소득, 교육별로 문서로 충분히 입증된 사망률의 차이가 존재한다.

해설 의미상 '문서로 입증된'의 의미를 가져야 하므로 명사 differences를 수식하는 현재분사형 well-documenting은 과거분사형인 well-documented로 바뀌어야 한다.

178 ③ suggest ⇨ suggesting

해석 이 사건의 담당 수사관인 Reynold 형사는 경찰이 아직 용의자를 확보하지는 못했지만 절도 사건이 어쩌면 내부자의 소행일지도 모른다는 제보에 초점을 맞추고 있다고 밝혔다.

해설 앞에 나온 명사 tips를 후치수식하는 분사 형태에 관한 문제다. suggest 동사가 올 수 없는 자리이며, 뒤에 that 절을 목적어로 받는 능동형이 와야 하므로 ③을 현재분사형인 suggesting으로 고쳐야 한다.

179 ③ knew ⇨ known

해석 아이작 뉴턴은 중력의 법칙을 공식으로 나타냈을 뿐만 아니라 자신의 연구 결과를 계산하기 위해 미적분이란 이름으로 알려진 새로운 수학적 방법을 개발했다.

해설 명사 a new mathematical method를 후치수식하는 형태가 되어야 한다. 두 어구 사이의 의미적 관계는 수동이므로 knew도 아니고 knowing이 되어서도 안 된다. 과거분사 형태인 known이 되어야 문법적으로 옳다.

180 ④ I don't like stories that have unhappy endings.

해석 ① 일어난 모든 일은 내 잘못이다.
② 내 지갑을 훔친 사람과 같은 사람이었다.
③ 파티에 초대받은 사람들 중 일부는 올 수 없었다.
④ 나는 결말이 불행한 이야기는 좋아하지 않는다.

해설 stories가 선행사로 쓰였고 that이 주격 관계대명사, 그 다음에 동사가 왔기 때문에 문법적으로 맞는 문장이다.
① what ⇨ that: 뒤에 동사 happened가 나온 것으로 보아 주격 관계대명사가 필요하다.
② he ⇨ that: It was ~ that의 강조구문이 되어야 한다.
③ inviting ⇨ invited: 초대하는 주체가 아니라 초대받는 객체가 되어야 하므로 과거분사형이 쓰여야 한다.

181 ⑤ believed ⇨ was believed

해석 ① Jim은 신사가 되기 위해 노력했다.
② Jim은 자신의 논문을 끝내기를 원했다.
③ Jim은 메시지를 읽기 위해 멈춰섰다.

④ Jim은 열심히 공부하겠다고 약속했다.
⑤ Jim은 자신이 게임에 이길 것이라고 믿었다.

해설 believe 동사 바로 다음에 목적어로 to부정사를 취하지 않는다. believe 동사의 5형식 구조 'believe + O + to v'에서 수동태가 되면 'be believed to v'의 형식이 되기 때문에 ⑤의 문장은 'Jim was believed to win the game.'이 되어야 문법적으로 옳다.

POINT 12 준동사의 의미상 주어를 찾아라				
182 ③	183 ④	184 ④	185 ①	186 ④
187 ①	188 ②	189 ②	190 ③	191 ②
192 ①	193 ②	194 ③	195 ①	196 ⑤
197 ①	198 ④	199 ③	200 ④	

182 ③ Since I'm terrified

해석 나는 높은 것에 대해 두려움이 있기 때문에 저 롤러코스터는 절대 탈 수 없다.

해설 주어가 that roller coaster이므로 수동형인 terrified가 분사구문에 쓰일 수 없다. 따라서 '접속사 + 문장의 주어와 다른 사람 주어 + be terrified'의 형태가 되어야 하므로 이를 충족시키는 것은 ③이다.

183 ④ a. His words dipped, b. the senator

해석 그의 말이 꿀에 적신 듯, 그 상원의원은 군중을 매혹시켰다.

해설 지문에서 문장의 주어가 되는 b와 이를 설명해 주는 분사구문의 주어 a와의 의미적 관계가 가장 문법적인 것을 선택하는 문제다. 정답은 ④로 의미상 주어가 다른 His words (being) dipped가 오고, 주절에는 the senator가 와야 한다.

184 ④ that you must wear protective goggles when you are welding

해석 작업장의 안전을 증진시킬 의도로 수립된 이 규정은 용접 중 반드시 보안경을 착용할 것을 규정한다.

해설 동사 stipulates 다음에 that을 취하는 구조 안에서 가장 문법적인 것을 찾는 문제다. 주어가 one으로 쓰였다면, 그 절 안에 또 다른 절에서 주어가 같을 경우 one이라는 주어를 써야 한다. 이런 점에서 ③에서 you가 잘못 쓰였다. ①에서 while welding이 쓰인 것으로 보아 의미적으로 주어가 protective goggles가 되어야 하는데 의미적으로 옳지 않다. 따라서 정답은 ④이다.

185 ① for the shipment to be ordered

해석 중국에 있는 우리 파트너와의 대화를 확인한 이후, 나는 월요일에 화물이 주문되도록 처리했다.

해설 '~을 처리하다, 주선하다'의 뜻을 가진 'arrange'란 동사는 용법상 전치사 'for'와 결합되어 사용된다. 따라서 "arrange for the shipment"가 되어야 한다. 만약 'arrange'를 사용해 'that'절을 이끄는 문장이 되도록 했다면 ②처럼 "that the shipment to be ordered"가 아니라 "that the shipment can be ordered"로 되어야 했을 것이다.

186 ④ Gravely injured Haitians pleaded for help

해석 200년도 넘는 기간 만에 닥친 가장 강력한 지진이 카리브 해의 빈국을 덮쳐 수천 채의 구조물을 파괴하자, 심각하게 피해를 입은 아이티 사람들은 수요일에 도움을 간청했다.

해설 ①의 경우, 빈칸에 들어갈 문장은 구가 아니라 주어와 동사를 갖춘 하나의 절이 와야 하므로 답이 될 수 없다. ③의 경우, 'Having been injured'가 아닌 'Having injured'는 분사구문에서 '피해를 입은 것'이 아니라 '피해를 입힌 것'이 되며 '도움을 간청하다'는 수동태 형식인 'be pleaded for help'가 아니라 'plead for help'로 표현해야 하기 때문에 답으로 볼 수 없다. ②와 ④를 비교해 보면, '도움을 간청하다'에 맞는 표현은 'plead to help'가 아니라 'plead for help'이다. 결국 오류가 없는 ④를 정답으로 해야 한다.

187 ①

해석 자신의 학생들이 SAT에서 성공하고 표준화된 시험이 엄청난 성장을 이루는 것에 힘을 입은 Kaplan 씨는 소규모의 개인교습 사업을 다국적 기업으로 탈바꿈시켰다.

해설 문두로 시작되는 과거분사 구문인 'Propelled by ~'의 의미상 주어가 될 수 있는 있는 것은 사물이 아니라 사람

이 되어야 한다. 선지에서 이를 충족시키는 것은 ①밖에 없다.

188 ② are ⇨ is

해석 지식의 습득은, 지금의 정보 중심 사회에서 매우 중요한 의미를 지니고 있으며, 여행을 떠나는 여러 좋은 이유 중 하나이지만, 다른 땅에서 낯선 이들과의 접촉을 통해 증대되는 효과야말로 여행을 떠나는 훨씬 더 좋은 이유이다.

해설 주어진 문장에서 'Gaining knowledge'가 동명사구로 주어에 해당한다. 동명사가 주어로 쓰일 경우에는 본동사는 단수형이 와야 하므로 정답은 ②이다.

189 ② leaves ⇨ leave

해석 난 피자 배달, 고등학교 교내신문 편집, 조카 돌보기, 숙제 등으로 인해 자유로이 누릴 수 있는 시간이 거의 없다.

해설 Delivering ~, editing ~, babysitting ~, and doing ~ 은 동명사구가 병치되어 주어로 사용된 문장이다. 동명사가 등위접속사로 병치된 경우 본동사는 복수형으로 써야 한다. 따라서 정답은 ②이다. leaves 단수형이 아니라 leave가 쓰여야 문법적으로 맞다.

190 ③ suffer ⇨ suffers

해석 이 두 식당에서 정기적으로 식사를 한 모든 사람이 식중독에 걸렸다. 그 결과 보건 담당 부서에서 두 곳 모두를 폐쇄할 계획이다.

해설 ③ 동사의 주어는 Everyone이다. 바로 앞에 있는 those two restaurants는 전치사 at에 걸리는 목적어에 해당한다. Everyone은 단수 취급하므로 본동사는 suffer가 아니라 suffers가 와야 한다.

191 ② director ⇨ directors

해석 정권 말기에는 언제나 관례적으로 각 정부 부처의 국장들이 사임하는 것으로 예상되는데, 이는 새로운 대통령이 자신이 선택한 인사를 단행할 수 있도록 하기 위한 조치이다.

해설 ②의 경우 동사가 "are expected"로 복수 형태의 be동사가 사용되었기 때문에 주어 또한 복수가 되어야 하므로 directors로 수정되어야 한다.

192 ① are ⇨ is

해석 품사를 결정하는 것은 특정 단어가 문장 내에서 갖는 기능을 결정하는 것에 불과하다. 품사를 파악할 줄 아는 능력은 우리가 문장의 구성요소에 대해 더 쉽게 논의할 수 있게 된다는 점에서 유용하다.

해설 문두에 나와 있는 Determining은 parts of speech를 수식하는 현재분사가 아니라 이를 목적어로 취하는 동명사라는 것을 먼저 파악해야 한다. 동명사구가 주어 역할을 하는 경우는 본동사가 단수형이 와야 하므로 정답은 ①이다.

193 ② are ⇨ is

해석 많은 사람들의 꿈인 자가 소유는 정부 및 비영리 재원을 통한 지원 없이는 수많은 젊은이들(특히 미혼모들)에게 있어 이룰 수 없는 꿈이다.

해설 문두에 Owning a home이 주어, the dream of many는 동격어구로 사용되었기 때문에 주어는 복수가 아니다. 주어 역할을 하는 동명사구는 Owning a home까지로 파악하기 때문에 동사는 단수형을 취해야 한다.

194 ③ it was found that ⇨ I found that

해석 많은 여행객들이 장엄함을 깨닫는 아르헨티나와 칠레의 사막을 여행하는 와중에, 여행객들은 Smith 박사가 말라리아에 걸린 것을 발견했다.

해설 'While touring ~'에서 주어는 주절의 주어와 같기 때문에 생략되었다는 것을 알 수 있다. 따라서 주절이 가주어 it으로 시작하면 문법적으로 어긋난다. 적어도 주절은 'while touring ~'에서 'touring' 동작을 할 수 있는 주어로 시작해야 한다.

195 ① Looking back ⇨ When I looked back

해석 내가 뒤돌아보니 작은 별장은 눈에 뒤덮인 듯했고 눈은 더욱 빨리 내리고 있었다.

해설 주절의 주어는 the cottage로 시작하기 때문에 분사구문의 의미상 주어는 적어도 the cottage가 아니면 된다. 'Looking back ~'에서 '뒤돌아보니'의 주어를 살려 부사절로 표현하면 문법적으로 오류가 없다.

196 ① Reading ⇨ Read

해석 이 책은 빨리 읽으니 금방 끝났고 지체 없이 도서관에 반환되었다.

해설 주절의 주어는 the book이다. 따라서 분사구문의 의미상 주어가 일치하면 생략하기 때문에 ①의 Reading의 주체가 the book이 아님을 알 수 있다. As the book was read quickly 또는 After the book had been read quickly ~에서 과거분사형인 Read quickly만 남아 있는 형태를 만들어야 한다.

197 ① She will leave within a week.

해석 ① 그 여성은 일주일 내에 떠날 것이다.
② Margaret은 아버지 옆에 앉았다.
③ 그 영화는 책과는 달랐다.
④ 언덕을 뛰어 내려가자마자 농가가 보이기 시작했다.

해설 within a week라는 어구와 will leave의 미래 시제가 문법적으로 맞게 쓰였다.
② besides ⇨ beside: '~ 옆에, ~ 곁에'라는 의미를 갖는 전치사를 올바르게 써야 한다.
③ than ⇨ from: 비교급 없이 than을 쓸 수 없다. different와 어울리는 전치사는 from이다.
④ Running down the hill ⇨ While I was running down the hill: 주절의 주어가 the farmhouse이기 때문에 Running down의 주체가 될 수 없다.

198 ④

해석 ① Willy는 내가 만났던 그 누구보다도 더 많은 책을 갖고 있었다.
② 동물원에 있는 동물들 중 몇몇은 동물 보호구역으로 보내졌다.
③ 그 레스토랑은 서비스도 불만족스러웠고, 음식도 별로였다.
④ 엠파이어스테이트 빌딩(Empire State Building) 꼭대기에 올라가는 사람이라면 누구나 그 장관에 감명받는다.

해설 anybody가 주어로 시작하는 문장은 단수 취급하기 때문에 is가 올바르게 쓰였고, be impressed with의 표현도 문법적으로 오류가 없다.
① large ⇨ larger: 뒤에 than이 쓰인 것으로 보아 비교급 문장을 만들어야 한다.
② was ⇨ were: Some of the animals의 형식이 주어로 사용될 경우 Some of ~의 뒤에 나오는 명사의 수에 따라 동사의 수가 결정된다.
③ Dissatisfied with ~ ⇨ When I was dissatisfied with ~: 주절의 주어가 the meal이고 분사구문은

dissatisfied ~로 시작하기 때문에 의미상의 주어를 일치시키거나 의미상 주어를 명시한 부사절로 표현해야 한다.

199 ③ After spending ⇨ After I spent

해석 ① 나는 그 남자의 문제를 완전히 이해했기 때문에 그 사람을 돕기 위해 뭔가를 하고 싶었다.
② 이 지역의 제한 속도는 작년에 바뀌기 전에는 55mph였다.
③ 우리는 차에 돈을 엄청 많이 쓴 후에도 여전히 차에 문제가 많다.
④ 나이를 고려했을 때 그 남자의 골프 기량은 정말로 탁월하다.
⑤ 회의는 기조 강연 이후 토론 세션으로 진행되었다.

해설 주절의 주어는 the car인데 After spending ~에서 spend의 주체가 the car가 될 수 없음을 알 수 있다. spend의 주체가 될 수 있는 주어를 따로 명시한 부사절로 표현하는 것이 무난하다.

200 ④ to construct ⇨ constructing

해석 ① 그 남자는 경찰관에게 살해 협박을 한 것을 부인했다.
② 난 내 제안이 심각하게 받아들여지기를 의도하진 않았다.
③ 우리는 공을 바스켓 안에 던져 넣는 연습을 해야 한다.
④ 그들은 본토로 또 다른 철로를 건설하는 것을 제안했다.
⑤ 운전자는 사고를 신고하지 않은 죄로 체포되었다.

해설 ④의 "suggest"는 일반적으로 'suggest + 명사'의 형태로 '명사를 제안하다' 또는 'that절'과 결합해 'that절 이하의 내용을 제안하다'로 사용된다. 단 'to부정사'와는 같이 쓰이지 않는다. 동명사를 목적어로 취해야 하므로 suggested constructing이라고 표현해야 한다.

POINT 13	현재분사 구문과 과거분사 구문은 반드시 출제된다				
201	②	202	④	203	②	204	④	205	④
206	②	207	③	208	①	209	④	210	④
211	①	212	①	213	①	214	②	215	①

216	②	217	①	218	③	219	①	220	④
221	③	222	③	223	②	224	①	225	③
226	④	227	④						

201 ② appearing

해석 1066년에 하늘에 나타난 밝은 혜성이 많은 관심을 끌었다.

해설 a bright comet은 하늘에서 '등장할 수 있는' 능동적 개념이고 appear는 자동사이기 때문에 현재분사 형태로 후치수식이 가능하다. 따라서 정답은 ②이다.

202 ④ inflicted

해석 Bush 대통령의 임기가 끝났을 때 이 부패사건이 단순하게 없어질 것이라고 믿는 것은 지난 6년 동안 가해진 영구적인 손실을 과소평가하는 것이다.

해설 the permanent erosion과 보기 항의 타동사 inflict의 의미적 관계를 따져보아야 한다. inflict the permanent erosion이고 the permanent erosion which was inflicted ~이므로 주격 관계대명사와 be 동사는 생략할 수 있기 때문에 정답은 ④이다.

203 ② lagging

해석 미국인들은 학생의 학업 성취도에 대한 국제 평가에서 일관성 있게 평범한 결과를 보였으며, 여러 선진국 및 일부 비산업화 국가에 비해 훨씬 더 낮은 순위를 보였다.

해설 빈칸에는 분사구문이 들어가야 한다. 왜냐하면 주절은 이미 '주어 + 동사 ~'를 갖추었기 때문이다. 문맥적으로 '뒤쳐져 있다'라는 뜻을 가진 것은 lag behind뿐이므로 정답은 ②이다.

204 ④ expected

해석 레이저의 중요성은 레이저가 현재 광범위하게 활용되는 데 있으며, 미래에는 활용 범위가 더욱 확대될 것으로 예상된다.

해설 이 문장은 'A(The importance of the laser) lies in B and C'로 생각할 수 있다. 레이저의 중요성이라는 A는 바로 B와 C라는 이유에 있다는 내용이다. 여기서 B에 해당하는 내용은 'the great variety'이고, C에 해당하는 내용은 'the still greater number'가 된다. 따라서 C라는 명사구를 수식해주는 구조가 되어야 하므로 "which is"가 생략된 ④가 정답이 된다.

205 ④ concerned about

해석 어떻게 직원들의 건강을 유지시킬지 염려가 되시는 경영자께서는 Seoul Center에서 7월 5일 개최되는 세미나에 참석해 주시기 바랍니다.

해설 문장의 주어는 Any executive이고, 본동사는 is invited ~가 된다. 따라서 빈칸에는 앞의 명사를 수식하는 어구가 나와야 한다. concern은 사람을 주어로 쓸 경우 'be concerned about'이라는 표현을 쓰고, '주격 관계대명사와 be 동사'는 생략할 수 있기 때문에 과거분사 형태로 후치수식할 수 있는 것은 ④밖에 없다.

206 ② the first African American

해석 Thurgood Marshall은 미연방 대법원의 첫 흑인 대법원 판사였다.

해설 빈칸 뒤에 후치수식할 수 있는 구조를 묻는 문제다. to부정사로 수식을 받을 수 있는 대표적인 품사가 바로 명사구이다. ①은 who first 다음에 동사 없이 바로 부정사구가 연결된 점, ③은 관계대명사 who 앞에 선행사가 없다는 점, ④는 the first and an이 의미적으로 모순된다는 점에서 서수와 함께 명사구로 이루어진 ②가 정답이다.

207 ③ voicing concern that

해석 몇몇 국방 전문가들은 동아시아 국가들이 최근 들어 점점 더 보수적으로 변모하고 있는 점을 주목하면서, 이런 상황이 이 지역의 군비 증강으로 이어질 수 있다고 우려의 목소리를 내고 있다.

해설 '우려의 목소리를 내다'라는 표현은 'voice[raise] concern'으로 주체가 Some defense watchers이기 때문에 능동의 관계임을 알 수 있으므로 voicing이 되어야 하며, 빈칸 뒤로 이어지는 문장이 구가 아닌 절이기 때문에 that이 와야 한다. 따라서 정답은 ③이 된다.

208 ① Searching for

해석 중국의 초기 왕조의 유물을 찾는 수많은 고고학자들이 실크로드 남부를 탐사하고 있다.

해설 numerous archaeologists를 설명할 수 있는 어구가 빈칸에 와야 한다. 능동적인 의미 관계를 이루고 있는 현재분사구인 ①이 문법적으로 오류가 없다.

209 ④ to wrap

해석 런던의 식당들은 영국의 전통 음식인 '피시앤칩스'을 신문종이로 포장한다.

해설 빈칸에는 'use old newspapers'와 의미적으로 자연스럽게 연결될 수 있는 구조여야 한다. 이미 본동사가 있기 때문에 ①과 ②는 정답이 될 수 없다. ③이 과거분사라 할지라도 뒤에 "fish and chips"와 연결이 될 수 없다. 따라서 '~하기 위해'라는 의미를 갖고 있는 부정사구가 가장 자연스럽다.

210 ④ chartered

해석 1871년에 설립이 인가된 노스캐롤라이나 대학은 미국 남부 최초로 주 정부로부터 무상으로 토지를 불하받아 설립된 대학이다.

해설 주어진 문장은 주어와 was 이하의 동사가 이미 갖추어진 문장이다. 빈칸에는 앞의 주어 부분을 설명해 주는 분사구문이 올 수 있다. 동사 charter는 타동사로 '~에게 면허나 특허를 내주다'라는 의미로 '대학은 인가를 받는 입장'이므로 과거분사형을 써야 한다. 따라서 정답은 ④이다.

211 ① now referred to as

해석 1세대 컴퓨터라고 불리는 현대식 컴퓨터의 초창기 모델이 1950년대 중반 미국에서 제작되었을 때, 이들 컴퓨터는 오늘날의 것과는 매우 달랐다.

해설 'refer to A as B'는 'A를 B로 언급하다'는 뜻이다. 수동태로 사용될 경우 'A is referred to as B'가 된다. 문제의 빈칸에서는 관계사와 be 동사가 생략된 '(A is) referred to as B'의 형태로 사용되었다. 따라서 답은 ①이 된다.

212 ① Written

해석 간결하고 명료한 문체로 작성된 이 책은 남북전쟁 발발 직전 켄터키 주에서 저자가 겪은 어린 시절에 대해 묘사하고 있다.

해설 주어진 전체 문장의 주어는 the book이다. 따라서 빈칸에는 'As the book was written ~' 정도로 파악하면 남는 분사구문의 형태는 과거분사라야 한다. 보기 항에서 ③은 능동 의미의 완료분사구문이라 정답이 될 수 없다. 따라서 정답은 ①이다.

213 ① buried

해석 나는 우리 집 정원에 보물이 묻혀 있음을 우연히 알게 되었다.

해설 bury는 타동사로 '~을 묻다, 매장하다'라는 의미다. 빈칸에는 후치수식으로 앞의 명사 a treasure를 수식해야 하는 데 '보물은 묻는 주체'가 아니라 '보물을 묻는 대상'이므로 수동 의미를 나타내는 과거분사형이 와야 한다.

214 ② authorities concerned, while conveying

해석 그 방송 채널을 폐쇄하라는 파키스탄 정부의 메시지를 전하면서 관계당국은 그 결정을 비웃었다.

해설 우선 "관계당국"에 해당하는 표현은 "authorities concerned"이므로 ③과 ④는 답이 될 수 없다. ①와 ②를 비교해 보면, "conveying(메시지 전달)"과 "ridiculed(비웃었다)" 사이에 시제에 차이가 있다면 'having conveyed'를 사용할 수 있겠지만, 여기서는 시제 차이 없이 동시에 벌어지는 것이기 때문에 답은 ②가 된다.

215 ① Once considered a dangerous predator

해석 과거 위험한 포식자로 취급된 늑대는 현재 거의 멸종 위기에 이를 정도로 사냥을 당했다.

해설 'Once the wolf was considered a dangerous predator,'의 구조에서 접속사 Once는 남고 주어는 주절의 주어와 같아서 생략될 수 있다. 접속사를 남길 경우 '주어 + be동사'는 생략이 가능하기 때문에 ①과 같은 구조가 문법적으로 맞는 문장이다.

216 ② wanted ⇨ who want

해석 서울의 업무 및 관광 지구들의 중심가에서 고급 숙박을 원하는 이들을 위해, 많은 이들이 ABC Hotel Seoul이 가장 좋은 선택이라고 말한다.

해설 전치사 For 다음에 those까지만 연결되고 이를 다시 수식하기 위해서는 적어도 관계대명사가 와야 한다. 뒤에 wanted라는 동사가 오는 것으로 보아 those 다음에 who가 필요하다는 것을 알 수 있다. 의미적으로 want와 wanted 모두 올 수 있지만, 현재형으로 쓰는 것이 무난할 것이다.

217 ① seeing ⇨ seen

해석 아무리 멀리에서 보더라도, Cannes 항구에 있는 한 야외 식당에서 점심을 먹고 있는 피카소는 한눈에 알아볼 수 있다.

해설 문장의 주어는 Picasso다. eating his lunch 부분도 현재분사 구문으로 이루어져 있기 때문에 앞 부분의 Even seeing ~ 부분도 올바른 분사구문으로 되어 있는지 확인해야 한다. seeing의 목적어도 없고, Picasso는 '보여지는' 수동적 개념이므로 seen을 써야 한다.

218 ③ unintending ⇨ unintended

해석 우리는 분명히 경제, 무역, 개발정책을 논의하기 위한 어떤 장치가 필요하다. 그 지역의 다른 국가들에서 의도되지 않은 영향력이 최소화되도록 조율되어야 하기 위해서다. 이런 필요성은 우리의 독립성을 강화시키는 관점에서 더욱더 필수적이다.

해설 ③에서 impact라는 명사를 분사인 unintending이 형용사 역할을 하면서 수식하고 있다. '의도되지 않은, 고의적이 아닌'이라는 의미로 impact를 수식해야 하기 때문에 현재분사형이 아니라 과거분사형인 unintended가 되어야 문법적으로 맞다.

219 ① To stay ⇨ Staying

해석 그녀는 대부분의 시간을 집에서 우리를 돌봤기 때문에 여러 가지 단어나 문구를 시도해 볼 기회를 많이 얻지 못했다.

해설 'To stay ~' 이하의 부사구가 문두에 와서 '~하기 위해서'라는 의미를 갖기 때문에 전체적인 문맥이 자연스럽지 않다. 'Staying ~'으로 고쳐 현재분사 구문으로 만들면 된다.

220 ④ to mention ⇨ mentioned

해석 이 장 앞에서 언급된 방법들 중 어떠한 것을 쓰던지 해서, 이 요점들을 각각을 구체적이고 설득력 있게 상세히 전개시켜 보시오.

해설 앞 장에서 언급한 방법이 아닌 '언급되었던' 방법이므로 "methods (which were) mentioned earlier in this chapter"라고 변경되어야 한다.

221 ③ left behind ⇨ leaving behind

해석 나는 내가 소중히 간직하는 작은 추억들을 모두 간직할 만한 공간이 없다. 나는 집에서 몇 안 되는 사진만을 가지고 왔고, 말린 꽃뿐만 아니라 나의 졸업 앨범 모두를 남겨뒀다.

해설 뒤에 all my year-books가 목적어 역할을 하기 때문에 과거분사 left가 아니라 leaving이 되어야 능동적 의미를 가질 수 있다.

222 ③ make ⇨ making

해석 Nietzsche가 보기에 언어의 사용으로 인해 사람들은 실제 경험으로부터 분리되고 그로 인해 사람들은 삶에 대해 덜 민감하게 반응하게 된다.

해설 앞 문장에는 주어와 동사를 갖춘 문장이 나왔기 때문에 뒤의 thereby 이하에는 분사구문으로 연결되어야 한다. 따라서 making으로 써야 한다.

223 ② age ⇨ aged

해석 곡물은 테라코타 단지 안에 저장되어 더욱 부드럽고 풍부한 풍미를 얻기 위해 숙성된다. 필요시엔 더 많은 재료를 첨가하지만 단지의 내용물을 비우거나 단지를 청소하는 일은 없다.

해설 is stored ~ and is aged ~'의 구조로 파악해야 한다. age는 타동사로 '~을 숙성시키다'라는 의미를 갖고 있다. 주어는 The grain이기 때문에 의미적으로 수동관계가 되므로 과거분사형을 써야 한다.

224 ① were to ⇨ are to

해석 모든 직원은 금요일 회사 파티에 참석해야 하며 선물 교환을 위해 선물을 가져와야 한다.

해설 의미적으로 '예정된 일'을 나타내는 문장이므로 'were to v를 쓰지 않고 'are to v'로 쓰는 것이 자연스럽다.

225 ③ to ask ⇨ asking

해석 외국인 교사들은 자신들에게 경찰의 신원조회 증명서와 의료기록 서류를 제출할 것을 요구하는 새로운 이민법을 두고 불만을 토로하고 있다.

해설 부정사가 명사를 수식할 경우, '~해야 할'이라는 의미를 갖는다. 주어진 문장에서는 '~하는 법'을 표현하기 위해서는 현재분사형으로 후치수식하는 정도가 되어야 한다.

226 ④ unexpecting ⇨ unexpected

해석 진주만 폭격 전까지 미국에는 공식적인 선전국이 존재하

지 않았는데, 이는 심각한 실수였으며 예상치 못한 그리고 끔찍한 결과를 낳았다.

해설 뒤에 있는 consequences를 수식할 수 있는 형태로 현재분사형이 오면 의미적으로 자연스럽지 않다. '기대되지 못한, 예상되어지지 않은'이라는 기본적인 수동 개념을 이용해서 과거분사형으로 명사를 수식해야 한다. 따라서 정답은 ④로 unexpecting을 unexpected로 고친다.

227 ④ lived ⇨ living

해석 1920년대 말에 인구 조사를 수행했을 당시 거의 2백만 명의 사람들이 그 나라에 살고 있었다.

해설 2 million people과 lived의 의미적 관계를 따져 보면 능동적 개념의 현재분사형으로 후치수식해야 함을 알 수 있다. 또는 '2 million people who lived in the country.'로 표현해야 한다.

POINT **14**	감정분사를 ~ing로 쓸 것인지 p.p로 쓸 것인지는 항상 출제된다				
228 ③	**229** ①	**230** ③	**231** ②	**232** ①
233 ②	**234** ④	**235** ④	**236** ④	**237** ①
238 ①	**239** ②	**240** ①			

228 ③ was appalled at – emaciated

해석 Davis는 마치 텅 빈 세상에서 홀로 남겨진 것처럼 완전히 무관심한 모습을 보였던 쇠약한 아이의 모습을 보고 섬뜩함을 느꼈다.

해설 appall은 '오싹 소름이 끼치게 하다, 섬뜩하게 하다'가 되는데 사람을 주어로 하면 능동이 아니라 수동이 되어야 하므로 be appalled at과 같이 써야 한다. emaciate는 '여위게 하다, 마르게 하다'라는 타동사의 의미로 뒤의 명사 child를 수식하려면 역시 과거분사의 형태가 되어야 한다.

229 ① face – baffled

해석 미국을 방문하는 많은 여행객들은 언어장벽뿐 아니라 그 이상의 장벽에 (직면한다). 팁을 주는 것과 연관된 복잡한 일들은 몇몇 관광객들을 (당황하게) 만든다.

해설 more than the language barrier가 목적어 역할을 하고 있고 A number of ~의 표현은 복수 동사를 써야 하기 때문에 face가 첫 빈칸에 들어가서 본동사 역할을 해야 한다. have some of them ~에서 have는 사역동사이고 baffle 역시 감정을 나타내는 타동사이므로 some of them이 사람이기 때문에 의미적으로 수동태인 baffled가 되어야 맞다.

230 ③ amused ⇨ amusing

해석 그 배우의 경력은 TV 쇼인 "인 리빙 컬러(In Living Color)"에서 재밌는 역할로 출연하면서 급상승했고, 이를 계기로 "에이스 벤츄라(Ace Ventura: Pet Detective)", "마스크(The Mask)", "트루먼 쇼(The Truman Show)"로 이어지는 일련의 박스오피스 히트작이 등장했다.

해설 뒤에 명사 appearances를 수식하려면 amuse의 과거분사형은 의미적으로 어색하다. '재미있게 하는 표정이나 외모'의 뜻을 가지려면 amusing으로 써야 한다.

231 ② interested ⇨ interesting

해석 불가사리와 성게는 피부에 가시가 있는 동물군의 일종으로, 이들은 이들의 특이한 구조 때문에 특히 흥미롭다.

해설 전체 문장의 주어가 사람이 아니라 사물이므로 과거분사 interested가 아니라 현재분사형인 interesting이 되어야 하므로 정답은 ②이다.

232 ① taking ⇨ taken

해석 1960년대 쯤에 촬영된 이 사진 속에서 아버지의 머리는 왼쪽을 향하고 있고 입은 편안한 미소 속에 약간 열려있었다.

해설 the photograph는 taking하는 주체가 아니라 'take the photograph'처럼 원래 목적어 역할을 하기 때문에 ①의 taking을 과거분사 taken으로 써야 한다.

233 ② unsettled ⇨ unsettling

해석 나는 책에서 날 불안하게 만든 한 구절을 발견했다. 그 구절에 따르면 사실 타조는 공포를 느낄 때 스스로를 보호하고자 모래 속에 머리를 집어넣지 않는다.

해설 unsettled의 사전적 의미는 '(날씨 따위가) 변하기 쉬운, 일정치 않은; 동요하는'이다. 동사 unsettle은 타동사로 '동요시키다, 혼란을 주다'라는 의미다. an passage와

unsettle과의 의미 관계를 살펴보면, 구절을 읽으면 (사람이) 혼란을 겪게 되는 것이므로 ②의 unsettled를 unsettling으로 고친다. 즉, '동요시키는, 혼란을 주는, 불안하게 하는'의 의미로 수식해야 한다.

234 ④ fascinated and unsolved ⇨ fascinating and unsolved

해석 대부분의 사람들은 언어가 어떻게 생성되었는지에 관해 상당히 혼란스러워 한다. 이들이 그것에 대해 생각할 때, 이들의 생각은 필연적으로 언어의 궁극적 기원이라는 매혹적이지만 해결되지 않은 문제로 이어지게 된다.

해설 the fascinated and unsolved problem에서 fascinated를 fascinating으로 고쳐야 한다. 타동사 fascinate는 '황홀하게 하다, 매료시키다'라는 의미다. 과거분사 형태로 명사 problem을 수식하면 '매료를 받은 문제'라는 의미로 자연스럽지 않다. 따라서 현재분사 형태로 수식해야 한다.

235 ④ desiring ⇨ desired

해석 우리가 TV 광고를 살펴볼 때 우리는 바람직한 반응을 불러일으키기 위한 노력의 결과로 이야기를 말하는 모의상황을 창출하기 위해 사용되는 예술과 기술을 발견했다.

해설 '원하고 바라던'의 뜻을 가진 단어는 'desiring'이 아니라 'desired'가 되어야 한다. 한국어로는 의미가 뚜렷하게 구별되지 않지만, reaction은 desire하는 주체가 아니라 대상(reaction which is desired)이기 때문에 과거분사로 수식해야 한다.

236 ④ intrigued ⇨ intriguing

해석 우리는 카리브해 지역이 신나는 경험으로 가득하며 흥미롭기 그지없다고 광고되었기 때문에 그 곳에 여행을 가기로 했다.

해설 타동사 intrigue는 '흥미를 주다'라는 의미로 카리브해가 '흥미를 받는 것'이 아니라 '흥미를 주는 것'이기 때문에 ④의 intrigued를 intriguing으로 고친다.

237 ① boring ⇨ bored

해석 우리는 아이들은 TV와 컴퓨터가 없으면 지루해할 것이라고 우려했다. 하지만 아이들은 달이 떠오르는 광경을 보고 주변에서 공을 던지며 놀 만큼 충분히 느긋하게 시간을 보내는 것에 정말로 즐거움을 느꼈다. Mike에게 있

어 가족 간의 시간을 더욱 충실하게 보낼 수 있었던 것은 특히나 의미가 깊었다.

해설 감정분사인 bored와 boring을 구별하는 문제다. 주어가 the kids이고 '지겨워지다'라는 의미가 자연스럽기 때문에 boring이 아니라 bored가 되어야 한다.

238 ① puzzling ⇨ puzzled

해석 일부 사람들은 DDT와 같은 화학물질의 효과에 관하여 당황했다. 해충을 박멸할 수 있다는 사실에는 만족했지만, 주변 인간과 다른 동물들에 안전한지는 확신이 없었다.

해설 puzzle은 '당황시키다'의 의미로 사람을 주어로 하여 '당황스럽다, 난처하게 되다'라는 의미가 되어야 하기 때문에 'puzzled'로 써야 한다. 그래서 ②도 pleased 과거분사형이 올바르게 쓰인 것이다.

239 ②

해석 ① Jane은 매일 똑같은 일을 하기 때문에 자기 일을 지겨워한다.
② Jina는 영어 실력이 뛰어나다. Jina는 완벽한 영어를 구사한다.
③ 그 여성은 자그마한 검은색 비닐봉지를 들고 있다.
④ Mark는 일자리를 구하려고 열심히 노력했지만 운이 없었다.

해설 perfect은 형용사로 명사 English를 수식하고 있다. 문법적으로 오류가 없는 문장이다.
① boring ⇨ bored: 감정분사는 사람을 주어로 할 경우 과거분사를 써야 한다.
③ a plastic small black bag ⇨ a small black plastic bag: 형용사의 어순에 관한 문제로 '대소＋색깔＋재료'의 순서로 써야 한다.
④ hardly ⇨ hard: 동사를 수식해 '열심히'라는 의미로 hard를 써야 한다.

240 ① interested ⇨ interesting

해석 ① 그 코미디언은 흥미로운 사람이다.
② 동기 부여가 되는 뉴스가 전세계로 퍼졌다.
③ 나는 아이티의 지진 때문에 너무 놀랐다.
④ 디즈니랜드는 흥미로운 놀이공원이다.
⑤ 그녀의 얼굴에 비치는 근심스러운 얼굴을 보아라.

해설 감정을 나타내는 interested는 사람을 주어로 할 경우 자주 쓰이지만, 이 문장에서는 '남을 재미있게 하는 사람'

이라는 의미를 나타내야 하기 때문에 interesting이 되어야 한다.

POINT 15	조동사의 기본적인 형태와 의미에 충실 하자

241 ③ 242 ④ 243 ② 244 ④ 245 ②

241 ③ can contain

해석 하나의 사자 무리에는 최대 40마리의 사자가 포함되며, 여기에 포함되는 사자는 수컷 1~3마리, 암컷 여러 마리, 새끼 등이다.

해설 먼저 contain은 진행형으로 쓸 수 없어서 ①과 ④는 정답이 될 수 없다. A pride of lions는 단수 취급을 하기 때문에 ② 역시 정답이 될 수 없다. ⑤는 수동태로 표현되어 뒤에 up to forty lions를 목적어로 받을 수 없어서 정답이 될 수 없다.

242 ④ C−A−D−B

해석 다음에 나오는 4개의 답변을 유추의 의미가 가장 강한 것부터 차례로 나열하시오.
"누가 노크하고 있네."
A: 민수일 거야.
B: 아마 민수일 것 같은데.
C: 민수임이 틀림없어.
D: 민수일 것 같아.

해설 '~가 아님이 틀림없다, ~일 리 없다'는 뜻으로 사용할 경우는 'can't be'를 사용한다. 그리고 '~일 수도 아닐 수도 있다'는 약한 추측에는 'may/might/could be'를 사용한다. 또한 must, may 같은 현재형보다는 should, might 같은 조동사 과거형을 사용하면 어감이 좀 더 약해지면서 말이 좀 더 부드러워진다. 따라서 강도가 강한 순으로 나열하면 'must be>should be>may be>could be'의 순이 된다. 따라서 정답은 ④가 된다.

243 ② could well be ⇨ can be

해석 빅뱅이론에 의하면, 시간과 공간은 대폭발이 발생하기 이전에는 존재하지 않았다. 그러므로 우주의 나이는 우리에게서 멀어져 가는 별의 거리와 속도로부터 계산될 수 있다. 아직 우주에는 확실한 나이가 주어지지는 않았지만, 과학

자들은 (우주의 나이를) 100억에서 200억 년 사이일 것으로 추정한다.

해설 'could well be'는 조동사의 과거형을 써서 현재 사실에 대한 불확실한 추측을 나타낸다. 문맥에 따르면, 과학자들이 추정한 우주의 나이는 대략이라도 계산될 수 있기 때문에 현실 가능성이 있다. 그러므로 이론적 가능성을 나타내는 can be로 고쳐야 한다.

244 ④ very different ⇨ be very different

해석 과학에서 중요한 것 중의 하나는 세심한 관찰이다. 왜냐하면 다소 비슷해 보이는 것들이 실제로는 우리가 가까이에서 보게 될 때 매우 다를 수 있기 때문이다.

해설 ④의 very different는 may와 연결되므로 '조동사＋동사원형'의 원칙으로 써야 한다. 조동사 다음에 형용사가 오려면 그 앞에 be동사가 있어야 하므로 may actually be different가 되어야 한다.

245 ②

해석 ① 1607년이 되어서야 비로소 영국은 버지니아주의 제임스타운에 그들의 첫 번째 식민지를 세웠다.
② 아마도 그는 지금 이 순간 너에게 빚진 것이 있다는 사실을 불편하게 느낄 수 있다.
③ 멜로디는 구어의 양식이 없어져서 생긴 것으로 생각된다.
④ 그 회사는 수천만 달러 단위의 계약을 놓친 것을 매우 안타까워했다.

해설 ② be in debt의 표현이 전치사 at의 목적어로 at being in debt로 표현되어 맞게 쓰였다.
① the English founded ⇨ did the English found: Not until이 이끄는 구문에서 도치현상이 발생해야 한다.
③ deprived ⇨ deprived of: 뒤에 전치사 of가 누락되어 있다. 'deprive A of B'의 형식의 수동태이기 때문이다.
④ lamented at ⇨ lamented / lamented for [over]: 동사 lament는 타동사로 쓰이거나 자동사로 쓰일 때 뒤에 전치사를 for 또는 over를 수반한다.

핸드폰은 이와는 전혀 다른, 즉 사람들이 자신의 소재를 감출 수 있도록 하는 기능을 갖기 시작했다.

해설 '핸드폰의 원래 목적은 서로의 소재 파악'이다. 핸드폰의 사용 목적을 관계대명사 which를 삽입해 설명하고 있는데, be used to ~ing는 '~을 위해 사용되다'가 아니라 '~에 익숙하다'는 뜻이다. 따라서 ②의 used to helping을 used to help로 바꾸어야 한다.

POINT 16 used, need를 정복하자

246	①	247	②	248	①	249	②	250	②

246 ① used to

해석 나는 교실 뒷편에 앉곤 했지만 지금은 앞줄에 앉는 것을 선호한다.

해설 주어진 문장의 주어는 I이고 빈칸 뒤에는 동사원형이 있기 때문에 be used to ~ing/명사의 표현은 쓸 수 없다. '~하곤 했다'라는 표현이 필요하기 때문에 정답은 ①이다.

247 ② are used to

해석 몇몇 교사들은 계산기 사용에 익숙한 학생은 어쩌면 암산하는 법을 잊을 수도 있다고 주장한다.

해설 'be used to ~ing'는 '~하는 데 익숙하다'라는 뜻으로 빈칸 뒤에 using을 보고 정답을 ②로 선택할 수 있다.

248 ① to write ⇨ to writing

해석 비록 Yukiko는 하루 약 100건의 문자메시지를 익숙하게 작성할 수 있었지만, 자기가 엄지손가락으로 키패드를 누른 덕분에 그 나라에서 가장 인기 좋은 작가 중 하나가 될 수 있으리라고는 결코 예상치 못했다.

해설 'be used to부정사'는 '~하기 위해서 사용되다'라는 의미를 갖고 'be used to ~ing'는 '~하는 데 익숙하다'라는 뜻으로 서로 문맥에 따라 구별해서 써야 한다. 주어진 문장에서는 'Yukiko가 매일 약 100건의 문자 메시지를 보내는 것에 사용되다'라고 해석이 되어 어색하므로 ①은 '~하는 데 익숙하다'라는 의미를 갖도록 'was used to writing'이 되어야 한다.

249 ② used to ⇨ are used to

해석 일부 교사는 계산기 사용에 익숙한 학생들이 암산을 하는 법을 잊어버릴 수 있다고 주장한다.

해설 'be used to ~ing'는 '~하는 데 익숙하다'라는 뜻으로 ② 뒤에 using이 나왔기 때문에 'used to'를 'are used to'로 고친다.

250 ② used to helping ⇨ used to help

해석 원래 사람들이 서로 어디에 있는지 알기 위해 사용하는

POINT 17 조동사+have+p.p와 관용적인 표현을 암기하자

251	①	252	③	253	②	254	③	255	②
256	②	257	④	258	③				

251 ① must

해석 A: 난 John이 너한테 답신을 하지 않았다는 게 놀라워.
　　B: John이 내 메시지를 받지 못한 게 분명해.

해설 말하는 시점은 현재이고 John이 답신을 하지 않았던 시점은 과거다. must not have p.p는 '~를 안 했음에 틀림없다.'라는 의미로 가장 적절하다.
could not have p.p는 '~할 수 없었을 텐데'의 의미이며, should not have p.p는 '~하지 말았어야 했는데'의 의미로 ②와 ③은 정답이 될 수 없다.

252 ③ must have been smaller than it is

해석 만일 우주가 팽창하고 있다면 과거 우주는 지금에 비해 크기가 작음에 틀림없다.

해설 if절 다음에 연결되는 주절은 'then in the past'로 시작하면서 '과거'에 관한 진술을 하고 있다는 것을 알 수 있다. 문맥을 고려해서 '~했음에 틀림없다'는 'must have p.p'로 나타내므로 정답은 ③이다.

253 ② laugh

해석 그들은 웃긴 광경을 보고 웃을 수밖에 없었다.

해설 'cannot but + 동사원형'이 '~할 수밖에 없다'라는 표현이므로 정답은 ②이다.

정답과 해설 ● 37

254 ③ may well be moving

해석 만일 과학이 더 진보하는 데 어떠한 장벽이 존재한다면, 과학이 이런 장애물과 맞닥뜨리기 바로 전까지는 전례없는 엄청난 속도로 나아가는 중일 것이다.

해설 'may well' 혹은 'may as well' 구문 뒤에는 동사원형이 온다. 그리고 이동 중임을 뜻하기 위해 현재진행형을 사용하고 있으므로 정답은 ③이 된다.

255 ② have perceived ⇨ have been perceived

해석 예술은 언제나 지금 우리가 생각하는 모습과는 달랐다. 오늘날 예술로 인식되는 대상은 그 대상이 처음 만들어졌을 당시에는 예술로 인식되지 않았을 수도 있고, 그것을 만든 사람이 반드시 예술가로 인식된 것도 아니었다.

해설 '과거 만들어졌을 당시에는 예술로 인식되지 않았을 수도 있다'는 뜻에서 능동태인 '인식하다'가 아니라 수동태인 '인식되다'가 되어야 한다. 따라서 ②는 능동형이 아니라 수동형으로 되어야 맞는 표현이므로 답은 ②가 된다. 추가적으로 설명하자면 본문의 'such'는 '그러한 것' 즉 'art'를 의미한다.

256 ② should be developed
⇨ should have been developed

해석 보통 젊은이들은 아버지를 포함해 일반적인 어른들과 비교해 키가 더 커진다. 이를 감안하여 새로운 스타일의 버스가 미리 개발되어야 했다. 하지만 현재는 젊은이들이 겪고 있는 어려움에 대해 고려가 이루어지지 않고 있다. 이제야말로 우리가 젊은이들을 위해 계획을 세울 때이다. 우리는 새로운 스타일의 버스를 설계해야 한다.

해설 문장 내에 쓰인 earlier도 그렇고 내용상 '과거에 새로운 스타일의 버스가 만들어졌어야만 했다.'는 의미로 쓰여야 하기 때문에 '조동사 + have p.p'의 형태가 와야 한다. should be developed는 '앞으로 개발되어야 한다'라는 미래지향적인 진술이 되기 때문에 논리상 정답이 될 수 없다. ①은 과거분사구로 맞게 쓰였다.

257 ④ than being touched ⇨ than be touched

해석 최근 아프가니스탄으로 여행 온 미국 해병은 라카이 지역 여성들에게 의료를 제공했지만 그들 여성 중의 일부는 남성 의사가 몸을 만지느니 차라리 죽는 게 더 낫다고 말했다.

해설 would rather A than B의 구문에서 A와 B 부분은 병

치를 이루어야 한다. would rather die에서 동사원형이 쓰였기 때문에 ④ 뒤에 being은 be라고 써야 한다.

258 ③ will support ⇨ to support

해석 비록 어떤 면에서 나는 오히려 시위에 참여하지 않고 싶지만 동료 노조원들을 지지하는 것 이외엔 달리 도리가 없다.

해설 have no choice but 다음에는 to부정사가 와서 '~할 수밖에 없다'라는 뜻을 가진다. 따라서 ③의 will support를 to support로 고친다.

POINT **18**	당위성을 나타내는 should의 용법			
259 ①	**260** ①	**261** ①	**262** ③	**263** ③
264 ①	**265** ③	**266** ④	**267** ②	**268** ②
269 ③	**270** ②			

259 ① be

해석 판매 책임자는 모든 직원들에게 홍보 행사를 위해 시장에 제시간에 가라고 지시했다.

해설 ordered라는 동사가 쓰였기 때문에 that절 안에는 they should be on time의 형식이 와야 하는데 should는 생략이 가능하기 때문에 선지 중에서 정답이 될 수 있는 것은 ①뿐이다.

260 ① be allowed

해석 여러 학생 조직에서는 문자 등급(A~F)으로 학점을 부여하는 강의를 들을지 아니면 과락제(Pass/Fail) 강의를 들을지 여부를 학생이 선택할 수 있도록 허용할 것을 제안했다.

해설 주절에 made a proposal이라는 표현이 곧 proposed 와 같은 의미이기 때문에 that절 안에는 (should) allow 또는 (should) be allowed가 와야 한다. 뒤에 to부정사가 있는 것으로 보아 be allowed to v의 형식을 갖추어야 하기 때문에 정답은 ①이다.

261 ① refrain

해석 그 남자는 또한 민간 부분이 자발적으로 이런 행동을 삼

가야 한다고 요청했다.

해설 requested라는 동사가 왔기 때문에 빈칸에는 '(should) refrain 또는 (should) be refrained'가 와야 하는데 refrain 동사는 자동사로 뒤에 바로 전치사 from을 취한다. 그러므로 정답은 ③이 아니라 능동형의 ①이다.

262 ③ be

해석 그들은 영화 개봉과 동시에 고급 T셔츠와 신발의 판매를 계획했으나 Sarah는 자신의 브랜드인 Bitten 라인을 통해서만 머천다이즈(굿즈)를 판매할 것을 요구했다.

해설 but 뒤의 문장의 주절에서는 demanded라는 동사가 왔기 때문에 that절에는 (should) be sold가 와야 한다. 따라서 정답은 ③이다. ①은 should 다음에 동사원형이 와야 하므로 정답이 될 수 없다.

263 ③ finish writing

해석 교수는 그 학생에게 가급적 빨리 논문을 작성하라고 요청했다.

해설 본동사 requested가 쓰인 것으로 보아 that절 안에 동사는 '(should) 동사원형'의 형태가 와야 한다. finish 동사 다음에는 동명사의 형태가 목적어로 와야 하기 때문에 정답은 ③이다.

264 ① all dealings with the Indian nations be legitimized

해석 처음부터 유럽 정부는 인디언 부족들을 자주적인 국가로 보았고, 국제법 및 규약은 인디언 국가들과의 거래는 정식 협정을 통해 합법화되어야 한다고 명시했다.

해설 충고, 명령, 요구, 제안 등의 뜻을 가진 동사가 that절을 목적어로 취할 경우 이 that절에서 동사는 'should + 동사원형'의 형태를 지녀야 하며, should는 생략이 가능하다. 본문의 'dictate'는 '명시하다, 명령하다'는 뜻을 가진 동사이며 that절을 목적어로 두고 있기 때문에 that절의 동사인 'be'는 '(should) be'가 되어야 한다.

265 ③ maintains ⇨ maintain

해석 재학생은 전공 평점평균을 B + 로 유지해야 한다.

해설 형용사 mandatory는 '의무적인, 강제적인'이라는 의미로 뒤에 that절이 올 경우에는 '(should) + 동사원형'의 형태가 와야 한다.

266 ④ was built ⇨ (should) be built

해석 시의회는 새로운 많은 주택 개발사업을 고려한 결과 새로운 쇼핑센터의 건립이 필요하다고 제안했다.

해설 동사 proposed가 쓰였기 때문에 뒤에 that절이 올 경우에는 '(should) + 동사원형'의 형태가 와야 한다.

267 ② included ⇨ (should) include

해석 위원회는 입법부에게 일몰조항을 삽입할 것을 권고했으며, 이를 통해 의회가 이 문제를 3년에서 5년 후에 재검토할 수 있도록 하고 그 시기가 되면 금지령의 지속 여부를 결정할 수 있도록 했다.

해설 recommended라는 동사가 쓰였기 때문에 뒤에 that절이 올 경우에는 '(should) + 동사원형'의 형태가 와야 한다.

268 ② disinfected ⇨ (should) disinfect

해석 자신의 갓난 아들이 곧 도착할 것을 감지한 Frankenstein 박사는 하녀에게 아이가 잘 돌봐질 수 있도록 집을 소독할 것을 요구했다.

해설 demand, command, order 등과 같이 주장, 명령 등의 의미를 가진 동사가 올 경우 that절은 '주어 + (should) + 동사원형'의 형태를 지닌다.

269 ③ to stop ⇨ (should) stop

해석 AP 통신이 입수한 초안에 따르면 유엔 안전보장이사회는 시리아 내전의 모든 당사자들에게 폭력행위의 원인 제공자가 누구이든 간에 즉각 폭력행위를 멈출 것을 요구한다.

해설 충고, 명령, 요구, 제안 등의 뜻을 가진 동사가 that절을 목적어로 취할 경우 이 that절에서 동사는 'should + 동사원형'의 형태를 지녀야 한다. 이 문장에서는 demands라는 동사가 쓰였기 때문에 ③의 to stop이 문법적으로 옳지 않다.

270 ② talks ⇨ talk

해석 ① 결국 그 개들은 짖기를 멈췄다.
② 나는 그 남자에게 그 문제에 대해 상사와 상의해 보라고 충고했다.
③ 그 남자는 더 많은 정보를 얻게 되기까지 결정을 내리는 것을 미뤘다.

④ 그 남자는 밤새도록 줄을 서서 대기하는 한이 있더라도 좌석을 구하겠다고 결심했다.

해설 주절에 advised라는 '충고하다'라는 동사가 왔기 때문에 that절에는 talks가 아닌 (should) talk이 와야 한다.

<table>
<tr><td colspan="2" style="background:#333;color:#fff">POINT 19</td><td colspan="8">가정법의 기본 형태와 도치 현상</td></tr>
<tr><td>271</td><td>⑤</td><td>272</td><td>②</td><td>273</td><td>④</td><td>274</td><td>②</td><td>275</td><td>②</td></tr>
<tr><td>276</td><td>③</td><td>277</td><td>③</td><td>278</td><td>①</td><td>279</td><td>③</td><td>280</td><td>⑤</td></tr>
<tr><td>281</td><td>④</td><td>282</td><td>④</td><td>283</td><td>④</td><td>284</td><td>④</td><td>285</td><td>④</td></tr>
<tr><td>286</td><td>③</td><td>287</td><td>④</td><td>288</td><td>④</td><td>289</td><td>①</td><td>290</td><td>③</td></tr>
</table>

271 ⑤ had wanted to

해석 그들은 만일 원했다면 그 남자를 멈출 수 있었을 것이다.

해설 주절에는 'could have p.p'의 형태가 쓰였기 때문에 가정법 과거완료임을 알 수 있다. 따라서 if 종속절에는 'had p.p'가 와야 한다.

272 ② Had Napoleon succeeded

해석 만약 나폴레옹이 유럽을 정복하려는 꿈을 이루었더라면 대륙의 지도는 지금과 달랐을 텐데.

해설 would look의 시제가 쓰인 것으로 보아 가정법 과거 또는 혼합가정법이라는 것을 알 수 있다. 의미적으로 주절은 '과거 시제'의 반대 상황이 와야 하므로 빈칸에는 가정법 과거완료가 오고, 주절은 today가 쓰인 것으로 보아 혼합가정법이라는 결론을 내릴 수 있다. 또한 if가 생략된 구문에서는 'had + S + p.p'가 와야 하기 때문에 정답은 ②이다.

273 ④ Had

해석 내가 그 회사에 더 일찍 방문했더라면 그 회사의 여러 경영 관련 분야로부터 많은 도움을 얻을 수 있었을 것이다.

해설 주절에 'could have obtained'가 쓰인 것으로 보아 가정법 과거완료임을 알 수 있다. if 종속절에서 if가 생략될 경우에 had가 문두로 나가기 때문에 정답은 ④이다.

274 ② wouldn't have made

해석 나는 네가 잠든 것을 몰랐어. 그렇지 않았더라면 내가 들어갈 때 시끄러운 소음을 내지 않았을 거야.

해설 앞 문장의 시제는 didn't know로 보아 과거이고 Otherwise '그렇지 않다면, ~였을 것이다.'가 문법적으로 자연스럽기 때문에 뒤에는 가정법 과거완료를 나타내는 표현이 와야 한다.

275 ② didn't do

해석 나는 네가 당분간 그것에 관해 아무것도 안 하는 게 더 좋겠어.

해설 would rather 다음에 주어가 올 경우 동사는 가정법의 시제가 쓰여야 한다. anything을 목적어로 받는 동사도 와야 하기 때문에 didn't만 쓰는 것이 아니라 didn't do가 와야 한다.

276 ③ could not have found

해석 만일 어떤 사람이 1950년대 초에 미국 본토를 가로질러 여행하고자 한다면 그 사람은 현재 미국 대부분의 주를 가로지르는 주간 고속도로나 고속도로 또는 유료 고속도로를 전혀 볼 수 없었을 것이다.

해설 if절에 쓰인 in the early 1950s와 주절에 쓰인 nowadays 과거부사로 보아 혼합가정법임을 알 수 있다. 따라서 주절에는 could not have found와 같이 가정법 과거완료 시제가 와야 한다.

277 ③ would have restructured

해석 내가 만약 CEO이었다면, 나는 회사의 구조조정을 하고 더 많은 직원들을 고용했을 텐데.

해설 if절에 had been이라는 시제가 쓰여 가정법 과거완료임을 알 수 있다. 따라서 주절에는 would have p.p의 형태가 와야 한다. 빈칸 뒤에 the company가 목적어 역할을 하기 때문에 ④의 수동태가 아니라 ③처럼 능동형이 와야 한다.

278 ① would not find

해석 영어를 더 열심히 공부했더라면 지금은 아무 어려움도 겪지 않았을 것이다.

해설 if절에는 had p.p가 오고 주절에는 now와 같은 현재 시제를 나타내는 부사구가 쓰였기 때문에 혼합가정법임을 알 수 있다. 따라서 주절에는 'would + 동사원형'의 형태가 기본적으로 갖추어져야 한다. 의미적으로는 부정형

not과 함께 써야 의미적으로 자연스럽기 때문에 정답은 ①이다.

279 ③ have paid

해석 일요일 오후 John은 혼자서 정원에 꽃을 심었다. 만일 다른 사람을 고용하여 꽃을 심게 했다면 350달러를 지불했을 것이다.

해설 if he had hired의 시제로 보아 가정법 과거완료임을 알 수 있다. 따라서 주절에는 'would have p.p'의 형태가 와야 하고 $350가 목적어 역할을 하기 때문에 ④의 수동형이 아니라 would have paid와 같이 능동형으로 써야 문법적으로 옳다.

280 ⑤ to come – would rise

해석 인간 역사에서 많은 빛나는 업적은 비범한 사람들의 업적이었다. 하지만 지금 비범한 사람들이 후세에 평범해져서는 안 된다고 할 이유는 없다. 만약 그런 일이 벌어진다면, 그런 비범한 사람들은 지금 Shakespeare가 평범한 사람들을 넘어선 것처럼 새로운 세상에서 Shakespeare를 넘어설 정도로 높아질 것이다.

해설 '후세에'라는 의미를 갖는 표현은 'in the ages to come'이므로 첫 번째 괄호에 들어갈 것은 'to come'이 되어야 한다. 그러므로 답은 ④ 아니면 ⑤가 된다. 세미콜론 이후 if절이 'if that was to happen'이 아니라 'if that were to happen'임을 미루어 볼 때, 이 if절이 가정법 미래 문장임을 알 수 있다. 가정법 미래이기 때문에 종속절의 동사는 'would rise'가 되어야 한다. 따라서 답은 ⑤이다.

281 ④ it would have taken ⇨ it would take

해석 고대 아라비아의 한 여행자가 우연히 치즈를 발명했고 4천 년 동안 사람들은 치즈를 계속 만들고 있다. 우유는 빨리 상하지만 우유를 치즈로 만드는 것으로 사람들은 우유의 영양소를 오랫동안 보존할 수 있게 되었다. 전 세계에서 생산되는 치즈의 종류는 2천 개가 넘는다. 매주마다 한 종류의 치즈를 맛본다 하더라도 모든 종류의 치즈를 다 맛보기까지 거의 40년이 걸릴 것이다. 그리고 그 시점이 되면 아마도 누군가가 맛볼 수 있는 새로운 종류의 치즈를 개발했을 것이다.

해설 if절에 tasted라는 과거 동사가 쓰였기 때문에 가정법 과거임을 알 수 있다. 따라서 주절에는 'would + 동사원형'의 형태가 와야 하기 때문에 정답은 ④이다.

282 ④ would have to go ⇨ would have had to go

해석 나에게 말을 걸던 그 프랑스 경관은 매우 화가 난 것처럼 보였지만, 나는 어찌할 바를 몰랐다. 나는 프랑스어를 전혀 할 수 없었으며, 내가 곤경에 처했다는 것을 알아차렸다. 다행스럽게도 나의 룸메이트가 프랑스어를 할 줄 알아 도와주겠다고 말했다. 만약 그 친구가 당시 프랑스어를 하지 못했다면, 나는 경찰서에 갔어야만 했을 것이다.

해설 if절에 쓰인 시제는 had not been으로 가정법 과거완료임을 알 수 있다. 따라서 주절에는 'would have p.p'의 형태가 와야 하므로 'would have'는 'would have had'가 되어야 맞는 것이다.

283 ④ will ⇨ would

해석 만일 인터넷이 천 년 전에 발명되었다면 사람들은 지금보다 훨씬 더 동질적인 존재가 되었을까?

해설 if절은 a thousand years ago라는 부사와 함께 과거 시제의 반대상황을 나타내는 것이고 주절은 than they are now라는 표현으로 보아 현재 시제의 반대상황을 나타내야 하는 혼합가정법이다. 따라서 주절에는 will이 아니라 would가 와야 한다.

284 ④ would have read ⇨ had read

해석 Nancy가 학교 생활할 때 좀 더 독서를 했다면 대학 입학시험에서 좀 더 높은 점수를 쉽게 얻을 수 있었을 것이다.

해설 'in her school career'는 과거 시제를 나타내고 주절에 could have gotten이 쓰인 것으로 보아 if절은 had p.p의 형태가 쓰여 가정법 과거완료 문장이 되어야 한다. 따라서 would have read를 had read로 써야 한다.

285 ④ were never to heard ⇨ were never to be heard

해석 만약 서울이 거주자들에 의해 버려지고 거리에 자동차 경적소리가 들리지 않는다면, 누가 서울에 사는 것을 좋아 하겠는가?

해설 가정법 과거 문장이다. if절에 동사가 모두 were로 쓰여야 맞다. 그러나 ④처럼 to부정사 다음에 p.p 형태가 올 수는 없다. 'to be p.p'가 맞는 형태다.

286 ③ received ⇨ had received

해석 한 미술 교사는 수강자들 사이에서 재능을 발견했고 이들이 과거에 지원을 받았더라면 이들의 인생은 달리 흘러갔을 수도 있다고 생각했다.

해설 주절에 might have turned라는 시제가 왔으므로 if절은 가정법 과거완료를 나타내는 had p.p의 형태가 와야 하므로 ③의 received를 had received로 고쳐야 한다.

287 ④

해석 ① 나는 식사 후에 산책하는 것을 반대한다.
② 그는 나보다 나이가 2살 더 많다.
③ 한국전쟁은 1950년 6월에 발발했다.
④ 내가 만약 너라면, 나는 그를 선택하지 않을 것이다.

해설 가정법 과거를 나타내는 문장으로 if절은 주어의 인칭과 관계없이 were가 맞게 쓰였고 주절은 '과거형 조동사 + 동사원형'의 형식을 잘 지키고 있다.
① go ⇨ going: 'object to ~ing' 구문으로 '~에 반대하다'의 뜻을 지닌다. 이때 to가 전치사가 되어 뒤에 명사나 동명사 등이 와야 한다. 따라서 'to go'를 'to going'으로 수정해야 한다.
② over ⇨ by: 차이를 나타내는 경우 전치사를 over가 아닌 by를 사용한다.
③ down ⇨ out: 전쟁 등이 '발발하다'라는 뜻일 때 'break out'을 사용해야 한다.

288 ④

해석 ① 만일 내가 너였다면 새 차를 샀을 것이다.
② 그 남자가 좀 더 조심했더라면 사고는 일어나지 않았을 것이다.
③ 나는 네가 어제 정말 좋은 영화를 봤다고 들었어. 나도 너랑 함께 보러 갔다면 좋았을 텐데.
④ 난 내 여자 형제의 졸업식에 초대를 받았다. 초대받지 못했더라면 졸업식에 갈 수 없었을 것이다.

해설 첫 번째 문장은 동사 got이 쓰인 것으로 보아 과거임을 알 수 있다. 이어진 문장에서는 without을 중심으로 '초대장이 없었다면'이라는 가정법 의미를 대신하고 있기 때문에 'would have p.p'의 형태가 쓰인 가정법 과거완료의 문장이 와야 한다.
① will be ⇨ were: 가정법 과거의 종속절에서 be 동사는 were의 형태로 쓰여야 한다.
② has been ⇨ had been: 가정법 과거완료에서는 if

절에 had p.p의 형태가 와야 한다.
③ have gone ⇨ had gone: wish 구문에서 과거 시제의 반대 상황을 진술하는 것은 가정법 과거완료로 뒤에 had p.p의 형태가 와야 한다.

289 ① wouldn't take place
⇨ hadn't taken place

해석 ① 한국전쟁이 일어나지 않았다면, 한국은 지금 더 부강한 나라가 될 거야.
② 태양이 서쪽에서 떠오른다면, 미스 김은 너와 당장 결혼할 거야.
③ 미국의 도움이 없었다면, 한국은 이만큼 오지 못했을 거야.
④ Kobayashi 씨는 마치 원어민인 것처럼 영어를 매우 잘한다.
⑤ 난 내 교육을 위해 다른 대학을 선택했더라면 더 좋았을 텐데.

해설 혼합가정법 문장이다. 의미적으로 주절은 과거 상황을 반대로 진술하고 있어야 하므로 가정법 과거완료의 시제가 와야 한다. 따라서 had p.p의 형태로 써야 맞는 문장이 된다.

290 ③ can get ⇨ could have gotten

해석 ① 아내가 없었다면 내 인생은 절망이었을 거다.
② 문제가 발생하면 즉각 연락해라.
③ 선생님의 조언을 들었더라면 하버드대학에 진학할 수 있었을 텐데.
④ 술과 담배를 끊을 충분한 의지가 있다면 좋으련만.
⑤ TOEIC 공부를 시작할 때다.

해설 Had I taken ~의 표현으로 보아 가정법 과거완료의 도치구문임을 알 수 있다. 따라서 주절에는 would have p.p의 형태가 와야 한다.

POINT 20	가정법의 특수용법			
291 ④	**292** ①	**293** ③	**294** ③	**295** ④
296 ②	**297** ③	**298** ④	**299** ①	**300** ①

291 ④ hadn't eaten

해석 당신은 박 씨가 방금 식사를 거하게 했음을 결코 모를 것이다. 그녀는 마치 아무것도 먹지 않았던 것처럼 행동하고 있다.

해설 as if 가정법에서는 본동사의 시제보다 먼저 일어난 일은 'had + p.p'의 형태를 쓴다. 그 이전에 아무것도 먹지 않았던 것은 is acting보다 과거 일이므로 정답은 ④ hadn't eaten이 되어야 한다.

292 ① would have been raised

해석 거리의 아이들을 위한 자선기금 모임에 참여한 기업인들이 별로 없었던 것 같다. 그렇지 않았다면 좀 더 많은 기금이 모였을 것이다.

해설 '그렇지 않았다면(otherwise)'이 사용됐기 때문에 가정법을 묻는 문제라는 것을 알 수 있다. 기업인들이 참석하지 않은 것은 과거의 사실이고, 과거에 이들이 많이 참석했다면 보다 더 많은 자선기금을 모을 수 있었기 때문에 가정법 과거완료가 되어야 한다. 따라서 정답은 ①이 된다. ④는 능동태로 사용되어 정답이 될 수 없다.

293 ③ would have been

해석 난 그 남자를 만났다면 기뻤겠지만 유감스럽게도 볼 시간이 없었다.

해설 '가정법 + but + 직설법'의 구조를 파악해야 한다. 직설법에서는 과거 시제가 쓰였기 때문에 but 앞 문장은 가정법으로 쓰였을 때 의미적으로 'would have p.p'로 과거 시제의 반대 상황을 진술해야 의미적으로 자연스럽다.

294 ③ found

해석 이제 그 여성이 이유가 무엇인지를 알아야 할 때가 되었다.

해설 it is time 구문에서는 동사가 과거가 오거나 'should + 동사원형'이 쓰여야 한다. 선지 중에서는 ③밖에 정답이 없다.

295 ④ found

해석 그 남자는 이미 마흔이 넘었다. 이제 부인을 만나 정착할 때가 되었다.

해설 it is time 구문에서는 동사가 과거가 오거나 'should + 동사원형'이 쓰여야 한다. and settled down을 보면 found를 선택해야 병치 원칙에도 맞게 쓰이는 것이다.

296 ② have ⇨ had

해석 난 당신이 소속 부서의 최고 관리자로부터 점검을 받지 않고 금융 시스템을 바꾸는 일은 없었으면 좋겠다.

해설 wish 가정법에 관한 문제다. 직설법 시제가 아니라 가정법 시제가 와야 하기 때문에 have not changed를 had not changed로 써야 문법적으로 맞다.

297 ③ was ⇨ were

해석 Marsa의 직책은 큐레이터인데, 이는 마치 뿔과 유리 곤충을 파는 Marsa의 디자인 상점을 자연사 박물관으로 칭하는 것과 같다.

해설 as if가 쓰인 문장에서는 가정법 시제가 쓰인다. was와 같은 직설법 시제가 오는 것이 아니라 were가 쓰여야 문법적으로 맞다.

298 ④ was ⇨ were

해석 그녀는 종종 갑자기 웃었고, 그녀의 유머는 마치 햇살처럼 밝게 터져 나왔다.

해설 as if가 쓰인 문장에서는 주어의 수와 인칭에 관계없이 be 동사는 were로 쓰이기 때문에 정답은 ④이다.

299 ①

해석 ① 이제 우리 집에 갈 시간이다.
② 난 애 취급 받는 것에 반대했다.
③ 기말고사가 끝나면 영화 보러 가자.
④ 이 프로그램은 학교의 후원을 받으며 자원 봉사자들의 기금을 받는다.

해설 It is high time 가정법시제에서는 동사가 과거형이나 'should + 동사원형'이 쓰이므로 맞게 쓰였다.
② treat ⇨ being treated: object to 다음에는 목적어로 동명사형이 와야 한다.
③ will be ⇨ is: 미래를 나타내는 시간의 부사절에서는 현재형이 미래 시제를 대신한다.
④ is received their funds ⇨ receives: 뒤에 their funds가 목적어 역할을 하므로 동사는 is received가 아니라 능동형의 gets나 receives를 써야 맞다.

300 ①

해석 ① 우리 모두 집에 갈 시간이다.
② 난 파리에 가본 적이 있지만 그 남자는 그렇지 못하다.

③ 그 남자는 거짓말쟁이라서 의지할 수 없다.

④ 지켜보는 주전자는 끓기까지 오래 걸린다.

해설   It is time 가정법 시제에서는 동사가 과거형이나 'should + 동사원형'이 쓰이므로 went 시제가 맞게 쓰였다.

② didn't ⇨ haven't: 앞 문장에 현재완료가 쓰였기 때문에 의미적으로 현재완료형을 써야 의미적으로 자연스럽다.

③ be relied ⇨ be relied on: rely on이 숙어를 이루고 수동태가 되어도 전치사가 누락되지 않아야 한다.

④ watching ⇨ watched: 주전자는 watch의 주체가 아니다. '지켜봐지는'이라는 의미로 쓰여 과거분사형인 watched로 수식을 받아야 의미적으로 자연스럽다.

POINT 21	가산명사와 불가산명사를 구별하자			
301 ④	302 ①	303 ③	304 ④	305 ②
306 ③	307 ③	308 ①	309 ⑤	310 ④
311 ③	312 ④	313 ④	314 ②	315 ④
316 ④	317 ②	318 ②	319 ④	320 ③

301 ④ a little

해석 우리가 오염물질을 통제하는 데에 있어서 어느 정도의 발전을 이뤄낸 것은 사실이지만, 더 많은 것들을 할 필요가 있다.

해설 불가산명사를 수식하며, 문맥상 어느 정도의 발전은 이뤄냈다고 말하는 긍정의 느낌이 내포되어야 한다. 따라서 정답은 ④이다.

302 ① more harm than good

해석 우리는 좋은 점보다는 안 좋은 점이 더 많은 약을 먹고, 너무 많은 시간 동안 일하며, 스스로에게 스트레스를 준다.

해설 'do more harm than good'은 "좋은 점보다 나쁜 점이 더 많다"라는 뜻의 관용 표현이므로, 표현 자체를 하나의 덩어리로 기억해두는 것이 좋다.

303 ③ Fewer than

해석 모든 도시 거주자들 중 절반이 채 되지 않는 사람들만이 공동생활의 존속에 필요한 최소한의 공교육의 종류와 양을 이해하고 있다.

해설 주어 부분에 해당하며 가산명사를 받아줄 수 있는 표현이 필요하다. 가장 적절한 정답은 ③이다. 주어진 문장에서 본동사는 understand이므로 ①과 ②에 동사가 또 있어서 정답이 될 수 없다. ④는 much는 불가산명사를 수식하는데 half of all the city residents는 가산명사이므로 정답이 될 수 없다.

304 ④ some furniture

해석 나는 우리 아파트를 위한 가구를 몇 채 구매했다.

해설 furniture는 불가산명사이므로, 관사 a나 복수형이 불가

능하다. 따라서 정답은 ④이다.

305 ② at alarming rate ⇨ at an alarming rate

해석 비만인 미국인의 수가 우려할 만한 비율로 지속적으로 증가하는 반면에 이탈리아에서는 비만한 사람의 비율이 미국의 비율보다 반에 불과하다.

해설 '～한 비율로'란 의미로 'at a ~ rate'란 표현을 사용하는데, 여기서 주의할 점은 절대로 부정관사 a를 생략해서 사용하면 안 된다는 것이다. 따라서 답은 ②의 "at alarming rate"이며 올바른 표현은 "at an alarming rate"이다.

306 ③ housekeeping task ⇨ housekeeping tasks

해석 저희 서비스는 사소한 수리거리같이 힘든 집안일에 도움이 필요한 여성들을 돕기 위해 존재합니다.

해설 task는 셀 수 있는 명사이기 때문에 ③의 task가 단수형이 맞는다면 단수를 나타내는 부정관사 a가 tough 앞에 존재해야 한다. 그렇지만 밑줄이 tough 아래에 없고, housekeeping task에 있으므로 task는 복수인 tasks가 돼야 한다.

307 ③ prophetess ⇨ a prophetess

해석 Aeneas와 그의 부하들의 여정은 Odysseus의 여정과 마찬가지로 길고 함정이 많은 여정이었다. Aeneas는 너무 자주 길을 벗어났고, 그 결과 여성 예언자가 개입해서 그를 지옥으로 인도했다.

해설 prophetess는 "여성 예언자"라는 뜻으로 가산명사이다. 따라서 관사와 같은 한정사를 붙여주는 것이 적절하다.

308 ① commercial ⇨ commercials

해석 TV광고는 누군가가 한 마디 하는 커피를 특징삼아서 사람들이 돋보일 수 있게 하는 자그마한 방식을 보여주는 30초짜리 극화를 구성한다.

해설 문장의 동사인 'construct'가 원형 그대로 쓰이고 있으므로 주어는 복수형이 와야 한다. 따라서 'commercial'이 아니라 'commercials'가 와야 하므로, 답은 ①이 된다.

309 ⑤ wheats ⇨ wheat

해석 많은 기독교인들과 유대인들은 이슬람으로 개종했으며, 거부한 자는 때로는 일정량 이상은 넘지 않는 밀로 이루어진 세금인 jizyah를 한 해마다 지불하면 평화로이 사는 것이 허용되었다.

해설 밀을 뜻하는 'wheat'는 불가산명사이기 때문에 복수형 '-s'가 올 수 없다. 따라서 답은 ⑤이다.

310 ④ informations ⇨ information

해석 곰에 무선송신기를 부착하는 것은 곰의 행동에 대한 중요한 정보를 얻는 데 도움을 준다.

해설 information은 불가산명사이므로 복수로 받지 않는다.

311 ③ special permissions
　　　 ⇨ special permission

해석 호텔 손님들은 그들이 특별 허락을 받은 경우가 아니라면 오후 11시 30분 이후로 풀장에서 수영할 수 없습니다.

해설 ③의 permission이 허가증이라는 의미로 사용될 경우는 가산명사로 쓰이지만, 허용, 인가라는 의미로 쓸 경우에는 불가산명사로 쓰인다. 주어진 문장에서는 문맥상 '허락'을 의미하는 것이기 때문에 ③의 permissions(허가증)를 permission으로 수정해야 한다.

312 ④ starvations ⇨ starvation

해석 2.43초마다 또 다른 우리의 형제와 자매들이 아사합니다.

해설 starvation은 불가산명사로 복수형이 불가능하다.

313 ④ a great success ⇨ great success

해석 이러한 이의제기의 핵심은 다음과 같이 전개될 수 있다. 상대론적 역학은 뉴턴의 역학이 잘못되었다는 것을 보여주었을 리가 없는데, 뉴턴의 역학이 여전히 매우 성공적으로 대부분의 기술자들에 의해 그리고 특정 응용 분야에서는 많은 물리학자들에 의해 사용되고 있기 때문이다.

해설 문맥상 위의 경우에는 with + 추상명사의 형태에서 추상명사를 수식하기 위한 형용사가 들어가 있는 형태로 볼 수 있다. 즉, of + 추상명사를 형용사 취급하는 것처럼, with + 추상명사를 부사처럼 취급하기도 하는데, 이때 추상명사 앞에 관사를 사용하지 않는다. 따라서 a를 삭제해야 한다.

314 ② another ⇨ other

해석 코끼리와 원숭이, 그리고 다른 야생동물 한 무리가 일련의 넓고 광활한 평지를 우르르 가로질러 가고 있다.

해설 접속사 and를 중심으로 하는 병렬구조상 wildlife는 복수 취급을 받고 있으며, 따라서 another과 함께 사용할 수 없다. another를 other로 바꿔야 한다.

315 ④ wide variety ⇨ a wide variety

해석 세계 최대 열대우림 중 하나는 인도네시아 군도에 있는 섬들에 걸쳐 있고 오랑우탄과 다양한 종류의 야자나무와 난초의 서식지다.

해설 variety는 a variety of 또는 varieties of라고 써야 하는 가산명사이기 때문에 ④가 정답이 된다.

316 ④ staffs ⇨ staff

해석 최근 Facebook이 Goldman Sachs로부터 5억 달러 규모의 투자 협상을 벌이는 동안, MySpace는 직원의 거의 반을 해고할 채비를 하고 있었다.

해설 staff는 '직원 전체'를 의미하며 일반적으로는 셀 수 없는 명사이기 때문에 그냥 staff로 사용된다. 직원 개개인을 나타내는 표현은 a staff가 아니라 a staff member이다. staffs는 staff의 복수형이 아니라 '참모진들'이란 의미를 지닌 별개의 단어이며 마찬가지로 staves는 '지팡이, 지휘봉'이란 의미를 가진 별개의 단어이다. ①의 경우, 수량형용사 billion을 하이픈으로 연결하면 dollars가 아니라 dollar 즉 복수 형태가 없는 것이 맞는 표현이다.

317 ② Nobody except you and her saw him enter the room.

해석 ① 그들은 상점에서 다양한 와인들을 판매한다.
② 너와 그녀를 제외한 어느 누구도 그가 방에 들어가는 것을 보지 못했다.
③ 유유상종(끼리끼리 모인다.)
④ 5천 명의 사람들이 그 섬에 산다.
⑤ 당신은 집에 계신 어머니를 도와드리기에 충분한 나이이다.

해설 'except you and her'에서 except가 전치사로 쓰였으며 전치사 다음에는 목적격을 쓰므로 맞는 표현이다. 또한 saw가 지각동사이므로 목적격 보어로 동사원형 enter가 올바르게 쓰였다.
① wine ⇨ wines: 구체적인 물품을 가리키며 various

의 수식을 받고 있으므로 wines로 고친다.

③ feather ⇨ a feather: Birds of a feather flock together.는 "유유상종"이라는 뜻으로, 직역하면 "같은 깃털을 지닌 새들끼리 모인다."라는 뜻이 된다. 여기에서 "같은"이라는 의미가 들어가야 하므로, 부정관사 a가 필요하다.

④ Five thousands people ⇨ Five thousand people: 특정한 수를 가리킬 때는 수사에 복수형을 붙이지 않는다.

⑤ enough old to help ⇨ old enough to help: 형용사 또는 부사를 enough가 수식할 경우에는 후치수식을 한다.

318 ② Let him have what little pleasure he can.

해석 ① 정당한 청원이라면 그 어느 것이라도 경청할 것이다.
② 아주 약간의 기쁨이라도 그가 가질 수 있는 것이 있다면 그렇게 하게 해줍시다.
③ 나는 어제 나이가 50인 미국인 사업가를 만났다.
④ 나는 트위터를 사회적 네트워크가 아닌 정보 네트워크라고 생각한다.

해설 ① Any just pleas will not go unheard of. ⇨ No just pleas will go unheard.: any가 부정문의 주어로 사용될 수 없다. 또한, unheard of는 "한 번도 들어보지 못한, 전에 없는"이라는 뜻인데 문맥상 맞지 않는다. 따라서 전치사 of를 삭제해야 한다.
③ 50-years-old ⇨ 50-year-old: 하이픈(−)으로 이루어진 단어 덩어리가 하나의 구를 이루어 명사를 수식할 때는 각각의 단어를 단수 취급한다.
④ not ⇨ as not: '~를 ~로 여기다'라는 뜻의 관용표현으로 쓰일 때는 'think of A as B'로 사용된다. 따라서 not 앞에 as를 더한다.

319 ④ firm decision ⇨ a firm decision

해석 ① 우리 가족 구성원들은 모두 빨리 배우는 편이다.
② 그녀는 재판에서 증거를 제출하는 것을 거부했다.
③ 집을 사기 전에 조사를 좀 하세요.
④ 우리는 마침내 그 문제에 대해 확실한 결정을 내리게 되었다.
⑤ 그들은 비행기 여행의 불편함에 넌더리가 난다.

해설 구체적인 하나의 결정에 대해서 이야기하고 있기 때문에 부정관사 a를 붙여준다.

① family는 집합명사로 '구성원'을 언급할 경우에는 복수 동사를 쓴다.
② evidence는 불가산명사로 쓰인다.
③ research는 가산, 불가산명사로 모두 쓰이며 불가산명사로 쓰일 경우에 some의 수식을 받을 수 있다.
⑤ discomfort 역시 가산, 불가산명사로 모두 쓰인다.

320 ③ Fire ⇨ A fire (또는 The fire)

해석 ① 나는 약간의 감기 기운이 있는 것만 빼면 괜찮고 기분도 좋다.
② 의사는 그 남성에게 알코올 섭취를 급격히 줄여야만 한다고 충고했다.
③ 보고된 화재는 어젯밤 스프링필드에 있는 한 교회에서 시작되었다.
④ 나는 크리스마스 파티에서 한 젊은이를 만났는데, 매력적이며 똑똑하다는 것을 알게 되었다.

해설 추상명사의 의미로서의 '불'이 아니라 구체적인 하나의 '화재' 사건을 의미하고 있으므로 fire 앞에 관사 a 또는 the를 붙여준다.

POINT 22	복수형을 쓰는 경우와 소유격을 쓰는 경우를 정복하자				
321 ③	322 ③	323 ②	324 ②	325 ④
326 ③	327 ③	328 ①	329 ①	330 ③

321 ③ Lee and Kim's

해석 이것은 이씨와 김씨 부부의 새로 지어진 집이다.

해설 공동소유를 나타낼 경우에는 A and B' + 명사로 표현한다. ①은 개별 소유를 나타내는 방법이므로 정답은 ③이다.

322 ③ students'

해석 많은 학생들이 강의 이후에 질문이 있었고, 나는 그 학생들의 질문에 대답해 주었다.

해설 뒤에 명사 questions를 수식할 수 있는 소유격이 와야한다. 복수형 명사에는 '(아포스트로피)만 붙인다.

323 ② a dollar's worth of my dental benefits

해석 지난 15년 동안, 나는 치과 보험에서 단 1달러도 사용하지 않았다.

해설 시간, 거리, 가격, 무게를 나타내는 명사는 무생물일지라도 소유격 's를 써서 나타낼 수 있다. a dollar's worth가 맞는 표현이고 뒤에 'of my dental benefits'의 수식을 받는다.

324 ② struggling with their sheep

해석 이 그림에서 그는 양들과 씨름하는 농장 노동자 무리들을 묘사했다.

해설 depict + 목적어 + ~ing의 구문으로 목적어와 목적격보어 사이의 의미적 관계가 능동이다. sheep은 단·복수동형인 명사이다. 따라서 정답은 ②이다.

325 ④ Chinese general ⇨ Chinese generals

해석 지난 몇 세기 동안, 이 실크로드 간이역은 중국 장군들, 티베트 군 지도자들 그리고 몽골 기병들에 의해 정복되어 왔다.

해설 general은 명사로 쓰이면 "장군"이라는 뜻으로 단수 취급하며, and를 기준으로 이루어진 병렬구조를 보더라도 복수 취급을 하는 것이 옳다.

326 ③ three month ⇨ three months

해석 다른 일자리를 선택한 직원은 그들의 고용주들에게 떠나기 적어도 석 달 전에는 알려 주어야만 한다.

해설 "석 달"을 의미하는 것이므로 three 뒤에 나온 month를 복수 취급해 주어야 한다.

327 ③ effort operations ⇨ effort operation

해석 33명의 광부들은 칠레 국민들을 고무시키고 세계를 사로잡은 성공적인 구출 노력이 있은 후 2010년 10월 13일 늦게 지상으로 복귀했다.

해설 단수를 의미하는 부정관사 a가 있기 때문에 ③의 effort operations는 단수인 effort operation으로 바뀌어야 한다.

328 ① species ⇨ a species

해석 늑대는 집단의 영역을 방어하는 종의 전형적인 사례이다. 평균적으로 늑대 집단은 대가족으로 수백 제곱킬로미터

의 영역에서 5마리에서 최대 8마리가 함께 한다.

해설 관계대명사 that절 뒤 defends를 통해 선행사인 species는 단수임을 알 수 있다.

329 ① useful material ⇨ useful materials

해석 이 세상에서 가장 유용한 물질 중 하나는 유리로, 주로 모래, 소다, 석회로 이루어져 있다.

해설 'one of the ~'의 형식에서는 복수 명사가 오기 때문에 정답은 ①이다.

330 ③ many ⇨ many pieces of

해석 Rip Van Winkle이 20년 동안의 은둔 생활 끝에 숲 밖으로 나왔을 때, 그가 태어난 마을에서는 많은 소식들이 그를 기다리고 있었다.

해설 news는 불가산명사로 many의 수식을 받을 수 없다. 따라서, a piece of news와 같은 불가산명사를 수식해줄 수 있는 조수사가 필요하다.

POINT 23	관사가 정확하게 쓰였는지 확인하자			
331 ④	**332** ①	**333** ①	**334** ②	**335** ②
336 ②	**337** ②	**338** ④	**339** ③	**340** ④
341 ④	**342** ④	**343** ④	**344** ③	**345** ①
346 ①	**347** ②	**348** ③	**349** ③	**350** ④

331 ④ After earning an MA degree

해석 Missouri 대학에서 연극으로 석사학위를 딴 후 그는 뉴욕에서 인턴으로 일했다.

해설 분사구문으로 주절과 종속절의 주어는 같고, 문맥상 수동형은 될 수가 없다. 그리고 a와 an의 구분은 철자가 아니라 발음으로 구분하기 때문에 a MA가 아니라 an MA가 맞다. 원문은 After he earned an MA degree이며, 여기서 주어 생략하고 동사를 ~ing형으로 바꾼 ④가 답이 된다.

332 ① an estimated 30 percent

해석 흡연은 미국 내에서 화재로 인한 사망의 30%를 차지한

것으로 추정된다.

해설   percent를 명사로 쓸 경우 percents라고 쓰지 않는다. 또한 추정치를 표현할 때 사용하는 형용사 estimated는 'an + estimated + 숫자'의 형태를 지닌다. 따라서 ①의 'an + estimated + 30percent'가 올바른 표현이다.

333   ① on strike

해석   기관사들이 내일 파업을 할 것이기 때문에 나는 내일 부산에 갈 수 있을 것 같지 않다.

해설   "파업 중"이라는 일반적인 뜻으로 사용될 때는 전치사 on을 사용하며 관사를 붙이지 않는다.

334   ② night

해석   사막에 사는 많은 포유동물들은 밤에만 활동하는데, 이는 낮 동안 사막의 강렬한 열기가 온혈 동물들에게는 치명적일 수 있기 때문이다.

해설   관사(특히 정관사)란 어떤 대상을 지칭해 문맥에서 그 대상을 명확히 하기 위한 것인데, 문제에서 제시된 night의 경우에는 특정 밤을 지칭하는 것이 아니라 '일반적인 밤'이라는 추상적 개념을 말하고 있기 때문에 관사가 오지 않아야 한다.

335   ② the third ⇨ a third

해석   오랫동안 세계 최악의 삼림파괴국이었던 브라질에서는 2009년 정글을 개간하는 속도가 지난날의 속도의 3분의 1로 급감했다. 이러한 상황이 벌어진 것은 일부 불황 때문인데, 원자재 가격이 하락하여 농장을 만들고자 정글을 개벌하는 것의 수익성이 떨어졌기 때문이다.

해설   문맥상 ②의 third는 '세 번째'가 아니라 '3분의 1'의 의미를 갖는다. 따라서 분수를 나타내기 위해 the 대신에 a가 와야 한다. ①의 경우, long은 부사로 원래 Brazil, which has long been the world's worst offender에서 which has been이 생략되면서 long만 남은 것이다. ③의 경우, due to 사이에 뜻을 덧붙이기 위해 부사가 들어갔으며, 이런 경우는 흔하다. ④의 경우, 형용사의 열등비교 형태이다.

336   ② set resolve ⇨ set a resolve

해석   성공으로 가는 길은 장애물로 가득하다. 우리는 그러한 어려움들을 만날 뿐만 아니라, 기꺼이 정복하고자 하는 결심을 해야만 한다.

해설   resolve가 추상 명사로 "결심, 결의" 등의 뜻으로 사용되면 불가산 취급을 하지만, 제시된 문장의 경우에는 'set a resolve to v'로 하나의 관용표현으로 사용된 것으로 볼 수 있다.

337   ② ills ⇨ ill

해석   정신질환자와 일하는 전문가들은 농담이나 일상적으로 사용되는 의학 용어로 인해 잘못 전달된 정보에 대해 특히 우려를 나타내고 있다.

해설   good/bad, poor/rich, healthy/sick, young/old, living/dead 등과 같이 인간의 특성을 나타내는 형용사는 the와 결합하여 명사처럼 쓰이며, 그런 부류의 사람들을 나타낸다. 따라서 답은 ②로, ②의 ills는 형용사 형태가 되어야 하므로 ill로 변경되어야 한다.
①의 who는 관계대명사 주격으로 선행사인 experts를 수식하고 있다.
③의 'be concerned about'은 '~에 대해 걱정하다'는 뜻이고, 'be concerned with'는 '~와 관련이 있다'는 뜻이므로 올바른 표현이다.

338   ④ in the print ⇨ in print

해석   주로 출판업자의 노력 때문에 Hurston의 글에 대한 관심이 부활한 것이며, 그녀의 모든 책은 다시 출판되고 있다.

해설   특정한 출판물을 가리키는 것이 아니라 일반적인 의미로 "출판[출간]되는"이라는 뜻으로 쓰일 때는 관사를 붙이지 않는다.

339   ③ same ⇨ the same

해석   미국에서는 같은 상품을 구매하기로 결정하는 일은 미국인들 사이에 즉각적인 친밀감을 불러일으킨다.

해설   '~와 동일한'을 의미하는 'same'은 반드시 정관사 'the'와 함께 사용되어야 한다. 따라서 ③의 'same'은 'the same'이 되어야 하며, 답은 ③이 된다.

340   ④ No error

해석   의사의 지시에도 불구하고 Eric은 오늘도 테니스 경기를 하고 있다. 왜냐하면 그는 코치가 무슨 말을 한다고 해도 경기를 하고야 말겠다는 집념의 운동선수 중 한 명이기 때문이다.

해설   ①의 play tennis는 맞는 표현이다. 운동경기 앞에는 the를 붙이지 않고, play the piano의 경우처럼 악기 앞에는 the를 붙인다.
②의 'one of those'는 '〜 사람들 중에서 한 명'이라는
의미이므로 one of 다음에는 those와 같이 항상 복수형
이 온다.
③의 'no matter what'은 양보의 부사절을 이끄는 복합
관계대명사로 '비록 〜이 〜라 하더라도'의 뜻을 지니며
맞는 표현이므로, 이 문장은 오류가 존재하지 않는다.

341 ④ his ⇨ the

해석 갑자기 그 젊은 여성은 일어나서 그의 얼굴을 쳤다.

해설 신체의 일부를 나타내는 경우 소유격을 사용하지 않는다.

342 ④ Himalayas ⇨ the Himalayas

해석 그 숲의 맹그로브 나무는 섬의 층을 이루고 있는 모래 위
로 70피트 이상 자라는데, 그 모래들은 히말라야에서부
터 벵골만까지 1,000마일 이상을 흘러온 강에 의해 퇴적
된 것이다.

해설 히말라야는 고유명사로 앞에 정관사 the를 취한다.

343 ④ rich ⇨ riches

해석 포커 게임이라는 행위가 상징하는 것은 기술과 인내 그
리고 약간의 운을 지닌 사람이라면 어느 누구나 아주 쉽
게 무일푼에서 벼락부자가 될 수 있다는 늘 존재하는 생
각이었다.

해설 from rags to riches는 "무일푼에서 벼락부자로"라는
뜻의 관용표현이다. 모르더라도 from 뒤의 명사가 복수
형을 취하고 있으므로 to 뒤의 명사도 복수형을 취해야
함을 유추해볼 수 있다.

344 ④ moon ⇨ the moon

해석 이 4개의 거대 기업들은 조사단을 꾸려 달에서 루비듐 매
장층을 탐사하는데 필요한 모든 수단을 활용하며 루비듐
정제공장을 설립하고 확보하라는 임무를 부여했다.

해설 고유하고 특정한 지구의 위성인 달을 가리키는 것이므로
정관사 the를 붙여준다.

345 ① The rice ⇨ Rice

해석 쌀은 어느 다른 곡물들보다 에이커당 더 많은 농작물을
산출해내며, 더 많은 사람들이 그 어떤 식량보다 쌀에 의
존하고 있다.

해설 특정한 것이 아닌 일반적 의미의 물질명사로 사용된 rice
앞에는 관사를 붙이지 않는다.

346 ① the hail ⇨ hail

해석 우박은 얼음 또는 눈으로 구성되어 있기는 하나, 주로 뇌
우가 시작되는 여름에 떨어진다.

해설 특정한 우박을 가리키는 것이 아닌 일반적인 물질명사로
서의 우박을 설명하는 글이기 때문에 관사를 쓰지 않는다.

347 ② plow ⇨ the plow

해석 기원전 3,500년 경 중동지역에 소개된 이후, 쟁기는 식
량을 재배해야 하는 필요에서 일부 사람들을 해방시켜
주었다.

해설 쟁기는 셀 수 있는 보통명사이므로 관사가 필요하며, 기
구나 도구 앞에는 보통 정관사 the를 사용한다.
①의 경우 'introduce A to B'라는 구문을 떠올리고 be
introduced to로 전치사가 수정되어야 한다고 생각할
수 있다. 이렇게 수정되어도 올바른 문장이지만 'be
introduced (to people living) in the Middle East'로
생각해 ①과 같이 사용될 수도 있다.
⑤의 food는 가산/불가산 명사로 두 가지 경우 모두 사
용되므로 올바른 표현이다.

348 ③ few resemblance ⇨ little resemblance

해석 높은 세금과 후한 사회보장 혜택이 경제적 유인책을 약
화시키고, 성장과 혁신을 지연시켜 침체된 경제를 야기한
다는 내용의 여러분이 항상 듣는 이야기는 놀라울 정도
로 긍정적인 사실과는 거의 닮은 점이 없다.

해설 '닮은 점, 유사성' 등의 의미를 갖는 'resemblance'는 불
가산 명사이기 때문에 'few' 같은 가산명사를 수식하는
수량 형용사와는 함께 쓸 수 없다. 따라서 ③의 "few
resemblance"는 "little resemblance"로 바뀌어야 한
다. 그러므로 답은 ③이다.

349 ③ influential role model
⇨ an[the] influential role model

해석 세계선수권 5회 우승기록을 가지고 있는 피겨스케이팅
선수 Michelle Kwan은, 밴쿠버 올림픽의 인기인 중 한
명인 한국의 김연아 선수는 한국의 미래 피겨스케이팅
선수들을 위한 영향력 있는 역할 모델이라고 말한다.

해설 role model은 '역할 모델'이라는 명사이기 때문에 관사

가 필요한데 여기서는 빠져 있다. 따라서 ③은 'an influential role model'로 변경되어야 한다.

①은 바로 뒤의 Michelle Kwan을 수식하는 표현이며, 이렇게 한정 용법의 형용사구로 사용될 때는 관사를 사용하지 않는다.

②의 경우 'one of the ~' 뒤에 복수 명사가 바르게 와 있다.

④의 'the Asian nation'은 'Korea'를 지칭하는 말이므로 올바른 표현이다.

350 ④ The elderly is ⇨ The elderly are

해석 ① 책상은 어느 정도 거리를 두고 떨어져 있는데, 부정행위를 방지하기 위함이다.
② 당신이 오는 줄 알았었다면, 케이크를 구웠을 텐데.
③ 그 나이 든 남성은 아내의 건강에 대해 염려스러워한다.
④ 어르신들이 점점 더 그들의 권리를 주장하고 있다.

해설 'the + 형용사'는 복수보통명사의 취급을 받을 수 있으며, 위의 문장의 경우에는 "나이 든 사람들, 어르신들"이라는 뜻으로 복수로 사용되었다. 따라서 be동사와 소유격 표현 둘 다 복수로 바꿔주는 것이 옳다.

POINT 24	관사의 어순이 맞는지 확인하자			
351 ③	352 ①	353 ③	354 ①	355 ③
356 ①	357 ③	358 ②	359 ②	360 ③

351 ③ too awkward a scene for me not to

해석 영어권 세계에서는 이방인이었던 어머니와 함께 내가 쇼핑을 하러 가는 곳마다, 아니나 다를까 쇼핑하는 일은 내가 어머니를 돕기 위해서 목소리를 높이지 않으면 곤란한 상황이 되기 일쑤였다.

해설 주절의 구성은 'too... to' 문형의 확장형이다. 우선 'too'에 형용사와 명사가 결합된 형태임을 알 수 있는데, 이렇게 되면 'too + 형용사 + 명사' 형식을 따라서 "too awkward a scene"이 되어야 문법적으로 올바르다. 보기 중에서 이에 해당하는 것은 ③뿐이며 따라서 답 역시 ③이다.

352 ① at too fast a rate

해석 우리는 우리가 생각하고 말하는 모든 것을 의식적으로 인지하고 제어하지 못할 정도로 빠르게 생각하고 말한다.

해설 속도나 비율을 나타내는 명사 rate에는 전치사 at을 같이 사용한다. '너무 ~한'의 의미를 가진 부사 too를 보기의 at a fast rate처럼 '부정관사 + 형용사 + 명사'의 어순을 가진 문구에 삽입할 경우 어순은 'too + 형용사 + 부정관사 + 명사'가 되어 at too fast a rate가 된다. 따라서 답은 ①이다.

353 ③ too good a friend of theirs

해석 미국의 새 행정부는 이스라엘을 지지하면서도 동시에 이스라엘에 솔직할 수 있는 기회가 있다. 지난 3년간 많은 이스라엘인들이 George W. Bush 대통령이 그들에게 너무도 좋은 친구였다고 내게 말해왔다.

해설 so/as/too/how 등이 오면 다음에 형용사가 먼저 나오며, 뒤에 오는 명사는 생략 가능하다. 하지만 such/what 등은 다음에 명사가 와야 하며, 중간에 명사를 수식하는 형용사가 위치하는데 이는 생략할 수 있다. 이 문장에서는 too가 사용되었으므로 'too good a friend'의 순서가 되어야 한다. 다음으로 이중 소유격을 생각해 볼 수 있는데, 관사와 소유격은 같이 사용하지 않는 특성을 지닌다. '그들의 친구'이므로 'a friend of theirs'가 되어야 한다. 따라서 앞서 설명한 두 표현이 합쳐져서 정답은 ③의 'too good a friend of theirs'가 된다.

354 ① as bad a result for the drug as

해석 그는 이것이 모든 사람들이 두려워했을 약의 부작용이라고 주장했는데, 이는 사실과 거리가 멀다.

해설 as는 'as + 형용사 + a(n) + 명사'의 어순으로 사용한다. 또한, 'as + 형용사/부사 + as'의 원급 표현에서 두 번째 as는 접속사의 기능을 한다. 빈칸 뒤에 anybody could have feared라는 절이 나온 것으로 보아, 두 번째 as는 anybody 앞에 위치해야 함을 알 수 있다. 따라서 정답은 ①이다.

355 ③ too a good deal ⇨ too good a deal

해석 현재 문제가 되는 것은 일반적으로 TIPS로 알려진 물가연동채권도 투자자들에게도 만족스런 거래가 될 수 있을지 여부이다. 반대론자들은 정부가 물가연동채권에서 계속 돈을 잃어왔다고 언급하는 데 반해 옹호론자들은 회계 쪽에 의구심을 표하고 있다.

해설 ③의 'too'가 들어간 경우 어순은 'too + 형용사 + a(n) + 명사'이다. 따라서 "too a good deal"이 아닌 "too good a deal"이 맞는 표현이며 답은 ③이다.

356 ① a quite good ⇨ quite a good

해석 당신은 200달러 미만의 꽤 괜찮은 기타를 구매할 수 있지만, 가장 비싼 기타들은 수천 달러에 이른다.

해설 quite은 'quite + a(n) + 형용사 + 명사'의 어순으로 사용한다. 따라서, quite a good guitar로 고치는 것이 옳다.

357 ③ too insupportable a smell
⇨ such an insupportable smell 또는
so insupportable a smell

해석 생명체가 죽게 되면 대양은 사실상 하나의 거대한 오물 구덩이가 될 것이다. 부패하고 있는 수많은 것들이 참을 수 없는 악취를 내면서 인간은 모든 해안 지역을 떠날 수 밖에 없게 된다. 그러나 이보다 훨씬 더 나쁜 상황들이 오염의 결과로 나타나게 될 것이다.

해설 so, such, too에 관한 어순 문제. 먼저 2개로 나누어 보면 ① 'such[half, quite, rather, whatever] + 부정관사 + 형용사 + 명사' ② 'so[as, too, however] + 형용사 + 부정관사 + 명사'의 어순으로 써야 한다. ③ 선지 뒤에 that이 나와 있기 때문에 적어도 so ~ that 또는 such ~ that 형식을 갖춰야 한다.

358 ② the biggest ⇨ biggest

해석 11월 13일 지린성 북서쪽에서 발생한 화학 공장 폭발 사건은 중국에서 가장 큰 강 중의 하나를 심각하게 오염시켰으며, 수백만 명의 사람들을 위한 상수도를 끊어버렸을 뿐만 아니라, 오염에 대한 공포를 도시뿐만 아닌 인접국인 러시아에까지 퍼지게 했다.

해설 한정사인 관사와 소유격은 동시에 사용할 수 없다. 따라서 the를 지우는 것이 옳다.

359 ② This is too good a chance to lose.

해석 ① Mary를 기쁘게 하기는 쉽다.
② 이것은 너무 좋은 기회라 놓칠 수 없다.
③ 나는 원하는 사람이 누구든지 이 책을 그 사람에게 줄 것이다.
④ 훌륭한 역사학자는 좋은 표현법, 철저한 정보, 그리고

공명정대함을 겸하고 있다.

해설 too 다음에 '형용사 + 부정관사 + 명사'의 어순으로 맞게 쓰였다.
① her ⇨ 삭제: It is easy to please Mary. 또는 Mary is easy to please.라고 쓰는 것이 옳다. 목적어가 상승해 주어 자리로 올라갔기 때문에, 목적어 자리에 또 다른 목적어가 존재해서는 안 된다.
③ to whomever ⇨ to whoever: wants 앞이므로 주어 역할을 할 수 있는 주격이 필요하다. 따라서 whoever로 고친다.
④ being impartial ⇨ impartiality: and를 기준으로 명사인 style, information이 병렬구조를 이루고 있다. 따라서 being impartial을 impartiality로 고치는 것이 옳다.

360 ③ newborn baby ⇨ newborn babies

해석 ① 왕실 문 밖에 있는 사람들은 엄청 많았다.
② 전반적으로 이것은 꽤 훌륭한 공연이었다.
③ 신생아들이 살아남을 확률은 현재 훨씬 더 높다.
④ 내 앞에 있는 두 자동차는 거의 서로 부딪힐 뻔했다.

해설 baby는 가산명사이므로 관사와 함께 쓰거나 복수형으로 써야 한다.
① the crowd는 집합명사로 동사는 단수 또는 복수취급을 할 수 있다.
② 'quite + a(n) + 형용사 + 명사'의 어순이 맞게 쓰였다.
④ almost는 부사로 동사를 수식하며 collide with 또한 맞게 쓰였다.

POINT 25	무엇을 지칭하는지 정확하게 해석하고 표기하자								
361	①	362	③	363	②	364	②	365	④
366	①	367	③	368	②	369	①	370	②
371	②	372	③	373	④	374	④	375	②

361 ① it takes

해석 학생들은 A를 받기 위해 무엇이 필요할지 더욱 잘 알고 있다.

해설 본문의 'take'는 비인칭 it을 주어로 해서 '~이 필요하다'는 의미를 갖는다. 그리고 보기 중에서 비인칭주어 it이 들어간 것은 ①뿐이라서 답은 ①이 된다. ①을 대입해 보면 "what it takes to get an A"는 "A를 받기 위해 필요한 것"이라는 의미를 갖는다.

362 ③ how hard they found it

해석 나는 서구식으로 대화하려고 노력하는 게 그들에게 얼마나 힘들었을지 진심으로 공감이 간다.

해설 우선 부사 hardly는 '힘들게'의 부사적 표현이 아니라 '거의 ~아니다'라는 뜻을 가진 별개의 것이다. 따라서 ②와 ④는 답이 될 수 없다. '얼마나 힘들게'의 의미인 how hard가 삽입되기 전에 원문은 '그들은 ~이 어렵다는 점을 발견했다'는 의미를 가진 they found it hard to... 이며 여기에 들어간 대명사 it은 '그것'의 의미가 아니라 'to try to carry...'를 대신한 가목적어 it이다. hard에 how가 결합되어 how hard가 되고 문장 앞으로 빠지면서 'how hard they found it to...'가 된 것이므로 it을 생략할 수는 없다. 따라서 답은 ③이 된다.

363 ② to transfer

해석 대통령의 비상 선포는 병원이 환자들로 넘쳐날 경우 병원이 부상자 분류 및 치료를 위해 다른 병원으로 환자를 후송하기 쉽도록 하기 위한 절차적 조치이다.

해설 쉼표 사이에 삽입된 should they be swamped with sick people은 if가 생략된 가정문으로 좀 더 상세한 설명을 위해 삽입한 것이다. 문맥상 쉼표 앞의 hospitals는 빈칸에 들어가는 동사 transfer의 주어 역할을 하고 있음을 알 수 있다. 그리고 앞에 for가 위치한 것으로 미루어 볼 때 to부정사의 의미상의 주어임을 알 수 있다. 그러므로 빈칸에 적절한 답은 ②이다.

364 ② it useful

해석 물리학자들은 종종 일련의 입자들을 그들의 에너지에 따라 스펙트럼으로 분리하는 것이 유용하다는 것을 알고 있다.

해설 it은 가목적어, useful은 목적격 보어, to separate ~가 진목적어이다.

365 ④ those with low scores

해석 희망 척도에서 높은 점수를 받은 사람들은 낮은 점수를 받은 사람들만큼이나 힘든 시기를 겪었지만, 그것을 희망적으로 생각하는 법을 배웠다.

해설 원급 비교의 구조이므로, 비교 대상이 일치해야 한다. those는 people을 가리키며 with low scores는 who get a high score와 비교되고 있다. 따라서 정답은 ④이다.

366 ① as that in another

해석 한 나라의 무게 측정 시스템이 항상 다른 나라의 것과 같지는 않다.

해설 the same은 뒤에 as를 취하며, 앞에서 언급한 the system을 대신 받아주는 대명사인 that이 필요하다. 따라서 정답은 ①이 가장 적절하다.

367 ③ his ⇨ her

해석 Philips 공주는 모친의 뒤를 이어 승마 챔피언이 되었으며, 궁전의 압박에서 벗어나 그녀 자신만의 인생을 개척했다.

해설 제시된 문장의 주어가 Philips 공주(여성)가 되므로, ③의 his는 her로 수정되어야 한다.

368 ② its ⇨ their

해석 그 작가의 소설들은 다소 구식이고 케케묵은 듯하지만, 소설들의 형식은 현대 인기 소설들 가운데서 살아남아 있다.

해설 its가 'the author's novels'를 받고 있으므로 복수의 형태인 their로 수정되어야 한다.
①의 경우 본동사 seem 앞에 조동사 may가 들어가 있는 경우이다.
③의 경우 자동사와 타동사 모두 사용 가능해서 올바르게 쓰였다.

369 ① their ⇨ its

해석 국가의 공적 및 사적 영역에서, 그 국가는 국민들이 감수할 수밖에 없는 위협의 상당수를 감소시키기 위해 정당한 행위를 취하며, 이러한 위협은 도로에서, 공장에서, 자연환경에서, 심지어는 투기자본 분야에서 존재한다.

해설 ①의 their가 수식하는 것은 문맥상 본문의 주어인 the nation 밖에 없으므로 복수 소유격인 their가 아니라 its가 되어야 한다.

370 ② and I ⇨ and me

해석 Ralph Rogers가 자신의 증언을 마칠 때쯤이면, Mark Jamieson과 나를 제외한 회사의 모든 주요 임원이 주식 사기 공모 혐의로 기소되어 있을 것이다.

해설 ②는 '~을 제외하고'라는 전치사 but에 걸리기 때문에 I가 목적격인 me로 바뀌어야 한다.
①의 경우 조건/시간의 부사절에서는 현재가 미래 시제를 대신하기 때문에 증언이 일어나는 시점은 미래이지만 현재시제로 ①과 같이 사용되어야 한다.
③의 경우 'By the time'과 함께 사용되는 미래완료 시제로, 어떤 행위가 미래에 일어날 때에는 미래완료 시제로 제시된 행위는 이미 다 완료되어 있을 것이라는 내용을 나타낼 때 사용한다.

371 ② below it ⇨ below them

해석 우리 모두는 수입 안에서 삶을 살아가기 시작하거나, 되도록 수입보다 더 적게 지출하는 삶을 살기 시작해야 한다. 당신이 돈을 지나치게 많이 빌리거나, 지나치게 많은 지출을 하지 않는다면 당신은 금융 체계에 어떤 문제가 일어나든지 간에 그 문제에 훨씬 덜 취약할 것이다.

해설 it은 앞에 나온 명사인 means를 가리키며, means가 "돈, 재력, 수입" 등의 의미로 사용될 때는 복수 취급을 한다. 따라서 it을 them으로 고친다.

372 ③ some of them ⇨ some of it

해석 북태평양 해저의 해수 대부분은 적어도 800년 동안 햇빛에 노출되지 않았으며, 이들 해수 일부는 2000년간 그곳에 머무른 것이다.

해설 most of the 뒤에는 단수/복수 명사가 모두 올 수 있으며, 이때 명사가 단수일 경우는 뒤에 단수형 동사가 오고 복수일 경우는 복수형 동사가 오게 된다. 제시된 문장의 경우 water가 단수 명사이므로 ②에 has가 사용되었다. ③의 경우 some of them이 some of the water를 지칭하는 것이므로 some of it으로 수정되어야 한다. ④에서는 천년을 뜻하는 millennium의 복수형인 millennia가 사용되었다.

373 ④ him ⇨ himself

해석 조지 오웰의 가장 훌륭한 작품은 정치와 관련된 것이지만, 그의 정치적 견해를 분명하게 정의하는 것은 어렵다. 부끄럼을 타는 성격이었던 그는 책에서만큼은 열정적인 모습을 보여주었는데, 오웰은 스스로를 좌파 사회주의자이면서 동시에 반공주의자이며 토리당의 무정부주의자로 공정하게 묘사했다.

해설 문맥상 다른 남성을 묘사한 것이 아니라 스스로를 묘사한 것이다. 주어와 목적어가 일치하는 경우에는 재귀대명사를 쓰는 것이 옳다. 따라서 himself로 고친다.

374 ④ themselves ⇨ them

해석 대학 연구진은 자신들이 지진을 예측하는 데 도움을 줄 수 있는 일련의 지시계기를 연구하고 있다.

해설 ④의 'help oneself'는 'take something without permission(허가 없이 무언가를 가져가다)'는 의미를 가지며, 본문의 내용과는 동떨어진 표현이다. 따라서 답은 ④이고, "help themselves"는 "help them"으로 바뀌어야 한다.

375 ② you ⇨ yours

해석 John이 경험한 학교 교육의 문제는 두 학교 모두 교사와 학생 간의 소통이 없다는 점에서 너의 학교 문제와 유사하다.

해설 너의 학교 교육의 문제를 받아야 하므로, the problem of your school education을 받는 yours가 되어야 한다.

POINT 26 부정대명사는 반드시 출제된다

376	③	377	②	378	③	379	①	380	④
381	③	382	②	383	④	384	①	385	④
386	⑤	387	②	388	①	389	②	390	②

376 ③ one

해석 영양분과 약물을 환자의 혈액에 떨어뜨려 주는 많은 튜브 중 하나가 작은 펌프와 연결되어 있다.

해설 언급된 튜브 중에서 특정한 것이 아니라 막연한 하나를 가리키는 것이므로 부정대명사 one이 가장 적절하다.

377 ② one that lasts

해석 올림픽 경기는 하루짜리 이벤트에서 열릴 때마다 16일

동안 계속되는 것으로 발전했다.

해설 last는 자동사이므로 수동태가 불가능하다. 따라서, ③과 ④의 정답 선택에서 배제된다. 또한, 이미 언급한 명사를 다시 받는 것이 아니므로 that을 사용할 수 없다. 빈칸 앞의 전치사 to 다음에는 a one-day affair에 상응하는 부정대명사 one이 와야 하지 특정한 명사를 대신 받는 that을 쓰면 지칭하는 것이 정확하지 않다. 그래서 정답은 ②이다.

378 ③ one another

해석 휴일에 우리 가족은 모두 서로에게 직접 만든 선물을 준다.

해설 문맥상 서로 서로에게 직접 만든 선물을 나눠주었다는 것이므로, "서로"라는 뜻을 가진 one another가 가장 적절하다.

379 ① neither

해석 둘 다 독감에 걸렸기 때문에 오늘 일하러 오지 않았다.

해설 독감에 걸렸으므로 오늘 일하러 오지 않았다고 말하는 게 옳으므로 부정 표현이 필요하다. nor은 접속사이며, 주어 역할을 할 수 있는 대명사인 neither이 적절하다.

380 ④ of the early federal labor laws

해석 초기의 연방 노동법은 대부분 철도와 철도 노동자와 관련된 일들을 다루었고, 다른 산업으로는 확대되지 않았었다.

해설 most는 'most people' 혹은 'most of the people'의 형태로 사용된다. most 뒤에는 단·복수 명사가 모두 올 수 있지만 law가 셀 수 있는 명사이므로 관사가 필요하다. ①과 ②는 단수 명사가 관사 없이 사용되었기 때문에 답이 될 수 없으며, ③의 경우에는 전치사 of 없이 바로 정관사가 와서 올바른 형태가 아니므로 정답은 ④가 된다.

381 ③ most of the day

해석 Angela는 어제 아팠고, 그래서 하루 중 대부분을 침대에서 보내야만 했다.

해설 부정형용사와 관사 또는 소유격은 함께 사용할 수 없기 때문에 ①, ②, ⑤는 제외한다. ④에서는 어제를 가리키므로 특정한 날이기 때문에 day 앞에는 정관사가 필요하다. 가장 적절한 정답은 ③이다.

382 ② for most of the transmission

해석 유행성 독감의 경우 노인들은 독감으로 사망할 위험이 가

장 높으나, 노인들의 전염 대부분은 아이들이 유발한다.

해설 'most'가 '대부분'의 의미로 사용될 경우는 '한정사＋most'의 형태를 갖지 않으며, 'most of'는 '대명사, 한정사, 소유격＋명사'의 형태를 갖는다. 보기 중에서 이 같은 조건을 만족하는 것은 ②밖에 없으므로 답은 ②가 된다.

383 ④ other ⇨ another

해석 어제 세운 계획이 더는 실행이 가능하지 않아서, 관리자는 또 다른 대안을 선택해야만 했다.

해설 뒤에 단수 명사가 있으므로 other를 another로 고친다.

384 ① One should ⇨ You should

해석 당신은 규칙을 어기지 않으려고 해야 하는데, 규칙을 어기는 것은 잘못된 것일 뿐만 아니라 당신이 발각되지 안될지도 당신은 모르기 때문이다.

해설 but also because 뒤의 주어가 you이므로, 주절의 주어도 You로 일치시켜 주어야 한다.

385 ④ other's reactions ⇨ others' reactions

해석 금연을 하고 싶어하는 사람들은 대개 스스로에게 건강상의 위험성, 악취, 비용, 그리고 그들의 흡연에 대한 다른 사람들의 반응과 같은 흡연의 단점들을 상기시킨다.

해설 other에는 형용사의 기능만 있으므로 's를 붙여서 사용할 수 없다. 문맥상 여기에서는 불특정 다수의 반응을 이야기하는 것이므로 대명사 others로 고치고 그 뒤에 '를 붙이는 것이 옳다.

386 ⑤ one ⇨ ones

해석 전문가들에 따르면, 우정과 사회적 지지는 인간의 심리적, 신체적 안녕에 필수적이라고 한다. 그리고 아마 이것이 결혼한 사람들이 그렇지 않은 사람들보다 더 오래 사는 이유일지도 모른다.

해설 앞의 정해져 있지 않은 people을 대신 받는 부정대명사이므로 복수 취급하는 것이 옳다.

387 ② almost of them ⇨ most of them

해석 한 사회에서 사람들이 어디에서 함께 살든, 대부분의 사람들은 몇몇 가치는 그 사회의 모든 사람들을 구속하는 규칙들에 의해서만 충족될 수 있다고 생각한다.

해설　almost는 부사로 'almost of + (대)명사'와 같은 형태로 쓰일 수 없다. 문맥상 "대부분"이라는 의미가 가장 적절하므로 most로 고쳐 준다.

388　① none ⇨ no

해석　대인관계가 없는 사람이 왜 그런지는 설문조사로는 충분히 알아낼 수 없는 것이다.

해설　이 문제의 정답은 none 대신 no가 들어가야 하는 ①이다. none은 대명사이고, no는 형용사이기 때문에, none이라는 대명사 다음에 relationship이라는 명사가 올 수 없다. 따라서 relationship을 수식하기 위해서는 no가 와야 한다. ②는 문장에서 보어 역할을 하고 있으며 뒤에 관계대명사 that의 수식을 받고 있다.

389　② either of them ⇨ any of them

해석　전화기, TV 수상기, 그리고 자동차는 삶을 보다 편리하고 즐겁게 한다. 하지만 이것들이 우리를 통제하도록 우리가 기꺼이 내버려 두지 않는다면, 각각의 것들은 우리가 반드시 인식하고 통제해야 할 위협을 가져다 줄 것이다(즉, 우리가 그런 문명의 이기들로부터 통제당하도록 내버려 둔 것이 아닌 이상, 그러한 것들이 가져다주는 위협을 우리는 반드시 인식하고 제어해야 한다는 의미임).

해설　②의 "either of them"에서 them이 가리키는 것은 '전화기, TV 수상기, 자동차'이다. 문제는 이 세 명사가 전부 and로 연결이 되어 있으므로, '둘 중의 하나'를 뜻하는 either는 사용할 수 없다. 따라서 'either of them' 대신에 'any of them'이나 'each of them'이 와야 문법적으로 올바르다.
"A와 B 둘 다"의 의미에서 "more convenient"와 "more interesting"이라는 두 개의 형용사를 연결 짓는 ①의 both는 올바른 표현이다.
③의 "are willing"은 '~을 기꺼이 하는'의 의미인 'be willing to'의 일부로 문법적으로 이상이 없다.
④의 "control us"에서 "control"이 동사원형인 경우는 원형부정사를 받는 "let" 때문이다. 따라서 ④ 역시 문법적으로 이상 없다.

390　② Peter bought red wine yesterday and white today.

해석　① Peter는 어제 빨간색 펜 2개를 샀고, 오늘 파란색 펜 2개를 샀다.
② Peter는 어제 레드 와인을 샀고 오늘 화이트 화인을 샀다.
③ Peter는 어제 컴퓨터 1대를 구매하고, 오늘도 1대 구매했다.
④ Peter는 어제 책 몇 권을 샀고, 오늘도 몇 권 샀다.
⑤ Peter는 어제 쌀을 좀 샀고, 오늘도 좀 샀다.

해설　red wine은 물질명사이므로 부정대명사 one으로 대신 받을 수 없다. 따라서 white wine 또는 white라고만 써야 맞다.

CHAPTER 06 형용사, 부사, 비교

POINT 27	형용사와 부사의 선택문제는 실수하지 말자			
391 ①	392 ①	393 ④	394 ④	395 ③
396 ④	397 ②	398 ④	399 ③	400 ⑤
401 ④	402 ①	403 ④	404 ②	405 ④
406 ③	407 ④	408 ③	409 ①	410 ①

391 ①

해석 오늘 르완다 의회는 처음으로 동성애를 징역 5년에서 10년까지 구형이 가능한 범죄로 할지 여부를 본격적으로 고려하기 시작한다. 이 법안은 또한 동성 간의 관계를 "조장하거나 더욱 민감하도록 만드는" 것으로 파악되는 어떤 행동도 금할 것이다.

해설 '5년에서 10년까지 구형이 가능한 범죄'를 문법적으로 맞게 표현한 것을 고르는 문제이다. 보기 ②, ③, ④를 보면, 시제의 차이는 있지만 공통적으로 '처벌이 이루어진 범죄'의 의미가 되는데 내용상 '이루어진 범죄'가 아니라 '구형이 가능한 범죄'란 뜻이 되어야 하므로 답이 될 수 없다. 따라서 '구형이 가능한'의 의미인 'punishable'이 들어간 ①이 답이다.

392 ① that

해석 우리는 우리가 내일 즈음이면 합의에 도달할 것이라고 확신했다.

해설 뒷 문장이 완전하며 빈칸 앞의 형용사인 certain과 가장 잘 어울리는 보기는 ①뿐이다. certain, sure와 같은 형용사들은 that절을 목적어로 받기도 한다.

393 ④ effectively

해석 효과적으로 전략을 짜고 (시장 상황을) 추정하는 데 있어, 그 회사는 또한 반드시 기술이 고객들에게 미치는 영향, 사회적 추세가 시장에 미치는 영향, 그리고 고객 선호도가 미치는 영향 등을 고려해야 한다.

해설 formulating은 전치사 in의 목적어로 사용된 것이므로, 분사가 아니라 동명사이며 동명사 formulating을 꾸며

주는 것은 형용사가 아니라 부사이다. 따라서 형용사 effective에서 형용사를 부사로 바꿔주는 -ly가 붙은 ④가 답이다.

394 ④ go bankrupt

해석 어떤 기업도 이윤을 낸다는 보장이 없으므로 만약 정부에 의해 공적 자금을 지원받을 수 있을 만한 정치적 영향력이 충분치 않다면 기업은 크든 작든 간에 항상 파산하게 된다.

해설 '파산하다'의 뜻을 가진 표현은 'go bankrupt' 또는 'go into bankruptcy'이다. 따라서 선지 중에서 이에 부합하는 것은 ④뿐이다.

395 ③ widely

해석 표준 중국어는 세상에서 가장 널리 사용되는 언어이며, 영어는 2번째이다.

해설 과거분사 spoken을 수식해줄 수 있는 보기를 골라야 한다. 분사는 형용사이므로 형용사를 수식해줄 수 있는 부사인 ③이 정답이다.

396 ④ awe ⇨ in awe

해석 아시아에는 분명히 방문자들에게 늘 경외감을 느끼게 하고 지속적으로 그들의 기분을 들뜨게 하는 놀라운 광경, 소리, 모험이 있다.

해설 ③의 'sounds'를 보고 'sound'를 불가산 명사로 밖에 쓰이지 않는 것으로 착각하고서 '-s'가 붙었기 때문에 답이라고 생각한 경우도 있을 것이다. 하지만 답은 ④이며, 그 이유는 '~에게 늘 경외감을 느끼게 하다'라는 'keep sb. in awe'란 표현이 있는데 본문에서 'in'이 빠져 있기 때문이다.
①의 경우, 동사인 'has'를 수식하는 부사이므로 'certainly'가 문법적으로 올바르다.
②의 경우, '~이 없다'는 의미로 'lacks of'가 아닌 'lack of'를 사용하기 때문에 문법적으로 올바르다.
⑤의 경우, "lasting"은 동사 'last'의 진행형이 아니라 '지속되는'의 뜻인 형용사(또는 현재분사)로 볼 수 있으므로 문법적으로 올바르다.

397 ② act in defiant ⇨ act in defiance

해석 Rosa Parks는 그녀의 반항적 행동이 그녀에게 가져다 준 관심을 추구하지도 기대하지도 않았다. 그럼에도 불구하고, 그녀는 사람들이 그녀를 시민권 운동의 어머니로 생각한다는 것에 만족했다.

해설 전치사 뒤에는 명사를 쓰는 것이 원칙이다. defiant 뒤에 어떤 명사가 나왔다면 명사구로서 문법적으로 옳은 표현이 될지도 모르겠지만 바로 brought라는 동사가 나왔으므로, defiant를 defiance로 고쳐준다.

398 ④ sagged ⇨ sagging

해석 핵무기와 전쟁에 극심할 정도로 주목하는 것이 오히려 놀라우며 그 이유는 그것은 이란의 미국 대사관 인질 사태로 인해 미국이 겪은 궁지와 세계에서 약화된 미국의 경제적 입지 등 1980년에 미국인들에게 가장 분통이 터지던 도전 과제와는 관계가 없기 때문이다.

해설 ④의 sag는 '축 늘어지다, 약화되다'는 의미의 동사인데 economic position과 결합해 '약화된 경제적 입지'라는 의미를 지닌다. 이럴 경우 sag의 형태는 sagged가 아니라 sagging이 되어야 한다. 따라서 답은 ④이다.

399 ③ plans national ⇨ national plans

해석 공산주의 국가에서, 중앙정부는 자본을 통제하고 자본의 사용을 위한 국가 계획을 수립한다.

해설 형용사인 national이 후치수식을 하는 형용사는 아니기 때문에, 명사 plans를 앞에서 수식하는 형태가 되어야 한다.

400 ③ intermarriage couples ⇨ intermarriaged couples

해석 몇 세대만 거슬러 올라가면, 부부 간에 인종이 다른 경우는 예외적인 사례였다. 하지만 1990년에서 2000년 사이의 인구조사에서 다른 인종끼리 결혼을 한 부부의 수가 거의 두 배로 늘었다.

해설 ③의 경우 '다른 인종끼리 결혼을 한 부부'의 의미를 갖기 위해서는 intermarriage는 동사 intermarry의 과거분사형인 intermarried로 바뀌어야 한다. 과거분사형이 문장에서는 명사 couples를 꾸며주는 형용사처럼 사용되었는데, 이는 ③ 앞의 부사 racially를 통해 알 수 있다.
②의 경우, '~의 비율'이라는 식으로 특정 비율(percentage)을 말할 때 의미를 한정시킨다는 의미에서 정관사(the)가

percentage 앞에 온 것이다.

401 ④ like-mind activists ⇨ like-minded activists

해석 WikiLeaks는 2006년 오스트레일리아 출신 운동가이자 언론인인 Julian Assange가 그와 마음이 맞는 일군의 운동가와 컴퓨터 전문가들과 함께 설립했다.

해설 '마음이 맞는'의 의미를 지닌 표현은 ④의 like-mind가 아니라 like-minded이다.

402 ① concerned about ⇨ concerned (about 삭제)

해석 홍보실장이 우려하는 것은 회사의 집중적인 마케팅 공세가 경쟁사가 비슷한 제품을 출시한 지 3~4일 이후에 시작했다는 것이었다.

해설 전치사 뒤에는 that절이 위치할 수 없다. in that과 now that 같은 경우에는 특수하게 in that과 now that이 하나의 접속사처럼 쓰이는 것이며, 그 외의 경우에는 that절이 무분별하게 전치사 뒤에 위치할 수는 없다. 따라서 about을 삭제하는 것이 적절하다.

403 ④ slow ⇨ slowly

해석 투르 드 프랑스(국제 사이클 도로 경기)에 참여하고 난 후, Lance Armstrong은 이틀 동안 무릎을 구부릴 수 없었으며, 돌아다니기 위해서는 매우 천천히 걸어야만 했다고 전했다.

해설 동사 수식은 형용사가 아니라 부사가 한다. 따라서 slow를 slowly로 고친다.

404 ② uneasily ⇨ uneasy

해석 동등한 기회를 얻기 위한 투쟁에서 자신들이 가장 오랫동안 기다리고 가장 크게 참아왔다고 생각하는 흑인들은 히스패닉계나 아시아계에 의해 밀려나는 것을 불편하게 생각한다.

해설 '~에 대해 불편하게 생각하다'는 뜻을 가진 표현으로 'be uneasy about ~'이 있으며, 절대로 'be uneasily about'으로는 사용되지 않는다. 따라서 답은 ②이다.

405 ④ rapid ⇨ rapidly

해석 컴퓨터가 사고할 수 있느냐의 질문이 중요한 문제로 빠르게 부각되고 있다.

해설 뒤의 becoming이라는 동사를 수식해야 하기 때문에 형용사가 아닌 부사형의 rapidly로 바뀌어야 한다.
①의 경우 'question'이 whether절 이하의 내용으로 구체적이기 때문에 부정관사 A가 아닌 정관사 The가 와야 한다.
②의 경우 '～ 인지 아닌지'의 뜻의 명사절을 이끄는 접속사로 if와 whether가 사용되지만, ②와 같이 전치사와 같이 사용되기 위해서는 반드시 whether를 사용해야 한다.
⑤의 경우 특정하거나 지정된 문제(issue)가 아니기 때문에 부정관사가 맞다.

406 ③ more environmental
⇨ more environmentally

해석 그 결과는 석유보다 더 값이 싸고, 탄소 발자국이 석유보다 80% 더 적은 친환경적인 바이오 연료일지도 모른다.

해설 friendly는 형용사이다. 형용사 수식은 형용사가 아닌 부사가 하기 때문에 -ly를 더해서 부사로 만들어주는 것이 옳다.

407 ④ latter ⇨ later

해석 7.4 강도의 지진으로 인해 쓰나미 경고(이후 단계가 하향 조정되었음)가 나온 후, 수십 명의 마을 주민들이 고지대에 피신해 밤을 보냈다.

해설 정답은 ④로 여기서는 '이후에'라는 뜻의 부사가 되어야 하므로 later로 수정되어야 한다. latter는 형용사로 '후자의'란 뜻을 지닌다.
①의 경우 'spend + 시간 + ～ing'에 해당하는 표현으로 올바르다.
③은 '야기하다'는 뜻의 동사로 사용되었다.

408 ③ a great many thousand
⇨ a great many thousands

해석 지난 수년간 언론의 주목으로 주택 교환의 매력이 알려졌고 수많은 사람들이 영국이나 해외에서 휴가를 보내기 위해 주택을 교환하는 협약을 맺는다.

해설 ③의 "thousand"의 경우 앞에 수사 또는 수를 나타내는 어구가 올 때는 복수형 "-s"를 붙이지 않는다. 예를 들면 '5000'은 'five thousand'이지 'five thousands'가 아니다. 하지만 '수천' 또는 '수많은'을 의미하는 경우는 'thousand'가 아니라 'thousands'가 와야 올바른 표현이 된다. 따라서 "a great many thousand"가 아니라 "a

great many thousands"가 되어야 하므로, 답은 ③이다.

409 ① billions ⇨ billion

해석 그 일은 30억 개 이상의 DNA 염기서열을 맞추는 것뿐만 아니라, 사용되었던 어떤 물질도 가죽이나 털에 붙어 있는 박테리아나 다른 유기체로 인한 것이 아님을 확인하는 것을 포함한다.

해설 수의 단위(thousand, million, billion) 앞에 기수(two, three)가 결합되어 구체적인 수를 가리킬 경우에는 단위를 나타내는 수(thousand, billion, million)는 복수가 아닌 단수 형태를 취한다.

410 ① quite a few ⇨ few

해석 Germaine Greer에 따르면, 위대한 업적을 성취한 여성 예술가들이 거의 없는 이유는 그들이 역사적으로 그들이 받아온 억압을 내면화했기 때문이며, 그로 인해 창의적인 작품에 필요한 에너지를 소모했기 때문이다.

해설 문맥을 보면, 여성들이 그들이 받은 억압을 내면화, 즉 안으로 삭히면서 창의적인 작품에 필요한 에너지를 소모했다는 것을 알 수 있다. 그렇다면 여성 예술가들은 상대적으로 위대한 업적을 성취하는 것이 매우 힘들거나 불가능했을 것이다. quite a few는 "상당수"라는 뜻인데, 위와 같은 맥락에서는 적절치 않다. 따라서 few로 고쳐 부정의 느낌을 담아주는 것이 가장 적절하다.

POINT 28	부사는 이것만 외워라			
411 ②	412 ②	413 ④	414 ②	415 ②
416 ③	417 ①	418 ④	419 ②	420 ⑤

411 ② relative ⇨ relatively

해석 역사를 통해 대부분의 기술진보는 거대한 발명이라기보다는 상대적으로 사소한 향상과 세련됨을 거쳐 이루어져 왔다.

해설 보기항 ②의 relative 다음에 minor는 형용사이고, improvements and refinements는 명사이므로 '부사 + 형용사 + 명사'의 어순으로 써야 문법적으로 맞다. 따라서 ②의 relative를 relatively로 수정해야 다음에 이어지는 형용사 minor를 수식할 수 있다.

412 ② vegetation does not have enough moisture for growth to take place

해석 1년의 대부분의 기간 동안 물이 아니라 얼음이 존재한다는 것은 초목이 성장에 필요한 충분한 수분을 얻지 못한다는 것을 의미한다.

해설 enough가 명사를 수식할 때는 명사 앞에 위치한다. 또한, take place는 "일어나다, 발생하다"라는 뜻으로 happen처럼 자동사로 쓰인다. 위와 같은 이유로 ③과 ④ 보기는 정답이 될 수 없다. ① 보기는 해석상 어색하다. 따라서 가장 적절한 정답은 ②이다.

413 ④ are still here

해석 "안녕하세요, 김 선생님! 모두 부활절 휴가 보내러 떠났나요?"
"애들 중 몇 명은 아직 여기 있단다."

해설 ④를 제외한 모든 보기는 비문이기 때문에 답은 ④뿐이다. 구체적으로는 ①의 'yet'은 '(아직은 아니지만) 머지않아, 앞으로는 ~할 것이다'의 뜻이지만, 'gone'이 사용되어 '아직은 아니지만 머지않아 떠났다'라는 비문이 되었다. 따라서 답이 될 수 없다. ②처럼 긍정문의 'ever'는 '항상, 줄곧'의 의미를 가지는데, 'gone'이랑 결합하면 '항상 떠났다'는 의미의 비문이 되었다. 따라서 답으로 볼 수 없다.

414 ② far too much

해석 오늘날 아이들은 너무나 많은 숙제를 부여받는다. 따라서 학교는 선생님들이 최대 1시간어치의 양으로 방과 후 숙제를 제한할 수 있게 강제해야만 한다.

해설 빈칸 뒤의 homework라는 명사를 수식해 주면서 문장의 해석과도 가장 잘 어울리는 단어는 far가 아니라 much이다. 마지막이 much로 끝나는 보기는 ②뿐이다.

415 ② enough severe ⇨ severe enough

해석 Tom의 부상은 그가 한 달 동안 병원에 입원하기 충분할 정도로 심각했다.

해설 enough가 형용사 또는 부사를 수식할 때는 형용사 또는 부사 뒤에 위치한다.

416 ③ don't come usually
⇨ usually don't come

해석 그럼에도 불구하고, 심지어 서양 어머니들 스스로는 (아이들에게) 엄격하게 군다고 생각하는 시점에도, 서양 어머니들 여전히 아시아 어머니의 수준에는 미치지 못하는 게 일반적이다.

해설 빈도부사 usually의 위치는 '일반 동사 앞, be동사나 조동사의 뒤'이며, 부정어 not은 빈도부사와 일반동사 사이에 위치한다. 따라서 ③의 don't usually는 usually don't come이 돼야 한다.
④의 close는 to와 결합하면 '~에 가까운'이란 의미를 갖는다.

417 ① eat usually ⇨ usually eat

해석 우리 가족은 주로 대부분의 식사를 주방에서 같이 먹는다. 하지만, 거실 TV 앞에서 먹기도 한다.

해설 빈도부사의 위치는 be동사, 조동사 뒤, 일반동사 앞이다. 가장 기본적인 암기 사항임을 잊지 말자.

418 ④ rare ⇨ rarely

해석 산업화가 과거의 대가족을 붕괴시켰다고 주장하는 일은 헛될 뿐이다. 왜냐하면 그러한 형태의 가족은 거의 존재하지 않았기 때문이다.

해설 'rare'는 형용사로 본문에서처럼 '거의 존재하지 않았다'의 의미로 동사 'exist'를 수식하기 위해서는 부사로 변해야 한다. 따라서 ④의 'rare'는 'rarely'가 되어야 하며, 답은 ④가 된다.

419 ② so hardly ⇨ so hard

해석 젊은 투수가 공을 너무 강력하게 던져서 타자는 아예 공을 건드릴 수도 없었다.

해설 hard는 부사의 기능도 겸할 수 있으며, 이때 hard는 "열심히; 힘껏, 세게" 등의 뜻으로 사용될 수 있다. hard 뒤에 -ly를 붙인 hardly는 "거의 ~아닌"이라는 뜻의 부정 표현이다. 문맥상 공을 세게 던졌다는 것이 적절하기 때문에 hardly를 hard로 고친다.

420 ⑤ publically ⇨ publicity

해석 ① 꽃가루 알레르기에 걸리면, 눈이 간지럽다.
② 정원으로 다가갈수록, Mary는 기분이 좋아졌다.
③ 스코틀랜드 군부대가 거리를 행진했다.

④ 낮이 짧아지면서, 1주간 노동 시간이 길어졌다.

⑤ 그때 이후로 그는 항상 언론의 주목을 피했다.

해설 shun은 타동사로 뒤에 목적어가 필요하다. 따라서 publically를 알맞은 명사의 형태로 바꿔준다.

POINT **29** 비교 문제는 항상 형식에 주의하자

421	④	422	②	423	②	424	③	425	①
426	④	427	②	428	②	429	③	430	①
431	③	432	②	433	②	434	③	435	①

421 ④ as much on how

해석 배심원들에게 목격자의 신뢰도는 증거의 내용 또는 적절성만큼 목격자가 어떻게 해당 증거를 제시하느냐에 달려 있다.

해설 depend는 자동사로 뒤에 목적어를 취할 때 주로 전치사 on과 함께 사용된다. 그러나 위의 경우에는 빈칸 뒤에 as on을 통해서 알 수 있듯이, 원급 비교 구문 속에서 depend on이 사용된 것이다. 따라서 빈칸에도 as on과 같은 형태로 비교 구문이 들어가야 함을 알 수 있다. 비교 구문으로 이루어져 있지 않은 ①, as와 on의 어순이 틀린 ②, on이 없는 ③은 답이 될 수 없다. 따라서 정답은 ④이다.

422 ② more

해석 경쟁 시장에서, 충성 고객을 유지하는 것은 새로운 고객들을 끌어들이는 것보다 더 중요하다.

해설 영어에서 3음절 이상의 단어는 비교급으로 전환 시 more를 사용한다.

423 ② a faster rate

해석 오존 감소는 오존층의 파괴가 오존층의 생성보다 더 빠른 속도로 발생할 때 나타나는 결과이다.

해설 빈칸 뒤에 than이 있는 것으로 보아 비교급임을 알 수 있으며, 따라서 ①, ③, ⑤는 정답 선택에서 제외된다. 또한, 특정한 속도를 지칭하는 것이 아니기 때문에 정관사 the를 쓰는 것은 바람직하지 않다. 따라서 가장 적절한 정답은 ②이다.

424 ③ more eloquently than

해석 William Jennings Bryan보다 더 유창하게 얘기한 정치가는 거의 없다.

해설 우등 비교이므로 more ~ than을 사용하여 have spoken eloquently를 비교하는 것이다. 그러므로 정답은 ③이다.

①의 경우 as ~ as를 사용하여 as eloquently as로 고치면 정답으로 가능하다.

425 ① never more than that

해석 그가 오랫동안 문화에 노출되어 있었음에도, Hay의 북미 원주민 문화와의 연관성은 수집하는 것을 좋아하는 아마추어의 연관성 정도뿐이었다.

해설 앞에 언급된 명사의 반복을 피하기 위해 쓰는 대명사는 one이 아니라 that과 those이다. 따라서 ①이 가장 적절하다.

426 ④ than that of most of his contemporaries

해석 재즈와 고전음악의 표현 양식이 혼합된 Gershwin의 음악은 그가 활동하던 동시대 사람들 대부분의 음악보다 더욱 혁신적이었다.

해설 A와 B를 비교할 때 비교 대상인 A와 B는 동일한 구조를 가져야 한다. 본문에서 A를 'Gershwin의 음악(the music of Gershwin)'이라 하면 B는 '그가 활동하던 동시대 사람들 대부분의 음악'이 되어야 한다. 즉 '음악'과 '음악'이 비교가 되어야 한다. 그러나 본문에서는 '그가 활동하던 동시대 사람들 대부분'만 나와 있지 '음악'이 빠져 있다. 따라서 명사 '음악'의 반복을 피하기 위한 대명사 'that of'가 들어간 ④가 답이 된다.

427 ② as ⇨ so

해석 중국, 한국, 일본이 그래온 것처럼 고전 철학이나 종교 문서 연구를 가치 있게 여긴 국가는 거의 없다.

해설 '～만큼 ～하지 않다'는 뜻을 가진 구문으로 'not so ~ as'가 있으며, 본문에서는 'Few'가 부정어 'not'을 대신하여 사용된다. 따라서 답은 ②가 되어야 하며 'as'는 'so'로 바뀌어야 한다.

428 ② external than ⇨ external to

해석 플라톤의 철학적 관점에서 보면 자유와 행복은 자신에게

집중하는 것으로 발견할 수 있는 것이 아니라, 자신보다 더 크고 보다 더 외적인 것에 집중해야 발견할 수 있는 것이라고 한다. 다시 말하면 이는 대부분의 사람들이 중요하다고 생각하는 일상의 고정관념을 뛰어넘을 수 있도록 자신의 시야를 강요하고 고양시켜 주는 그런 것에 집중하는 것으로 발견될 수 있다고 한다.

해설 ②는 'both A and B'의 구문으로, 이때 A와 B가 동등한 형태로 모두 비교급의 형태를 취하고 있어야 한다. 그런데 larger는 비교급의 형태를 취하고 있지만 external은 비교급을 사용하지 않는 형용사다. 따라서 larger 뒤에는 than을 써야 하고 external 뒤에는 전치사 to가 와야 한다.
③은 that이 관계대명사로 something이라는 선행사를 꾸며 주고 있다. 선행사가 -thing으로 끝나는 형태일 경우는 반드시 관계대명사 that을 사용해야 한다.

429 ③ as ⇨ than

해석 설사 지금 하는 것보다 충분히 더 많은 돈을 교육에 쏟아붓고자 하는 정치적 의지가 있다고 하더라도, 열심히 공부하는 학생들을 바보 취급한다면 과연 우리가 지금의 학교를 개선시킬 수 있을 것이라고 생각하는가?

해설 ③은 앞에 나오는 more로 인해서 비교급의 than이 와야 하는 자리이다.
①의 경우 to부정사 바로 앞에 will이 나와서 틀렸다고 선택하기 쉽다. 하지만 will이 명사로 사용되면 '의지'라는 뜻이 된다. ①은 바로 앞의 정치적 의지(political will)를 수식해 주는 to부정사의 형용사적 용법으로 사용된 표현이다. 따라서 올바른 표현이다.
②의 경우 'spend + 돈 + on + 명사' 형태로 전치사가 올바르게 사용되었다.
④는 가정법 현재로 '현재 또는 미래에 대한 불확실한 것을 상상하고 있는' 내용이다.

430 ① greatest ⇨ greater

해석 어떤 집단의 이야기도 우리가 '그리스 신화'라고 알고 있는 일련의 이야기만큼 깊이와 풍요로움을 보여주지 못하며, 또한 그만큼 영향력 있지도 않다.

해설 부정주어가 문장 첫머리에 위치하면서 비교급을 통해 최상급을 나타내는 표현이다. ③ 밑줄 뒤에 than이 있는 것으로 보아 greatest를 비교급 표현인 greater로 고쳐주는 것이 옳다.

431 ③ high ⇨ higher

해석 언어를 수행하는 사람들의 뇌 활동에 대한 연구에서, 뇌졸중과 관련된 실어증이 있는 사람들은 실어증이 없는 사람에 비해서 우반구에서 더 높은 활동성을 보인다.

해설 실어증이 있는 사람과 없는 사람의 활동성에 대한 비교를 나타내는 것이므로, high의 비교급 higher가 와야 한다.

432 ② similar to the ⇨ similar to that of the

해석 그 거지의 등장하는 모습은 한편으론 점잖은 신사의 그것과 비슷했다. 왜냐면 그 거지 또한 (신사처럼) 품위 있게 걸었기 때문이다.

해설 ②에서 'A is similar to B'는 'A와 B는 비슷하다'는 뜻으로 A에 해당하는 부분이 "The appearance of the beggar"가 되고 B는 "the appearance of the gentleman"이 되어야 하는데, 이런 경우 명사가 중복되는 것을 피하기 위해 that이라는 대명사를 사용한다. 따라서 ②는 "similar to that of the"로 변경되어야 한다. 이때는 appearance가 단수여서 that을 사용했지만, appearances 등의 복수형일 경우는 those를 사용하면 된다.

433 ② different from adults ⇨ different from that of adults

해석 연구에 따르면 아기의 지능은 성인의 지능과 다르고 우리가 일반적으로 학교에서 계발하는 종류의 지능과도 다르다.

해설 아기의 지능과 성인의 지능을 비교해야 하므로, 아기의 지능과 성인을 비교한 ②를 different from that of adults로 고치는 것이 맞다. 그대로 놔둘 경우 '아이와 지능'과 '성인'을 비교한 셈이 되기 때문이다.

434 ③ their elders' ⇨ their elders

해석 잡지와 인터뷰한 사람들은 종종 더 젊은 사람들이 더 나이 든 사람들보다 덜 솔직할 것이라고 예상했다. 그러나 지갑을 통한 실험에서 젊은 사람들은 나이 든 사람들과 똑같은 "솔직함 수치"인 67%를 기록했다.

해설 비교 대상이 소유대명사가 아닌 younger people인 일반 명사구이다. 굳이 elders 뒤에 '(아포스트로피)를 붙일 이유가 없다. 따라서 '를 삭제해주는 것이 옳다.

435 ① the financial success of James Cameron's *Titanic* ⇨ James Cameron's financially successful *Titanic*

해석 최근 역사에서 그 어떤 영화들보다도, 흥행수익으로 6억 달러 이상을 벌어들인 James Cameron의 금전적으로 성공한 영화 '타이타닉'은 미국에서 영화가 만들어지고 판매되는 방식을 바꿔놓았다.

해설 문장 맨 앞에 More than any other film이라고 언급했으므로, 비교 대상은 영화임을 알 수 있다. 그런데 밑줄 친 ① 보기와 같이 표현할 경우, 주어는 '타이타닉'이라는 영화를 이야기하는 것이 아닌 재정적 성공을 이야기하게 되므로 비교 대상이 일치하지 않게 된다. 비교에서는 비교 대상의 일치가 아주 중요하다. 따라서 James Cameron's financially successful *Titanic*이라고 바꿔주는 것이 옳다.

POINT 30 중요 비교 구문을 암기하자

436 ②	437 ①	438 ②	439 ④	440 ③
441 ②	442 ④	443 ③	444 ③	445 ②
446 ②	447 ④	448 ②	449 ③	450 ②

---

436 ② they have ever been

해석 전 세계적으로 음식은 그 어느 때보다 가격이 내려갔으며, 특히 칼로리로 가득한 음식이 더욱 저렴해졌다. 우리의 식사와 간식거리는 그 어느 때보다도 더 설탕과 기름으로 뒤범벅이 되어 있다.

해설 현재 우리가 먹는 음식이 그 어느 때보다도 더 설탕과 기름을 많이 함유하고 있다는 뜻의 비교구문이다. 지금까지 있었던 시기와 비교해야 하므로, 과거의 특정 시기를 지칭하는 과거 시제나 문맥상 대과거 시제는 올 수 없고 현재완료 시제가 와야 한다. 또한 ever는 빈도부사의 일종이므로 위치는 be동사 뒤 혹은 일반 동사 앞에 놓이며, 조동사가 있는 경우 조동사와 일반 동사 사이에 위치한다. 따라서 답은 ②가 된다.

437 ① much greater volume

해석 두 경향이 암시하는 것은, 비록 우루과이 라운드 하의 새로운 정책적 환경에서 어느 정도는 예측되었다 하더라도, 훨씬 더 많은 양의 곡류들이 이제는 상업적인 조건에서 수입된다는 것이다.

해설 much는 비교급 강조 표현으로 비교급 앞에 위치한다. 또한, 빈칸 앞에 관사 a가 등장했으므로 빈칸에 들어갈 구의 끝은 명사이어야 한다. 가장 적절한 보기는 ①이다.

438 ② the more heat it retains

해석 공기 중의 이산화탄소 함량이 높으면 높을수록, 그것은 훨씬 더 많은 열을 보유한다.

해설 'the 비교급 ~ , the 비교급 ~.' 구문이다. 따라서, ①, ③, ⑤는 정답 보기에서 제외한다. the 비교급 구문은 원래 문장에서 강조하고 싶은 부분을 the 비교급의 형태로 표현하는 것이다. 즉, the 비교급으로 표현되는 부분이 뒷부분에 들어갈 자리가 있어야 한다. ④ 보기의 경우 hotter가 들어갈 자리가 없는 반면, ② 보기는 more heat이 retains의 목적어로서 뒤에 위치할 수가 있다. 따라서 정답은 ②이다.

439 ④ the

해석 자기장이 강하면 강할수록, 발전기에 의해 생성되는 전압은 더 커진다.

해설 'the 비교급 ~, the 비교급 ~.' 구문에서 be동사는 생략을 하는 경우도 있다. 즉, The stronger magnetic field is에서 is가 생략된 모습인 것이다. 따라서, 빈칸에는 magnetic field를 수식해줄 수 있는 한정사만 들어가는 것이 가장 적절하다.

440 ③ the more obvious it became

해석 내가 지적 재산법의 최신 경향에 관해 공부하면 할수록, 문화저작권의 새로운 형태가 상당한 위험을 내포한다는 사실이 점차 뚜렷해졌다.

해설 '~하면 할수록 더욱 ~하다'는 의미를 가진 'the + 비교급 ~, the + 비교급' 구문에서 본문의 형용사인 'obvious'의 비교급이 'the more obvious'이므로 'the more'와 'obvious'가 서로 떨어져서는 안 된다는 것이다. 본문에서 앞 문장의 'The more'는 비교급이긴 하나 2음절어 이상의 형용사의 비교급 표현을 위해 'more'가 쓰인 것이 아니라 '더 많이'라는 의미에서 'more'가 사용된 것인데, 이를 잘못 보고 착각해서 뒤 문장의 'the more'도 같은 의미로 판단하여 'the more'와 'obvious'를 서로 떼

어놓고 사용하는 경우도 있을 수 있다. 따라서 올바르게 사용된 ③만을 답으로 볼 수 있다.

441 ② nine times as much as

해석 사채의 채무 불이행 대비 신용 보험료는 정부 채무 불이행 보증보험의 9배에 달한다.

해설 원급인 'as + 형용사 + as' 구문에 twice, three times 등 배수를 나타내는 표현이 결합되면 '~보다 몇 배' 등을 나타내는 표현이 된다. 예를 들어 '수가 5배 많은'은 five times as many as가 된다. 그리고 돈은 셀 수 없는 명사로 취급하므로 as many as가 아니라 as much as가 와야 한다. 이 두 사항을 종합해 보면 답으로 가장 적합한 것은 ②이다.

442 ④ is estimated to be twice

해석 주택 수요가 공급의 두 배로 추정된다.

해설 estimate는 '추정하다'는 의미이고, 수동형은 be estimated to이다. twice는 '~보다 두 배'의 의미를 가졌지만, '~보다'를 뜻하는 than과 결합하는 일 없이 사용된다. 예를 들면 '~의 두 배 크기'는 twice the size of ~이다.

443 ③ but no less

해석 (앞에 나왔던 문제에 비해) 측정하기는 어렵지만 이보다 결코 심각성이 덜하지 않은 문제는, 미국 전역에 걸쳐 자신감이 고갈되고 있다는 것이며, 이와 함께 미국의 쇠락이 불가피하며, 다음 세대는 기대치를 낮춰야 한다는 두려움이 계속되고 있다는 사실입니다.

해설 no more profound라고 하면 '~보다 더 대단하지는(혹은 심각하지는) 않은'이라는 의미가 되어 '대단치 않은 일, 대수롭지 않은 일'이라는 뜻이 된다. 반대로 no less profound라고 하면 '~보다 대단한 것이 결코 덜하지는 않은'이라는 뜻이 되어 '대단함이 (결코) 덜하지 않는, 즉 매우 중요한 일'이라는 뜻이 된다. 앞 문장과 연결구조상 '하지만'이란 대조나 반대의 의미가 나와야 한다.

444 ③ As far as

해석 6자 회담에 관한 한, 남한은 상황을 진척시킬 완벽한 준비가 되어 있다.

해설 관용표현으로 'as far as S be concerned'는 "~에 관한 한"이라는 뜻이다. 암기해두는 것이 좋다.

445 ② so far as to say

해석 어떤 이들은 우리에게 아동들이 너무 어려서 이해할 수 없는 말과 이미지로부터 그들을 보호할 도덕적 책무가 있다고 주장한다. 다른 이들은 오늘날의 예술적 표현들이 심지어 어른들이 보기에도 건전하다고 볼 수 있는 수준 이상으로 심해지고 있다고까지 말한다.

해설 '심지어 ~하기까지 하다'는 뜻을 가진 표현으로 'go so[as] far as to do ~'가 있으며, 이 표현을 숙지하고 있다면 보기 중에서 답이 될 수 있는 것은 ② 이외는 없다.

446 ② not so much on

해석 미국에서 헌법은 상징이나 역사적 대상으로서가 아니라 근본적이고 흔들림 없는 민주적 신념의 보고로서 강조됐다.

해설 본문의 "the emphasis was ~ on the Constitution"의 의미는 "헌법이 강조되었다"이며, 이 표현의 사이에 'A라기 보다는 오히려 B인'의 뜻을 가진 'not so much A as B'가 삽입됨을 문제의 보기를 통해 유추할 수 있다. 본문에서 'A'에 해당되는 것은 "on the Constitution as a symbol or historical object(상징이나 역사적 대상으로서의 헌법)" 'B'에 해당되는 것은 "on the Constitution as a depository of democratic beliefs(민주적 신념의 보고)"이다. 따라서 보기 중에서 어순이 맞게 쓰인 것은 ②가 된다.

447 ④ not so much provide the right answers as ask the right questions

해석 지난해 생을 마감한 프랑스의 인류학자 Claude Levi-Strauss는, 과학적인 마음가짐은 올바른 답을 제시하는 것이라기보다는 바른 질문을 하는 것이라고 말했다.

해설 이 문제는 'not so much A as B'의 표현을 물어보고 있다. 이 표현은 'A라기보다는 B이다'는 뜻으로 관용적으로 사용되는 표현이다. 따라서 답은 ④가 되며, 나머지 보기는 모두 문법적으로 의미가 없는 비문에 해당한다.

448 ② farther ⇨ far

해석 새로운 전화 시스템은 이전에 사용되었던 시스템에 비해 더 많은 메시지를 대기시킬 수 있다.

해설 more ~ than 구조에서 more를 강조하는 부사인 far가 와야 한다. farther는 far의 비교급으로 거리를 나타낸다

449 ③ nearer ⇨ the nearer

해석　이야기는 거리를 두면 항상 충분히 명백하게 들리지만, 당신이 사건 현장에 가까이 가면 갈수록, 그것은 더더욱 모호해진다.

해설　'the 비교급 ～ , the 비교급 ～ .' 구문이며, 뒷부분의 the vaguer를 통해 인지할 수 있다. nearer 앞에 the를 붙여주는 것이 옳다.

450 ② than ⇨ as

해석　밝혀진 바에 따르면 하와이와 바베이도스에서 여행객들은 현지 사람들보다 물과 전기를 6배에서 10배 더 많이 사용한다고 한다. 고아에서는 물을 얻기 위해 우물로 걸어가야만 하는 마을 사람들이 그들이 살고 있는 지역에 걸쳐 고급 호텔로 이어지는 파이프라인이 건설되는 것을 쳐다보아야만 했다.

해설　배수사 다음에는 '배수사 + as ~ as'의 형태로 쓰기 때문에 as much water and electricity 뒤에는 than이 아니라 as가 와야 한다.

POINT 31	등위접속사, 상관접속사, 명사절은 눈으로, 부사절은 해석으로 판단하자								
451	②	**452**	③	**453**	①	**454**	①	**455**	③
456	③	**457**	②	**458**	③	**459**	①	**460**	④
461	④	**462**	③	**463**	①	**464**	⑤	**465**	①
466	③	**467**	①	**468**	①	**469**	④	**470**	②
471	①	**472**	③	**473**	①	**474**	③	**475**	③
476	③	**477**	③	**478**	②	**479**	②	**480**	①

451 ② Whether

해석 라틴어를 말하는 사람들이 본래 "상인"을 뜻하는 "caupo"라는 단어를 게르만족에게서 차용해온 것인지 아니면 그 반대인지는 명확하지 않다.

해설 전체 문장의 동사는 is이다. 따라서 is 앞에 해당하는 부분이 주어 부분임을 알 수 있다. 주어 부분에 위치한 완전한 절을 이끌기 위해서는 명사절을 이끌 수 있는 것이 필요하다. 또한, 내용과 가장 적절한 보기까지 고려한다면 가장 적절한 보기는 ②이다.

452 ③ whereas

해석 2020년이 될 즈음이면 곡물에 대한 수요는 절반 정도 더 늘어날 것으로 예상되는 반면, 사용 가능한 농지의 양은 줄어들 것으로 보인다.

해설 ① nonetheless와 ④ thus는 접속사가 아닌 부사이므로 빈칸 뒤에 위치한 주어와 동사를 이끌 수 없다. ② whether은 부사절로 쓰이면 "양보"의 의미로 사용되는데, 전체 문맥상 적절하지 않다. 빈칸 앞에서는 곡물에 대한 수요가 늘 것이라는 내용인데, 빈칸 뒤의 내용은 농지로 사용할 수 있는 토지의 양이 줄어들 것이라는 역접의 내용이 등장하고 있다. 따라서 가장 적절한 보기는 ③이다.

453 ① Although

해석 초콜릿의 엄청난 인기는 지난 세기부터 시작되었다 하더라도, 그것은 새로운 것과는 거리가 멀다. 초콜릿을 마실 것으로 대접한 최초의 기록들은 멕시코 아즈텍 원주민들에게로 거슬러 올라간다. 곧 초콜릿을 그렇게 사용하는 것이 널리 퍼지게 되었고, 유럽 곳곳에는 고객들에게 뜨거운 초콜릿 음료를 제공하는 것을 전문으로 하는 상점들이 나타났다.

해설 5개의 보기 모두 빈칸에 위치할 수 있는 기능을 겸하고 있다. 따라서, 문맥과 가장 잘 어울리는 의미를 지닌 접속사를 골라야 하므로 해석을 통해 해결해야 한다. 부사절의 내용은 초콜릿의 인기가 지난 세기부터 계속되었다는 것, 주절의 내용은 새로운 것과는 거리가 멀다는 것이다. 즉, 지난 세기부터 초콜릿의 인기가 시작되긴 했지만, 새로운 것과는 거리가 멀다는 양보의 의미를 지닌 접속사가 가장 적절하다.

454 ① Until European explorers first made contact with them in the early 1800s

해석 유럽의 탐험자들이 1800년대 초반에 처음으로 그들과 만나기 전까지 이누이트 사람들은 그들이 세상에 유일한 사람들이라는 오해 속에 살고 있었다.

해설 서수(first) 앞에 일반 형용사(European)가 나오기 때문에 ②는 정답이 될 수 없다. 다음 서수가 "순서"의 개념을 나타낼 경우에는 앞에 정관사 the를 취한다. 따라서 ③과 ④도 정답이 될 수 없다. 그러나, 위와 같은 사항이 기억이 나지 않는다 하더라도, 각각의 보기가 전달하고자 하는 의미가 접속사를 중심으로 달라지기 때문에 해석을 통해서도 충분히 풀 수 있는 문제이다. 이누이트 사람들이 자신들이 세상의 유일한 사람들이라고 착각을 한 이유는 외지인들을 한 번도 만나보지 못했기 때문일 것이다. 따라서 정답은 ①이 가장 적절하다.

455 ③ so that

해석 대부분의 사회 시스템은 역동적 평형상태에서 존재한다. 이 평형상태 속에서 각 부분은 지속적으로 다른 부분들에 맞춰 적응하고, 기능을 다른 부분들의 기능과 통합 상태를 유지시킴으로서 그 결과 시스템이 지속적으로 기능하게 한다.

해설 "in which" 다음 문장은 "dynamic equilibrium(역동적 평형)"상태를 설명하고 있으므로 "역동적 평형" 상태하에서 "the system continues to operate(시스템이 지속적으로 기능하다)"는 것이 본문의 주장이다. 따라서 빈칸에 보기 ②와 ③을 대입할 경우 가장 의미상 적합한 것은 "역동적 평형"상태에서 "each part is constantly adjusting to the others, keeping its functions integrated with those of the other parts(각 부분은 지속적으로 다른 부분들에 맞춰 적응하고, 기능을 다른 부분들의 기능과 통합 상태를 유지하게)" 되며 "그 결과" "시스템이 지속적으로 기능한다"는 뜻에서 "그 결과"를 의미하는 ③이 적합하다.

456 ③ so that each has

해석 체스 게임에서는, 체스 판을 두 명의 선수 사이에 마주보도록 두어서 각 선수의 오른편에 흰색 격자가 오게 된다.

해설 as a result 혹은 therefore는 부사구이기 때문에 문장과 문장을 연결하는 데 사용할 수 없다. 그리고 each/every 뒤에는 단수 명사가 와야 하기 때문에 ①은 정답이 될 수 없다. 정답은 '~해서 (결과적으로) ~하다'의 의미를 지니는 ③이 된다.

457 ② just as rivers and winds are natural forces

해석 미주대륙 내에서 인간의 대규모 이주는 멈출 수 없다. 강과 비다가 자연력인 것처럼 인간도 지구의 자연력이다.

해설 '마치 ~처럼'을 의미하는 표현 중에는 절이 아닌 구를 받는 'just as'가 있으며, 'just as'가 문두에 오면 그 뒤 절은 생략 없이 '주어 + 동사'의 형태로 와야 한다. 구가 아닌 절이 오려면 'just as'가 아니라 'just like'가 와야 한다.

458 ③ faced

해석 과거에는 경험이 없는 젊은이들이 인생에 있어서 중대한 결정의 순간에 맞부딪쳤을 때, 부모나 권위 있는 사람들의 결정을 따르는 경향이 있었다.

해설 이 문제는 '~와 마주하다'는 뜻으로 face가 사용될 때는 2가지 용법 즉 타동사로 그대로 사용하는 'face'와 수동태로 사용될 때는 with가 사용된 형태의 'be faced with'로 사용된다는 사실을 알고 있어야 풀 수 있다. ①의 'be faced'는 when 'being faced' with의 형태로 변경되어야 하며, 이때 being은 주로 생략된다. 또한 ②의 facing이 정답이 되려면 앞서 설명한 이유로 (face 혹은 be faced with) 바로 뒤의 with가 없어야 한다. 따라

서 답은 ③이 된다.

459 ① If a

해석 태아로부터 양수를 샘플로 일부 채취하면, 태어날 아이가 선천적 결함을 가지고 태어나는지의 여부를 결정할 수 있을 것이다.

해설 문장의 의미상 빈칸에는 접속사가 와야 한다. 따라서 정답은 ①과 ④로 압축할 수 있다. ④의 'After it is a'를 삽입하게 되면 종속절의 동사가 2개(is, is)가 되어 비문이 된다. 따라서 정답은 ①이 된다.

460 ④ providing that they

해석 오늘 신문 기사에 따르면 소규모 사업들은 신용등급이 좋다면 그들이 필요한 돈을 얻는 데 어려움이 전혀 없을 것이라고 한다.

해설 "providing that"은 "~라면"이라는 뜻으로 사용된다. that은 생략도 가능하다. 문법상 가장 적절한 어순은 ④이다.

461 ④ Because

해석 러시아는 그리스어를 공식 언어로 사용하는 동방 교회에 의해 기독교화되었기 때문에, 러시아의 알파벳은 그리스어에서 차용됐다.

해설 보기에 있는 단어들이 다 빈칸에 들어갈 수 있으므로, 해석으로 접근해야 하는 문제다. 그리스어를 공식 언어로 사용하는 교회에 의해 기독교화되었으니까 러시아의 알파벳에는 그리스어에서 차용된 것이 많을 것으로, 즉 인과관계로 추정해볼 수 있다. 따라서 가장 적절한 정답은 ④이다.

462 ③ so that

해석 1918년 하나의 전보에서, 레닌은 러시아 펜자 지역의 민주 노동당원들에게 적어도 100명 정도의 부농들의 목을 매달아서 100마일 떨어져 있는 사람들도 그것을 보고 떨게 하라고 명령했다.

해설 문맥상 빈칸 앞의 내용으로 인해 빈칸 뒤의 내용이 결과로 나타날 수 있음을 알 수 있다. 따라서 결과를 의미하는 ③이 가장 적절하다.

463 ① so

해석 나폴레옹이 러시아에서 패배에 직면했던 것처럼 히틀러

도 러시아 정복의 꿈이 레닌그라드를 공격할 때 증발되어 가는 것을 보았다.

해설   just as A so B의 구문이다. '마치 A한 것처럼 B하다'는 뜻이다.

464 ⑤ agreed - entrenched

해석   평화에 대한 기본적인 사항들에 관련된 협상이 워싱턴에서 합의된 대로 12월 12일에 시작할 예정이긴 하나, 오래된 현실은 여전히 확고히 굳어져 있는 상태이다.

해설   첫 번째 괄호는 문맥상 "워싱턴에서 합의된 대로" 12월 12일에 시작한다는 의미이므로, 수동에 의미가 들어가는 것이 옳다.
두 번째 괄호의 entrench는 타동사인데 뒤에 목적어가 없는 것으로 보아 수동의 의미를 지닌 과거분사로 쓰는 것이 옳다는 것을 알 수 있다. 따라서 정답은 ⑤이다.

465 ① either ⇨ neither

해석   안타깝게도 그러한 비극이나 법정의 판결들 중 어느 것도 환자들과 그들의 가족들에 고통을 주는 도덕적 판단을 내릴 자격이 있다고 생각하는 설교하는 정치인들과 참견하기 좋아하는 활동가들의 부끄러운 간섭을 종식시키진 못할 것 같다.

해설   'nor the court's decisions'의 어구로 보아 ①의 상관접속사가 잘못 쓰인 것을 알 수 있다. 따라서 either를 neither로 써야 한다.

466 ③ that ⇨ how

해석   언어는 인간 집단 사이에서 자연적으로 발생하기 때문에, 언어학자들은 세계 언어의 음성, 문법, 의미뿐 아니라 사회적 배경 속에서 이들 언어가 기능하는 방식도 연구한다.

해설   의미상 '언어가 기능하는 방식을 연구하다'가 되는데 이런 의미를 갖기 위해서는 ③의 that 대신에 명사절을 이끌며 '어떻게 ~하다'라는 의미를 갖는 how가 와야 한다.

467 ① which ⇨ when

해석   몇몇 현대 과학자들은 거대 운석이 수백만 년 전에 지구와 충돌했을 때 발생한 충돌이 공룡의 멸종과 파충류 시대의 종말로 이어진 일련의 연쇄 사건들을 촉발시켰다고 믿는다.

해설   뒷 문장이 완전하기 때문에 불완전한 절을 취하는 관계대명사 which는 위치할 수 없다. 따라서 정답은 ①이다.

468 ① that ⇨ whether

해석   유럽의 반독점 조사관들은 Google이 웹페이지 검색 결과에서 더 눈에 잘 띄도록 하는 대가로 광고주들에게 광고 금액을 늘일 것을 제안했는지 여부를 광고주들에게 묻고 있다.

해설   동사 ask는 '요청하다'는 의미에서는 that절과 같이 사용이 가능하지만, '(~인지 여부를) 묻다'는 의미에서는 that 대신에 whether를 사용한다. 따라서 ①의 that은 whether로 바뀌어야 한다.

469 ④ if ⇨ unless

해석   모든 기존의 이론은 상당한 양의 정보와 관찰된 사실들을 증명을 통해 설명하는 과정을 통해 정립된다. 만약 새로운 가설이 동일한 사실들을 비슷한 정도로, 혹은 더 잘 설명하지 못하고서는 기존의 이론을 폐기할 수 없다.

해설   의미상 '새로운 이론이 같은 사실을 동일하거나 더 잘 설명할 수 있다면 기존의 이론은 폐기할 수 없다가 아니라 폐기되는 것'이 맞으므로 if가 아니라 unless가 되어야 논리적이다. 따라서 정답은 ④이다.

470 ② so ⇨ such

해석   신체의 다양한 부분들은 다양한 수술과 관련된 기술들을 필요로 해서 많은 외과 전공분야들이 발달하게 되었다.

해설   'different surgical skills'를 수식할 수 있는 것이 so인지 such인지를 묻는 문제다. 복수 명사를 수식할 수 있는 것은 such이기 때문에 ②의 so를 such로 고쳐준다.

471 ① Before long ⇨ Long before

해석   그가 Model T라고 알려진 자동차를 발명하기 훨씬 전에, Henry Ford는 미국 사람들에게 약속했었다.

해설   before long은 "머지않아, 곧"이라는 뜻이며 부사구로 사용된다. 뒤에 절이 나타나고 있으므로 문법적으로 옳지 않다. 따라서 정답은 ①이다. 참고로 long before는 "~하기 훨씬 이전에"라는 뜻으로 before이 전치사로 쓰이면 명사를, 접속사로 쓰이면 절을 취하기도 한다.

472 ③ will ⇨ 삭제

해석   그 법안은 또한 전문직 종사자들인 의사, 간호사, 선생님, 그리고 사회복지사와 같은 사람들에게 그들이 긴급 구조가 필요한 사람을 만나게 되었을 때 당국에 의무적으로 보고하게끔 한다.

해설 when이 명사절이 아니라 부사절로 쓰이면, 현재 시제가 미래를 대신한다. 따라서 will을 삭제하는 것이 옳다.

473 ① is before ⇨ is that before

해석 모순점은 이슬람교인들이 에티오피아인에 의해 추방되기 전에 소말리족은 법치와 유사한 제도를 그 수도에 강요했다는 점이다.

해설 what절이 주어로 쓰였고 보어의 명사절이 필요한데 before가 와서 부사절 역할만 하기 때문에 that before라고 해야 문법적으로 맞다. 무조건 명사절의 that을 생략하지는 않는다.

474 ③ more ⇨ much

해석 그 스스로는 자유를 신봉하며, 자유 없이 사느니 죽음을 택할 정도이다.

해설 so much so that이라는 구문이 있으며 의미는 '매우 그러하므로 ～하다'이다. 이 구문을 대입해 보면 '그는 자유를 매우 믿고 있으며, 자유 없이는 죽음을 택할 정도로 자유를 믿고 있다'라는 의미의 구문이 되어 전체적 맥락상 올바른 것을 알 수 있다. 따라서 ③의 more는 much가 돼야 한다.

475 ③ whom ⇨ that

해석 나는 그들이 매우 흥미로운 사람들이어서 그들 때문에 지루함을 느끼는 것은 거의 불가능하다는 점을 알게 되었는데, 그런 점에서 나는 스스로를 굉장히 운이 좋다고 생각한다.

해설 ②는 그들을 이전부터 지금까지 알아왔기 때문에 현재완료 형태가 적당하고, ③은 'so ～ that ～' 구조로 '너무나 ～해서 ～하다'의 뜻이 되어야 하는데 that 대신에 whom이 와서 틀린 표현이 된다.

476 ③ since ⇨ so

해석 나는 그 식당이 금요일 밤이면 어느 때든 손님들로 만원이라는 것을 알고 있었다. 그래서 나는 주초에 미리 예약을 해두었다.

해설 ③은 의미상 '그래서'가 되어야 하기 때문에 접속사 since가 아닌 so가 와야 한다. thus나 therefore는 의미상 가능하지만 부사이기 때문에 앞에 콤마가 아닌 세미콜론(;)을 사용해 연결해야 한다.

②의 경우 'on Friday evening'이라고 하면 특정 날을 지칭하게 되며, 'on Friday evenings'라고 하면 '매주 금요일 밤'이라는 뜻이 된다. 지문과 같이 'on a Friday evening'이라고 하면 특정한 날이 아닌 '임의로 금요일 저녁 어느 날을 잡더라도'의 의미가 되어 본질적으로는 'on Friday evenings'와 의미가 같다.

477 ③ very well ⇨ so well

해석 지난달 영업 세미나가 Lexington에 있는 직원들에게 너무 잘 받아들여져서 Corrigan 지점에서도 하나가 더 준비되고 있다.

해설 'so + 형용사/부사 + that + 주어 + 동사'의 구조임을 that one has been으로 시작하는 부분을 통해 알 수 있다. 따라서 ③의 very를 so로 고친다.

478 ② as ⇨ whereas

해석 많은 종의 물고기들, 특히 작은 물고기들은 집단으로 이동하며, 가장 훈련을 많이 받은 부대가 행군을 하는 듯한 정확성을 가지고 빈틈없는 대형으로 움직인다. 몇몇 물고기들은 무리를 지어 동시에 이동하는 반면, 다른 물고기들은 완전히 기하학적인 형태로 움직인다. 물고기 집단의 형태의 다양성 이외에도 수많은 집단 행동의 다양성이 존재한다.

해설 접속사 앞과 뒤로 서로 대조가 되는 내용이 언급되고 있다. 따라서 as가 아닌 더 적절한 접속사인 whereas로 고쳐준다. 참고로 "대조"란 서로 달라서 "대비"가 된다는 것을 뜻한다. 무조건 서로 반대가 되는 내용이 나오는 것은 아님을 알아두자.

479 ② that ⇨ whether

해석 ① 사람들은 몇 시간 일을 했느냐에 따라 보수를 많게 혹은 적게 받을 것이다.
② Sam은 아들에게 소풍을 가고 싶은지 물었다.
③ 그녀는 그에게 편지를 쓰고 나서야 필요했던 도움을 받을 수 있었다.
④ 그 어떤 국가적 위기가 발생해도 우리가 여러분과 함께할 것이라는 사실을 믿어도 된다.

해설 아들에게 소풍을 가고 싶은지, 즉 의향을 물어야 하므로 '～인지 아닌지'의 의미를 갖는 whether를 써야 한다. that을 쓸 경우에는 '요청하다'라는 의미를 갖기 때문에 이 문장에서는 어색하다.

480 ① You are drunk and incoherent ⇨ You are so drunk and incoherent (that)

해석 ① 당신은 술에 취했고, 논리정연하지 않은 말을 하고 있으니 당신과 대화를 나누는 것은 의미가 없다.
② 인간의 감정은 너무 복잡해서 우리는 그것을 완전히 이해할 수 없다.
③ 물과 섞인 원유는 용해되지 않고 분리된 채로 있다.
④ 투표용지에는 그림 기호가 있어서 글을 읽고 쓰지 못하는 사람들도 쉽게 인식할 수 있었다.
⑤ 그 계획은 대규모 예산이 필요해서 그들은 그것을 재평가하기로 결정했다.

해설 주어와 동사가 2개 나오고 있는데, 이 둘을 연결시켜줄 수 있는 접속사가 보이지 않는다. 따라서 ①은 틀린 문장이며, drunk 앞에 so를 더해주는 것이 좋다. 'so + 형용사/부사 + that + 주어 + 동사' 구문이나 'such a + 형용사 + 명사 + that + 주어 + 동사' 구문에서 that은 생략 가능하며, separate는 동사의 기능을 하지만 그 자체로 형용사의 기능을 할 수도 있다.

POINT 32 관계사의 격을 결정하자

481	①	482	③	483	④	484	②	485	③
486	①	487	③	488	③	489	④	490	③

481 ① which makes

해석 우리 대기의 78%를 차지하는 질소 가스는 계속해서 동식물에 의해 사용되고 있다.

해설 삽입절이며 빈칸 뒷부분이 불완전하므로 불완전한 절을 이끄는 표현이 필요하다. which는 Nitrogen gas를 선행사로 받는 계속적 용법으로 뒤에 불완전한 절을 이끌고 있다. 따라서 정답은 ①이다.

482 ③ whose

해석 플라스틱은 탄소화학에 기반을 둔 구조를 가진 합성물질의 광범위한 집합이다.

해설 빈칸 뒤의 문장이 주어와 동사로 이루어진 완벽한 문장이다. 관계대명사 중 뒤에 완전한 문장이 올 수 있는 것은 소유격 관계 대명사인 whose이다.

483 ④ which

해석 그 도시(Camden)는 2,650만 달러의 예산 공백에 고군분투하고 있는데, 이는 Camden 시의 재산세 과세표준의 감소와 Christie 주지사의 주정부 보조금 삭감 결정에 따른 것이다. 주정부 보조금은 작년 한 해 Camden시 예산의 80% 이상을 차지했다.

해설 빈칸에는 바로 앞의 state aid를 선행사로 하는 주격 관계사가 와야 한다. 앞에 콤마가 위치하기 때문에 that은 올 수 없으며, 사물이기 때문에 who도 적절하지 않다. 또한 선행사를 포함하고 있는 것이 아니기 때문에 what이 올 수 없다. 정답은 ④ which가 된다.

484 ② them ⇨ 삭제

해석 우리가 수당을 줘야만 하는 정규직의 수를 제한시키고 더 많은 비정규직을 사용하는 것은 비용을 상당히 줄이고 이익을 늘려줄 것이다.

해설 목적격 관계대명사는 whom과 who 둘 다 가능하다. 목적격 관계대명사가 이끄는 절 또한 불완전하다. 그러나 현재 who 뒷부분은 완전하므로 ②가 틀렸음을 알 수 있다.

485 ③ men and women who ⇨ men and women whose

해석 국제 사면 위원회는 런던에 세워진 인권조직이다. 위원회가 하는 일은 양심수의 권리를 중점적으로 하는데, 그들의 정부는 그 양심수들을 그들의 믿음, 출신 민족 또는 종교의 이유로 감금한 정부이다.

해설 관계대명사 who는 바로 뒤에 동사를 취하거나, 목적격 관계대명사를 대신했을 때는 주어와 동사가 불완전한 절을 이끌고 나온다. 따라서 who는 문법적으로 옳지 않음을 알 수 있다. 따라서 who를 소유격 관계대명사인 whose로 고친다.

486 ① which developed ⇨ who developed

해석 사회적 변화에 영향을 주고자 새로운 문학사상을 발전시킨 Virginia Woolf는 영국 정부로부터의 자유를 얻기 위한 지식인들의 운동을 이끌었다.

해설 주격으로 Virginia Woolf를 받기 때문에 which가 아닌 사람을 나타내는 who가 와야 한다.

487 ③ what ⇨ which

해석 한국은 11월 11일과 12일 양일에 걸쳐 서울에서 G20 정상회담을 성공적으로 개최했으며 G20 정상회담은 한국의 외교력과 세계적 명성을 올리는 데 일조한 것으로 여겨진다.

해설 앞 문장 전체를 선행사로 받는 관계대명사 which가 와야 하는 자리이므로 ③이 정답이 된다.
①의 경우 host가 "개최하다"는 뜻의 동사로 쓰였으며, successfully가 부사로 동사를 수식하고 있다.
②의 경우 summit이 정상회담이라는 명사로 올바르게 사용되었다.
④의 경우 바로 앞 help 뒤에 사용된 동사의 예로 help 뒤에는 동사원형 혹은 to부정사가 모두 올 수 있으므로 문법적으로 문제가 되지 않는다.

488 ③ which ⇨ who

해석 두 언어 병용 교육은 영어가 모국어가 아닌, 아직 그들의 두 번째 언어로 영어를 완전히 익히지 않은 사람들을 교육하기 위해 고안된 프로그램들을 말한다.

해설 문맥상 which 뒷부분의 내용은 English를 선행사로 받는 것이 아니라, nonnative speakers를 선행사로 받는다는 것을 알 수 있다. 따라서 which를 who로 바꿔준다.

489 ④ it 삭제

해석 ① 만약 내가 너라면, 나는 겨울에 휴가를 가지 않을 것이다.
② 물고기는 아가미와 지느러미를 가지고 있는 냉혈동물이다.
③ Henry는 낙농업이 돈이 된다는 것을 확신하는 듯 보인다.
④ 그들은 내 생각에 썩 괜찮아 보이지 않는 시험을 통과하기 위해 학습하고 있었다.

해설 관계대명사 which 이하에 'I think'가 삽입절이므로, 이를 괄호로 두면 which와 it이 서로 겹치는 것을 알 수 있다. 따라서 it을 제거해야 올바른 문장이 된다.
①은 가정법 과거 구문으로 현재 사실에 대한 반대를 나타낸다.
②의 경우 물고기(fish)는 단수와 복수형이 모두 fish로 사용되므로 올바르다.
③의 경우 convince는 '~를 설득시키다, 확신시키다'는 동사로 convinced라고 하면 '확신하는'이라는 뜻이 되고, convincing이라고 하면 '설득력 있는'이란 뜻이므로 올바르다.

490 ③ To who ⇨ To whom

해석 너는 누구와 말해보고 싶니?

해설 전치사 뒤에 나오는 명사는 전치사의 목적어라고도 부른다. 따라서 전치사 뒤에 나오는 명사는 목적격의 형태를 취해야 한다. who를 whom으로 고친다.

POINT 33 관계사 that과 what을 구별하자

| 491 | ③ | 492 | ③ | 493 | ② | 494 | ④ | 495 | ③ |
| 496 | ① | 497 | ① | 498 | ③ | 499 | ⑤ | 500 | ④ |

491 ③ what

해석 대략 100,000년 전 마지막 빙하기에 늑대는 유라시아 대륙에서 현재 에티오피아 지역의 산악지대로 이동했다.

해설 선행사가 없고 뒷부분이 불완전한 부분을 이끌 수 있는 것은 what뿐이다. 따라서 정답은 ③이다.

492 ③ what he needed

해석 Williams는 골드러시 당시 몰려든 사람 하나를 만났는데 그 사람은 자신이 입고 있는 심하게 찢어진 바지를 갈아입기 위해 튼튼한 바지 하나가 필요하다고 말했다.

해설 that절의 주어 자리에 들어갈 수 있는 보기는 제대로 된 명사절을 이끄는 ③뿐이다.

493 ② What may appear

해석 겉으로 보기에 아이들이 짜증을 내는 것처럼 보이는 행동이 실제로는 부모 태만의 상징일지도 모른다.

해설 문장의 본동사에 해당되는 부분은 may actually be이며, 그 앞부분은 주어 역할을 하고 있음을 알 수 있다. 주어 자리에 들어갈 수 있는 보기는 명사절로 사용된 what절인 ②이다.

494 ④ what

해석 미국에 도착한 이래로, 내가 이해하게 된 것은 내가 어린 시절에 나에게 주입된 것이 미신이었다는 것이다.

해설 that절의 주어 자리에서 주어 역할을 하면서 절을 이끌 수 있는 것이 필요하다. 문맥상 어릴 때 내게 주입된 "것"이라고 해석하는 것이 가장 자연스러우므로 정답은 ④이다.

495 ③ that ⇨ what

해석 여성들이 전통적인 가정주부의 지위에서부터 이동함에 따라, 결혼이 어떤 의미를 지녀야 하는지에 관한 관념도 이 새로운 현실을 수용하는 방향으로 바뀌었다.

해설 "notions of that a marriage should be"는 "결혼은 ~이 되어야 한다는 관념"으로 해석할 수 있는데, "notions of that a marriage should be have changed ~"는 be동사 다음에 들어가야 할 말이 빠진 상태가 되어 비문이 된다. 문맥상 정확한 의미는 "결혼이 어떤 의미를 지녀야 하는지에 관한 관념"이 되어야 하며 이는 "notions of that a marriage should be"가 아니라 "notions of what a marriage should be"가 정확한 표현이다.

496 ① that allows ⇨ what allows

해석 최상의 정부란 국민들이 최대한의 자유를 갖도록 허용하며, 국민들이 스스로의 역량을 최대한 개발할 수 있도록 지원하는 정부여야 하는데, 그 이유는 좋은 정부의 기준은 자국민의 행복이기 때문이다.

해설 정답은 ①로 that이 관계대명사로 선행사를 수식해야 하는데, 수식할 수 있는 선행사가 없다. 따라서 ①을 'a government that allows'로 수정해야 한다.
②의 encourages는 앞의 allows와 함께 관계대명사절의 동사로 사용되었다.
③의 for는 '~이기 때문에'라는 이유의 접속사로 사용되었다.

497 ① What ⇨ That

해석 Louise Nevelson은 많은 비평가에 의해 20세기의 가장 위대한 조각가로 여겨지는데, 이는 여성 예술가에 대한 저항이 가장 큰 곳이 조각분야인 것을 고려할 때 더욱 주목할 만한 것이다.

해설 ①에 사용된 관계대명사 'What' 뒤에 이어지는 문장인 "Louise Nevelson is believed by many critics to be the greatest twentieth century sculptor"가 문장의 주어나 목적어가 빠진 문장이 아닌 완전한 문장이므로 관계대명사가 올 자리가 아닌 것을 알 수 있다. 따라서 What 대신에 완전한 문장을 주어의 명사절로 올 수 있게 해주는 접속사 'That'이나 'The Fact that'이 와야 한다.

498 ③ what ⇨ that

해석 이제는 거의 모든 것들을 수리하려면 훈련받은 전문가에게 가지고 가야 하며, 우리가 매일매일 사용하는 많은 것들은 우리가 그것들을 단지 교체하기에는 많은 비용이 든다.

해설 앞에 the things라는 선행사가 존재하기 때문에 선행사를 포함하는 관계대명사 what은 사용할 수 없다. what을 that으로 고쳐준다.

499 ⑤ which remains ⇨ what remains

해석 현재 석유가 과잉 공급되고 있으나, 현재 세계에 알려진 석유와 천연가스의 매장량은 이번 세기 말쯤에는 감소할 것으로 예측되며, 그렇게 되면 남은 석유나 천연가스를 발전을 위해 태우는 것은 어리석은 행위가 될 것이다.

해설 ⑤ 이하의 문장은 to burn의 목적어에 해당하는 명사절이며, '발전을 위해 남은 것'이란 의미를 지닌다. 명사절을 이끌기 위해서는 ⑤에서 which가 아니라 '~인 것'이라는 의미를 갖는 what이 와야 한다.

500 ④ what ⇨ which

해석 당신이 잘 되고 싶은 초보자이든 집에서 요리를 잘하는 재주꾼이든, 이 책은 지금까지는 당신이 오직 요리강좌에서만 배울 수 있는 요령, 조언, 그리고 내부 사람들만 아는 지식에 대한 소중한 자료이다.

해설 앞에 선행사인 the tricks, tips, and insider knowledge가 존재하므로 선행사를 포함하는 관계대명사인 what은 위치할 수 없다. 따라서 what을 which로 고친다.

POINT 34	전치사＋관계대명사＝관계부사			
501 ①	502 ④	503 ③	504 ②	505 ①
506 ③	507 ④	508 ②	509 ②	510 ③
511 ④	512 ③			

501 ① The reason you can't get a job is because

해석 당신이 직업을 얻을 수 없는 이유는 말을 제대로 못 하기 때문이다.

해설 reason은 일반적으로 why나 that이 붙으면 절과 결합되며, reason에 전치사 for를 넣으면 명사 · 동명사 · 구등과 결합된다. 보기를 보면 reason 다음에는 '주어 + 동사' 구성의 절이 위치하므로 for가 들어간 ②와 ③은 답이 될 수 없다. 마찬가지로 because 다음에는 절이 오고, because of 다음에는 구가 온다. 본문의 you can't talk right는 구가 아니라 절이므로 because of가 아니라 because가 와야 한다.

502 ④ which is why

해석 물은 얼어붙으면 팽창하며, 이 때문에 얼음판 칸막이 안의 얼음이 부풀어 오르는 것이다.

해설 "expands(팽창하다)"와 "hump(부풀다)"는 서로 물이 얼어붙었을 때의 성질을 나타내는 단어로, 이를 통해 빈칸 앞 뒤의 관계가 순접관계임을 알 수 있다. 또한 본문을 빈칸을 기준으로 크게 둘로 나눠보면 빈칸 앞은 어떤 현상에 관해 설명하고 빈칸 뒤는 보충설명을 하는 구성을 갖추고 있음을 알 수 있다. 따라서 보기 중에서 이러한 본문 구성에 가장 잘 부합하는 것을 고르면 답은 ④가 된다.

503 ③ into which the teacher poured knowledge

해석 19세기의 교육이론은 학생은 텅 빈 그릇이며 선생은 그 그릇에 지식을 쏟아 넣는다는 개념을 기반으로 한다.

해설 우선 ②는 관계대명사 which 뒤에 완전한 절이 나왔으므로 정답이 될 수 없다. 그리고 동사 pour가 뒤에 목적어만 취하는 경우 "음료 따위를 준비해서 주다"와 같은 의미로 사용되는데, 그런 관점에서 보면 ①도 문맥상 어색하다. 남은 보기는 ③과 ④인데 동사의 특성상 전치사 for보다는 into와 조금 더 잘 어울린다. 따라서 정답은 ③이다.

504 ② for which

해석 물론 일반적인 의미에서 나이가 많은 것은 항상 사회적 문제였으며, 이에 대한 제도적 해결책은 이미 5세기에 만들어졌다.

해설 '전치사 + 관계대명사' 구문에서 전치사가 어떤 단어에 호응되는지를 우선 파악해야 한다. '해결책'이란 의미를 지닌 'remedy'는 'for'랑 결합하여 'remedy for(~에 대한 해결책)'의 의미를 갖는다. 그리고 관계대명사의 선행사는 "a social problem(사회적 문제)"이기 때문에 'institutional remedies for a social problem'은 '사회적 문제에 대한 제도적 해결책'이 된다. 보기 중에서 전치사 'for'가 들어간 것은 ②와 ④뿐이고, 그중에서 ④의

what은 선행사를 포함하며 뒤에 불완전한 문장이 이어지기 때문에 답으로 볼 수 없다. 따라서 답은 ②가 된다.

505 ① the extent to which

해석 이 책에서 Mary Evans는 사회이론(social theory)이 성별과 사회적 세계(the social world) 사이의 관계에 관한 문제에 어느 정도까지 관련을 맺어왔고, 또 어느 정도까지 밝혀냈는지에 초점을 맞춰 연구했다.

해설 the extent가 선행사이면서, 서로 의미가 겹치는 부분이 되어 이를 관계사 which로 변경해서 합치게 되면 '~ explores the extent to which ~'라는 표현이 등장하게 되며, '어느 정도까지 ~했는지를 밝히다'라는 뜻이 된다.

506 ③ whom ⇨ where

해석 8월 2일부터 콜럼버스가 Indians라고 부른 원주민들을 만난 카리브해의 어느 한 섬에 크게 안심하며 상륙했던 10월 12일까지 콜럼버스와 선원들은 바다에 있었다.

해설 선행사는 바로 앞의 the Caribbean이므로, 장소를 선행사로 받을 수 있는 where로 고쳐주는 것이 옳다.

507 ④ which ⇨ within which

해석 독창적이라는 것은 무언가를 창조해내는 것인데, 생산되고 받아들여지는 문화적 기반의 규범으로부터의 유의미한 일탈을 특징으로 하며, 훨씬 더 보기 드문 성취이기도 하다.

해설 관계대명사 which는 불완전한 절을 이끈다. 뒷부분이 완전하므로 ④가 틀렸음을 알 수 있다. 문맥상 가장 적절한 전치사인 within을 which 앞에 더해준다.

508 ② during when ⇨ during which

해석 미국 역사에서 주류의 판매를 금지했던 기간을 금주법 시행 시대(Prohibition)라고 부른다.

해설 문장 안에 또 다른 문장이 삽입되어 있는 구문이다. 삽입된 문장은 관계사를 통해 바깥 문장과 연결되어야 하는데, 'during the period'를 'during when'으로 받고 있는데 the period라는 명사를 선행사로 받을 경우에는 which를 이용해야 한다. 아니면 관계부사 when을 이용하려면 관계부사에는 전치사의 의미가 포함되어 있으므로 during을 빼고 when으로만 사용해야 한다. 따라서 정답은 ②이며, 이 부분을 'during which' 혹은 'when'으로 변경해야한다.

509 ② some of them ⇨ some of whom

해석   도시 기획 위원회는 8명의 회원으로 구성되어 있으며, 그들 중 몇몇은 약속한 공원에 대해 이야기하기 위해서 시장을 만날 것이다.

해설   문장 내에 주어와 동사가 2개씩 위치하고 있다면, 접속사 기능을 할 수 있는 무언가가 반드시 필요하다. 따라서 전치사 of의 목적어 역할과 접속사 역할을 동시에 할 수 있는 목적격 관계대명사 whom으로 고치는 것이 옳다.

510 ③ many of those ⇨ many of whom

해석   1992년 10월의 이집트에서 발생한 지진은 카이로에서 600명의 주민을 희생시켰고, 수천 명에 달하는 사람들을 병원에 입원시켰다. 그중 많은 수는 지진으로 입은 부상으로 인해 사망할 것으로 예상되었다.

해설   본문은 관계대명사로 두 문장을 연결한 것이다. 즉, 'many of those'가 아니라 'many of whom'이 맞는 표현이다. 따라서 답은 ③이다.

511 ④ what ⇨ that 또는 which

해석   ① 1950년대는 의사들이 아직도 왕진하던 때였다.
② 매우 아픈 사람들은 종종 겁을 먹고 혼란스러워한다.
③ 그 여성은 자신을 치료해준 의사에게 감사를 표했다.
④ 그들은 마늘이 요리에서 흔히 사용되는 식물이라고 말한다.

해설   what은 선행사를 포함하는 관계대명사인데, 앞에 a plant가 있으므로 what을 사용할 수 없다. 따라서 what을 that이나 which로 고친다.
  ① 1950년대를 하나로 취급한 것이 아니라 개별 연도 하나하나를 이야기하는 복수로 취급을 한 것이기에 were로 받은 것으로 문법적으로 옳다.
  ② 사람을 주어로 할 경우, 감정분사는 과거분사로 쓰여 문법적으로 맞다.
  ③ the doctor와 whose treatment가 맞게 쓰였다.

512 ③ that ⇨ which

해석   ① 이 분은 김 선생님이시며, 이 사업부의 새로운 본부장님을 맡으실 예정입니다.
② 김 선생님은 당신이 언제든지 조언을 구할 수 있는 분입니다.
③ 이곳은 김 선생님께서 자신의 모든 저축액을 기부하기로 한 병원입니다.

④ 김 선생님께서 우리를 위해 테이블 위에 남겨놓은 돈이 어디로 사라졌나요?
⑤ 이 개는 김 선생님이 지나갈 때는 언제나 꼬리를 흔드는 개입니다.

해설   'donate A to/for B'를 사용해 'A를 B에게 기부하다'라는 표현으로 사용됐다. to/for B에 해당하는 전치사를 포함한 관계대명사를 사용했는데, 관계대명사 that은 전치사와 함께 사용되지 않으므로 that을 which로 변경해야 한다.
  ① who가 주격으로 선행사인 Mr. Kim을 수식하고 있으며, 콤마를 사용해 계속적 용법으로 사용했다. 계속적 용법일 경우 추가 정보(additional information)를 제공하는 역할을 담당한다.
  ② ask의 목적어에 들어갈 목적격 관계대명사(whom)가 사용되었다. who/that을 사용할 수도 있으며, 생략 가능하다.
  ④ which가 선행사인 the money를 수식하고 있다.
  ⑤ 동물인 the dog를 선행사로 취하고 주격이 필요한 관계사 문장에서 which로 받았기 때문에 맞는 문장이다. that을 써도 상관없고, 종종 사람처럼 취급해서 현대영어에서는 주격인 경우 who를 써서 친근한 존재임을 나타낼 수도 있다.

POINT 35 **ever가 붙는 관계사를 조심하자**

513	④	514	①	515	④	516	④	517	③
518	②	519	②	520	③				

513 ④ No matter how large the jackpot is

해석   상금이 얼마나 크더라도, 우승자가 초과 지출하고 현명하게 투자하지 않는다면 돈이 고갈될 위험성은 항상 존재한다.

해설   복합관계부사 however는 'however + 주어 + 동사' 또는 'however + 형용사/부사 + 주어 + 동사' 구조로 사용된다. 이에 가장 적합한 보기는 ④이다. 참고로 however는 no matter how로 바꿔 쓸 수 있다.

514 ① Whoever is doing such activities

해석   이런 행동을 하는 자가 누구든 과격주의자일 리 없다.

해설 빈칸에는 문법적으로 따져 봤을 때 주어가 와야 하며, 주어가 될 수 있는 것은 명사, 명사구, 명사절 등이다. ①과 ② 중에서 명사절에 해당되는 것은 ①이며, 그 이유는 Whoever는 명사절을 이끌어 '어떤 사람이든', '누구든 ~하는 사람'을 의미하기 때문이다. ②의 Who는 일반적으로 의문대명사, 관계대명사 두 용법으로 쓰이는데 어느 쪽이든 주어 역할을 할 수 없으므로 답으로 볼 수 없다. 이러한 점을 고려했을 때 답으로 볼 수 있는 것은 ①이다.

515 ④ whichever

해석 그 목사는 거대한 본당 회중석의 가운데에 있고 신도들은 어느 쪽이든 그들에게 지정된 위치에 앉는다.

해설 빈칸 다음에 명사 side가 왔기 때문에 복합관계형용사가 와야 한다. 이때 whatever는 모든 것을 포함하는 의미지만, whichever는 선택적 개념에 쓰이기 때문에 정답은 ④이다. 여기서 선택적 개념이란 side라는 명사의 의미가 '좌, 우, 상, 하'로 범위가 지정되어 있다는 뜻이다.

516 ④ No matter what diet she tried for years, Jill just seemed to gain weight.

해석 ① 몇 년 간의 다이어트는 Jill이 살찌지 않게 해줬음에 틀림없다.
② Jill은 살을 빼는 것에 실패했지만, 마침내 그녀를 위한 최상의 식단을 찾았다.
③ Jill은 말라보이지 않아서, 지난 몇 년 동안 모든 다이어트를 시도해봤다.
④ 몇 년 동안 Jill은 갖가지 다이어트를 다 시도해 보았지만, 몸무게가 더 늘어나는 것 같았다.

해설 몸무게가 더 늘어났다고 이야기하는 보기는 ④뿐이다. ④ 보기에서 No matter what은 Whatever로 양보부사절을 이끈다.

517 ③ which ⇨ whatever

해석 임대료란 토지, 건물, 사무실, 자동차, 자전거 또는 누군가 원하기는 하지만 소유할 수 없거나 소유하는 것은 원하지 않는 어떤 것이든지, 자산의 사용료로 지불된 돈이다.

해설 "whether" 뒤의 구문은 양보를 나타내는 부사절로 바로 뒤 "it may be"가 생략되어서 '~이든 아니든'의 의미이며 "whether (it may be) A, B, C, D, E or F"의 구성을 취하고 있고, 각각의 알파벳은 "land", "a building" 등

명사에 대응한다. 따라서 'F'에 해당되는 "which ~"도 역시 명사와 같은 역할을 수행할 수 있어야 하며, 그러기 위해서는 'which'가 아니라 "~어떤 것이든지"의 의미를 갖는 'whichever'가 와야 한다. 따라서 답은 ③이다.

518 ② whomever ⇨ whoever

해석 이 장학금을 졸업반에 있는 학생 중 지역사회 내에서 고객 호감도를 증진시키기 위해 가장 많은 일을 한 학생이 누구든지 그 학생에게 주세요.

해설 전치사 뒤라고 무조건 목적격으로 착각해서는 안 된다. 뒤에 has done이 있는 것으로 보아 그 앞 부분에는 주어 역할을 할 수 있는 것이 필요하다는 것을 알 수 있으며, 따라서 whomever를 whoever로 고치는 것이 옳다. 복합관계대명사 whoever가 명사절을 이끌면서 전치사 뒤에 위치한 것이다.

519 ② which ⇨ whatever

해석 어떤 방법이든지 당신에게 가장 잘 맞는 방법으로 긴장을 푸는 방법을 배우는 것은 당신의 전반적인 좋은 건강에 이바지하는 긍정적인 방법이다.

해설 which는 선행사를 필요로 하는 관계대명사이다. 선행사가 없으므로 which는 문법적으로 옳지 않다는 것을 알 수 있다. 따라서 정답은 ②이며, 문맥상 가장 적절한 whatever로 고쳐준다.

520 ③ in wherever ⇨ wherever

해석 당신은 PC뿐만 아니라 폰에서도 소프트웨어를 설치할 수 있다. 당신이 어디에 있든지 USB 케이블만 갖고 있다면 어떤 PC로부터 파일을 복사할 수 있다.

해설 wherever가 복합관계부사다. wherever는 장소 전치사를 이미 포함하고 있으므로 주어진 문장에서는 in이 불필요하다. 'wherever you are'가 삽입되었고 'you can copy files from any PC'로 연결되는 구조다.

POINT 36 분사형 전치사가 출제 1위다				
521 ⑤	522 ③	523 ②	524 ④	525 ③
526 ⑤	527 ②	528 ①	529 ④	530 ④

521 ⑤ Given

해석 일본인이 아닌 사람에 의해 기술된 일본문화에 관한 자료들이 턱없이 부족하기 때문에, 주요 논문을 모아놓은 이 모음집이 크게 환영할 만한 일이다.

해설 명사나 명사절 앞에 given이라는 접속사를 사용해 '~을 고려해 볼 때'의 의미로 사용한다. 따라서 정답은 ⑤가 된다.

522 ③ depending on

해석 예비 추정치에 따르면 서비스 속도에 따라 200억에서 3,500억 달러 범위의 투자가 휴대전화 및 일반전화 인프라를 위해 필요할 것으로 나왔다.

해설 'depend on'은 '~에 따라, ~에 달려있다'는 뜻을 지닌 표현이며, 본문에서는 "서비스 속도에 따라" 필요한 투자의 규모가 달라질 것임을 의미한다. 따라서 본문의 'depend on'은 문맥상 문장 전체를 받는 표현이기 때문에 문장 전체를 받을 수 있는 관계대명사인 'which'와 결합하거나 분사 형태로 변화하여 쓰여야 한다. 가능한 것은 'which depends on', '(which is) depending on' 등이 있는데 보기 중에서 올바른 것은 ③밖에 없으므로 답은 ③이 된다.

523 ② given

해석 찬 공기가 그 지역에서 빠져 나갈 것으로 예상되긴 하지만, 추위의 지속기간이나 적설량을 고려해 볼 때 아마도 조금씩 새어 나갈 것으로 추측된다.

해설 '~을 감안하거나 고려할 경우'라는 뜻으로 'given + 명사, given (the fact) that + 주어 + 동사' 형태를 사용하므로 정답은 ②가 된다.

524 ④ in terms of cost and safety

해석 태양력 발전, 수력 발전, 핵융합 발전과 같은 선택지들이 장기적으로 비용과 안전이라는 면을 볼 때 바람직하다.

해설 4개의 보기 모두 문법적으로 틀린 부분은 없지만, 문맥상 "~라는 면에서"라는 뜻을 가진 ④가 가장 적절하다.

525 ③ Despite some not always successful efforts

해석 벌목산업은 한때 울창했던 수많은 삼림을 고갈시켜 왔다. 항상 성공적이지는 못했던 새로운 숲을 조성하려는 노력에도 불구하고, 손실된 부분 중 상당수는 결코 회복될 수 없다.

해설 '~에도 불구하고'의 의미를 가진 용법에는 'in spite of' 또는 'despite' 등이 있으며, 착각해서 'in spite' 또는 'despite of' 같이 사용하면 잘못된 표현이 된다. 보기 중에서 이에 부합하는 것은 ③과 ④뿐이다. 그리고 "successful efforts(성공적인 노력)"을 꾸며주는 "not always"는 어순상 형용사인 "successful"의 앞에 와서 "not always successful(항상 성공적인 것은 아닌)"이 되어야 한다. 따라서 답은 ③이다.

526 ⑤ regardless ⇨ regardless of

해석 관객을 흥분시키는 것은 매우 뛰어난 솜씨를 요하는 공연기법이다. 공연자는 관객 속으로 가서 질문을 던지고, 그 이후 질문 대상자의 답변이 무엇이든 상관없이 재기 있으면서 무례한 답변을 한다.

해설 '~와는 관계없이'의 'regardless'는 명사 또는 명사구와 결합할 때 'regardless of'로 쓰게 되어 있다. 따라서 "what the ~"라는 명사구와 결합되는 "regardless"는 "regardless of"가 되어야 하며, 따라서 답은 ⑤가 된다. ①의 "Working the audience"에서 "work"는 'to excite or provoke' 즉 흥분시킨다는 뜻을 가진 동사이다. 따라서 "Working the audience"는 맞는 표현이다.

527 ② in spite of ⇨ along with

해석 그가 마감기한을 맞추지 못한 것은 그의 다른 결점들과 더불어 우리가 그를 해고할 수밖에 없게 만들었다.

해설 앞의 내용은 마감기한을 맞추지 못한 것이라는 부정적인 내용이며, ② 뒤의 내용 또한 그렇다. 따라서 역접의 의미를 지닌 in spite of는 적절하지 않으며, 순접의 의미를 지닌 구가 필요하다. 따라서 in spite of를 along with로 고쳐준다.

528 ① Amid of ⇨ Amid (of 삭제)

해석 이행되지 못한 선거 공약에 대한 불만이 쌓이는 가운데, Obama 대통령은 6월 29일 수백명의 지도자급 인사들을 백악관으로 초청해 이들의 관심사를 우선적으로 고려하고 있음을 보증했다.

해설 ①의 경우 '~의 가운데, ~의 한복판'이란 의미를 가지는 표현은 'amid of'가 아니라 'amid'이기 때문에 답은 ①이다.

③의 경우, 단위에 '~s of'를 결합하여 '수백의: hundreds of', '수천의: thousands of', '수만의: tens of thousands of', '수백만의: millions of' 등으로 표현할 수 있기 때문에 문법적으로 올바르다.

529 ④ Regardless where or how
⇨ Regardless of where or how

해석 1976년에 설립된 저희 학교는 일하는 학생들에게 필요한 것들을 충족시켜주는 것에 전념하고 있습니다. 이제 북미에서 가장 큰 사립학교인 저희 학교는 전 세계 대부분의 나라에 190개 이상의 캠퍼스와 학습 센터를 두고 있습니다. 당신이 어디에서 또는 어떻게 수업에 참여하든지 간에, 당신은 실질적 가치를 지닌 실제 교육을 받을 것입니다.

해설 "~과 관계없이"라는 표현은 regardless of이다. 단순히 regardless라는 단어가 전치사 of 없이 바로 뒤에 명사(구, 절)를 받아줄 수는 없다.

530 ④ followed a stroke
⇨ following a stroke

해석 콜로라도 주에 위치한 SBL Group은 CEO인 Sam Butler 씨가 3년 전에 있었던 뇌졸중으로 인한 오랜 기간 동안의 건강상의 문제로 CEO직을 사임할 것이라고 밝혔다.

해설 뇌졸중과 CEO직 사임 중에서 어느 쪽이 먼저 있는 일인지 비교하면, 뇌졸중이 3년 전 일이면 CEO직의 사임은 조동사 will을 쓴 것으로 미루어 볼 때 앞으로 있을 일이 되고 따라서 CEO직 사임(A)보다 뇌졸중(B)이 앞선 일임을 알 수 있다. 따라서 ④의 수동을 의미하는 과거분사 followed는 능동을 의미하는 현재분사 following이 되어야 한다.

POINT **37**	숙어를 이루는 전치사를 암기하자			
531 ②	532 ③	533 ④	534 ②	535 ④
536 ③	537 ③	538 ⑤	539 ②	540 ①

531 ② two in ten people

해석 치매는 미국에서 70세 이상 사람들 10명 중 2명은 걸리는 병이다.

해설 "몇 명 중 몇 명"이라는 뜻을 나타낼 때는 전치사 in을 기점으로 앞뒤에 숫자가 나타난다. 이에 적합한 보기는 ②이다.

532 ③ Until

해석 게임의 첫 번째 쿼터가 시작되기 전까지 어느 누구도 Eric이 경기할 수 있는지 없는지에 대해서 알고 있지 않았다.

해설 뒤에 명사구가 있으므로 빈칸에는 전치사가 필요하며, 문맥상 "~때까지"라는 뜻이 가장 적절하다. 따라서 정답은 ③이다.

533 ④ By age six

해석 6살까지 모차르트는 이미 그의 첫 번째 곡을 썼다.

해설 뒤에 과거완료 시제가 쓰인 것으로 보아 빈칸에는 단순하게 나이를 나타내는 말이 오는 것이 아니다. 완료를 나타내는 전치사 by가 문맥적으로 자연스럽기 때문에 ①과 ②는 정답이 될 수 없다. 그리고 나이를 나타내는 표현은 크게 '1. 기수사 + years old 2. the age of + 기수사 3. age + 기수사'가 있다. 따라서 가장 적절한 보기는 ④이다.

534 ② but

해석 실용주의는 현실에 관한 모든 절대주의적 가정을 거부하고, 현실의 다원론적 본질을 인정하고, "성과, 결과, 사실"에 집중하는 주장을 제외한 모든 주장을 고려하기를 거부한다.

해설 우선 빈칸 뒤 문장이 절이 아닌 구이기 때문에 ①과 ③은 답이 될 수 없다. 또한 '실용주의'의 속성을 떠올려 보면 "fruits, consequences, facts(성과, 결과, 사실)"과 밀접한 관계가 있음을 알 수 있고, 당연히 "성과, 결과, 사실"을 "refuses(거부할)" 리는 없기 때문에 남은 보기 ②와 ④ 중에서 빈칸에 들어갈 말은 '~외에'라는 뜻을 지닌 ②밖에 없다.

535 ④ for ⇨ among

해석 3형제는 몇 시간 동안 계속 서로서로 말싸움을 벌이고 있다.

해설 대상이 셋 이상일 경우에는 between이 아니라 among을 사용한다. 따라서 between을 among으로 고쳐주는 것이 옳다.

536 ③ leaving but nothing
　　　⇨ leaving nothing but

해석　역병처럼 군대가 황량함만을 남긴 채 도시를 휩쓸고 지나갔다.

해설　'but nothing'이라는 표현이 단독으로 의미를 가지며 쓰이는 경우는 없다. but nothing이 아니라 'nothing but'이라는 표현이 존재하며 only의 의미로 기억해 주어야 한다. 따라서 but과 nothing의 어순을 바꿔 준다.

537 ③ Up to ⇨ Out of

해석　군대는 얼어붙을 것 같이 추운 날씨와 카자흐스탄 기병대의 공격을 버텨내면서 다시 서쪽으로 돌아갈 수밖에 없었다. 침공했던 600,000명 중 오직 40,000명만이 프랑스로 돌아왔다.

해설　up to는 "최대 ~까지"라는 뜻인데, 문맥상 적절하지 않다. 600,000명 중에 오직 40,000명만 프랑스로 돌아왔다는 의미이므로 Up to를 Out of로 고쳐준다.

538 ⑤ in generations ⇨ for generations

해석　피의 보복이 의례적인 상황에서는 하나의 보복행위는 또 다른 보복행위를 낳을 것이며, 그 결과 몇몇 잊혀진 범죄 또는 모욕에서 기인한 폭력이 여러 세대에 걸쳐서 되풀이될 수도 있다.

해설　"여러 세대에 걸쳐서"라는 뜻을 나타낼 때는 전치사 in이 아닌 for를 사용한다.

539 ② Except for these few, most of the students are studying hard.

해석　① 당신이 필요하다면 이 편지에 답장해도 좋다.
　　② 이 몇 사람만 제외하고 대부분의 학생들은 열심히 공부하고 있다.
　　③ 이번 주까지 나는 이 책을 그에게 보내야 한다.
　　④ 수영은 원하지 않는 체중감량을 위해 조깅만큼 좋은 방법이 아니다.

해설　Except for는 전치사구로 뒤에 명사 these few를 목적어로 받고, most of the students는 수 일치를 뒤에 맞추므로 are가 맞게 쓰였다.
　　① if you need ⇨ if you need to: 문맥상 if you need는 if you need to answer this letter이었을 것이며, "네가 이 편지에 답장하는 것이 필요하다면"이라는 뜻으로 해석되었을 것이다. 그런데 answer

this letter가 반복되고 있으므로 해당 부분을 생략시킨다면 if you need to가 되는 것이 옳다.
　　③ until ⇨ by: 전치사 until은 행위의 지속을 이야기하며, by는 그 기간까지 해당 행위를 "한 번만" 하면 되는 것을 말한다. 문맥상 책을 보내는 행위가 계속 지속되는 것이 아니라 언급된 기간까지 한 번만 보내기만 하면 되는 것이다.
　　④ so good way ⇨ so good a way: so는 「so + 형용사 + a + 명사」의 어순으로 사용한다.

540 ① for ⇨ as

해석　① 그는 새 헌법의 아버지로 알려져 있다.
　　② 저 책은 내 것이지만, 너는 네가 원하는 어느 것이든 사용해도 괜찮다.
　　③ 평생에 걸쳐 그는 채소 가게 사업을 해왔다.
　　④ 그러나 가장 시급한 문제는 정치 개혁의 문제이다.

해설　'be known for'는 "~로 유명하다"라는 뜻이다. 문맥상 해당 문장에서는 "새로운 헌법의 아버지로 유명하다"라는 것이 아니라 "~로 알려져 있다"로 보는 것이 더 적절하다. 따라서 for를 as로 고친다.

<table>
<tr><td>POINT 38</td><td colspan="5">주어와 동사의 일치는 습관처럼 이루
어져야 한다</td></tr>
</table>

541	②	542	③	543	③	544	③	545	⑤
546	④	547	②	548	④	549	④	550	④
551	②	552	③	553	③	554	③	555	⑤
556	④	557	③	558	②	559	④	560	④

541 ② Arthur and I ⇨ Arthur and me

해석 Arthur와 나를 포함하는 토론 팀은 야외 연구 조사 후 돌아오는 버스 안에서 2시간 넘게 갇혀 있었다.

해설 목적어 자리이므로 목적격을 사용해야 한다. 따라서 I를 me로 고치는 것이 옳다.

542 ③ needs ⇨ need

해석 아이들이 나이가 들어 학교에 입학하게 되면, 교사들은 아이들이 독립적이고 생산적인 사회 구성원이 되도록 하기 위해 아이들이 필요로 하는 교육을 아이들의 부모들과 함께 제공한다.

해설 정답은 ③으로 young people이 3인칭 복수이므로 동사인 need는 뒤의 -s가 생략되어야 한다.
①은 get + 비교급의 형태로 사용되었다.
②의 경우 '~하는 데 있어서'라는 뜻으로 'in ~ing'에 해당하는 표현이다.
④의 productive의 경우 independent와 함께 뒤에 오는 members를 수식하고 있다.

543 ③ make ⇨ makes

해석 그녀가 엄청나게 똑똑하다는 사실을 발견하기까지는 그리 오래 걸리지 않았다. 그녀는 같은 실수를 두 번 저지르지 않았고 칭찬받는 것을 매우 좋아한다.

해설 주어가 3인칭 현재형 단수이기 때문에 ③의 make는 makes가 되어야 한다. 현재형인지 여부는 같은 문장에서 또 다른 동사의 형태가 love나 loved가 아니라 loves임을 통해 파악할 수 있다.

544 ③ were ⇨ was

해석 비록 모든 사람들이(특히 교사와 도서관 사서들이) 이 책을 어떻게 받아들여야 할지 확실히 알지는 못했지만, '호밀밭의 파수꾼'은 거의 즉각적으로 베스트셀러로 등극되었다.

해설 주어가 everyone이므로 단수 취급을 받아 'was'가 되어야 한다.
이 문장에서 'what to make of it'이 생소하게 보인다면, 다음 문장의 의미를 생각해 보도록 한다. "What do you make of the current situation?"이라고 하면 "현재 상황을 어떻게 생각하는가?"라는 뜻이 된다. 이때 how가 아닌 what이 사용되었다는 점을 유의한다. 따라서 문제의 ④ what은 올바른 형태이다.

545 ⑤ have not ⇨ has not

해석 나이 들면서 신체적 능력이 쇠퇴해 운전자의 운전능력에 악영향을 미치기 시작하는 시점이 아직까지는 연구가 이루어지지 않았다.

해설 본문의 주어가 The point인 것은 쉽게 파악이 가능할 것이나 본문의 동사가 ⑤의 have인 것을 파악하기는 쉽지 않을 것이다. 즉 ①의 at which부터 capability까지가 모두 '나이 들면서 신체적 능력이 하락하여 운전자의 운전 능력에 악영향을 미치기 시작하는'이란 의미를 갖는 주어를 수식하는 형용사절이다. 본문이 3인칭 단수형이므로 ⑤의 have는 has가 되어야 한다.

546 ④ has speeded up ⇨ have speeded up

해석 아이러니하게도 컴퓨터와 팩스 기계와 같은 기술에서의 많은 발전은 우리의 작업량을 줄여준다기보다는 직장에서의 삶의 속도를 더 빠르게 했다.

해설 주어가 the many advances이므로 동사는 복수형이어야 한다. has를 have로 고쳐준다. 문장의 실질적 주어와 실질적 동사 역할을 하는 것을 찾는 것은 가장 기본이자 가장 중요한 것임을 잊지 말자.

547 ② are ⇨ is

해석 비축량이 수십 년 만에 최저치라는 것, 가뭄·홍수·흉작

등으로 인한 피해로부터 완충작용을 할 곡물이 줄었을 것을 의미하며, 이로 인해 가격이 더욱 불안정해졌다.

해설 there is, there are 문장의 경우 단, 복수(is인지 are인지)를 결정하는 것은 there is/are 뒤편에 복수 명사가 있는지 그렇지 않은지 여부이다. 여기서는 grain의 형태가 단수형을 띠고 있으므로 ②에는 are 대신에 is가 와야 한다.

548 ④ tables increase ⇨ tables increases

해석 해수면 상승이 의미하는 것은 습지와 다른 저지대들이 침수되고, 해변이 침식되고, 홍수가 더 심해지고, 강과 만, 지하수면의 염분이 증가한다는 것을 말한다.

해설 and 뒤의 주어는 the salinity이다. 단수이므로 increase를 increases로 바꿔 주어야 한다.
①에서 Rising은 level을 수식해주는 현재분사이다.
②의 주어는 wetland and other low-lying lands이므로 복수 취급하는 것이 맞다.

549 ④ has been put up ⇨ have been put up

해석 우체국 반대편에 있는 그 집은 지난 몇 년 동안 세워진 몇몇 높은 건물들 중 하나이다.

해설 선행사가 the few higher ones로 복수이므로 has를 have로 고치는 것이 옳다.

550 ④ takes ⇨ take

해석 그러나 진정으로 그 서비스를 추천하게 만드는 것은 바로 'public playlist facility'라는 기능 때문인데, 이 기능은 개인 사용자에게 그들의 관심을 끄는 기준이 무엇이든 간에 그 기준에 맞게 노래들을 조합해서 배포할 수 있도록 해준다.

해설 주어가 바로 앞에 위치한 criteria로 criterion의 복수형이므로 주어와 동사의 수의 일치를 위해 takes가 아닌 take로 변경되어야 한다.
①은 선행사를 포함하는 관계대명사의 what이다.
②는 'allow + 사람 + to부정사'에 사용된 to부정사이다.
③의 'based on'은 '~에 기초해서, ~을 기반으로'라는 의미로 올바르게 사용되었다.

551 ② are ⇨ is

해석 Bronte 세 자매와 그들의 동생이자 오빠인 Branwell 다 건강하거나 행복했던 것으로 기억되지는 않는다.

해설 Neither A nor B에서 수 일치는 B에 한다는 것을 반드시 명심하자. B가 their brother Branwell이므로 are를 is로 고쳐준다.

552 ② have ⇨ has

해석 나는 내 두 자녀들 중 한 번이라도 이전에 이 책의 단어 하나라도 애써 읽어보려고 한 사람은 없다고 자신감 있게 말한다.

해설 neither of my children 부분을 주어로 할 경우, 동사는 원칙적으로 단수 취급해야 한다.

553 ④ tries ⇨ try

해석 진실은 폭력에 대한 가장 흔한 반응이 혐오감이라는 점, 그리고 세상 어디든 상당히 많은 사람들이 가능한 한 모든 방법을 통해 폭력에 반대하기 위해 노력할 것이라는 점이다.

해설 the number of는 '~의 수'라는 의미를 가지나, a number of는 '(수가) 많은'의 의미를 지니고 단수가 아닌 복수로 취급된다. 따라서 ④의 tries는 try가 되어야 한다.

554 ③ are ⇨ is

해석 연간 금융부서에 고용되는 회계사들의 수는 계산돼서 가능한 한 빠른 시기에 본사에 알려져야만 한다.

해설 'The number of + 복수 명사'가 주어 자리에 위치하는 경우에는 단수 취급한다. 참고로, 'A number of + 복수 명사'가 주어 자리에 위치하는 경우에는 복수 취급한다. 따라서 are를 is로 고쳐준다.

555 ④ having followed ⇨ followed

해석 국제 수요가 줄어드는 가운데, 중국 정부는 위안화를 보다 공격적으로 조정했다. 지난 3년간 달러 가치 대비 위안화가 지속적으로 오르는 것을 허용한 이후, 2008년 여름, 중국은 고정환율제를 다시 채택했다. 이는 유로화와 엔화에 대비해 달러 가치가 하락하자 위안화도 이런 달러의 추세를 따르도록 하기 위함이었다.

해설 ensuring 다음에는 that을 이용한 목적절이 와야 하므로, 주어와 동사가 모두 있어야 한다. that절의 주어는 'the renminbi'이고 동사는 'having followed'가 아닌 'followed'로 변경되어야 한다.
①은 분사구문의 부대상황을 나타내는 표현으로, 이때의

주어는 'global demand'이지만 바로 뒤에 이어지는 주어는 'the Chinese government'로 주어가 서로 다르다. 이런 경우에 with를 이용해 각각의 상황을 나타내기 위해 부대상황의 분사구문을 사용한다.
②는 중국의 통화인 위안화를 나타낸다.
③은 분사구문으로 주어가 China로 주절의 주어와 같기 때문에 생략되어 있다.

556 ④ would be ⇨ (should) be

해석 이번 주 금요일 밤으로 예정된 새로운 쇼핑센터의 개장은 홍수 피해 때문에 적어도 한 주 정도는 미뤄져야만 하는 것이 필연적인 것으로 보인다.

해설 inevitable은 "불가피한, 필연적인"이라는 뜻이며, 문맥상 홍수 피해로 인해 개장을 미뤄야만 할 것이다. 따라서 be 앞에는 should가 생략된 것으로 보는 것이 적절하며, would를 지운다.

557 ③ will ⇨ would

해석 우리 삼촌의 자만심은 가능한 한 최대한 가지고 있으려고 하는 자기 존중의 원칙이었는데, 그 존중을 침해하지 않으면서 삼촌 자신을 위해 모든 사람들이 동등하게 유지하게 하는 것이었다.

해설 전체 문장의 시제가 과거이므로 will을 would로 고치는 것이 옳다.
②의 infringe는 "권리 등을 제한[침해]하다"라는 뜻으로 쓰일 때 뒤에 전치사 on 또는 upon을 취하기도 한다.
④의 maintain은 have의 목적격 보어로 위치한 동사원형으로 보면 된다.

558 ② had ⇨ has

해석 소설 초반에 Sam은 그가 성공한 사업가가 되리라는 것을 전혀 알지 못했다.

해설 뒤에 will이라는 미래를 나타내주는 조동사가 등장하므로, had를 현재의 의미를 지닌 has로 고치는 것이 옳다.

559 ④ has dropped ⇨ have dropped

해석 ① 우리 학교 팀원들은 모든 경기에서 승리했다.
② 홍역은 전염병이다.
③ '위대한 유산'은 디킨슨이 쓴 소설이다.
④ 많은 학생들은 그 수업을 취소했다.

해설 'a number of + 복수 명사'는 복수 취급한다.

①의 team은 집합 명사로 1개의 팀을 의미할 때는 단수로, 팀에 속해 있는 팀원들을 의미할 때는 복수로 취급한다.
②의 Measles는 형태는 복수이지만 질병을 나타내는 어휘는 복수형 's'가 붙어도 동사는 단수 취급을 한다.
③의 *Great Expectations*는 책 제목이므로 단수 취급한다.

560 ④ Many a linguist think
⇨ Many linguists think 또는 Many a linguist thinks

해석 ① 최소한 위원회는 수상의 측근이 의장을 맡지는 않는다.
② John이 무고하다는 점을 믿을 만한 이유는 하나로 끝나지 않는다.
③ 그 과정에서 벌어진 오류가 무엇이든 비교적 사소한 것들이었다.
④ 많은 언어학자들은 사람은 언어습득 장치를 가지고 태어난다고 생각한다.
⑤ 우리가 필요한 것은 새로운 아이디어를 가지면서 그것을 적용하는 의지를 갖춘 관리자들이다.

해설 ④의 경우, "Many linguists"가 주어가 되면 복수이므로 동사는 "think"가 맞게 된다. 그러나 의미는 같은 "Many a linguist"는 복수가 아니라 단수로 취급하므로 동사는 "thinks"가 되어야 한다. 따라서 답은 ④이다.

POINT **39** 병치는 눈으로만 확인해도 맞힌다									
561	②	562	②	563	②	564	①	565	④
566	①	567	③	568	④	569	②	570	④
571	④	572	④	573	③	574	④	575	④
576	②	577	⑤	578	④	579	④	580	②

561 ② shock

해석 자동차 사고 이후에 Hannah는 뒷자리에 고통과 충격에 휩싸인 채 누워 있었다.

해설 and를 기준으로 명사인 pain과 병렬 구조를 이룰 수 있는 것이 필요하다. 따라서 명사인 ②이 정답이다.

562 ② but they also knew

해석 고대 이집트인들은 북극에 대해서 알고 있었을 뿐만 아니라, 그들은 정확히 그것이 어떤 방향에 놓여 있는지도 알고 있었다.

해설 상관접속사인 'not only A but also B'의 구문이 사용되었다. Not only에 해당하는 동사가 과거형이므로 but also 뒤에 나오는 동사의 형태도 과거형이어야만 한다. 따라서 가장 적절한 보기는 ②이다.

563 ② live in harmony with her

해석 비록 이 같은 조율이 비극을 낳는 경우도 있었지만, 첫 번째 범주에 속한 것들은 지구의 영혼에 속하고 지구의 영혼과 조화를 이루며 살았다.

해설 주절의 주어는 복수인 "Those in the first category"이며, 주어가 복수이기 때문에 동사는 "belongs to"가 아니라 "belong to"가 온 것이다. 그리고 '~와 조화를 이루며 산다'는 의미를 가진 정확한 표현은 "live in harmony with"이다. 이 두 요소를 감안했을 때 보기 중에서 답에 가장 알맞은 것은 ②가 된다.

564 ① learning

해석 구직 면접에서는 자신을 잘 표현하는 것이 회사에 대해 많이 연구하는 것만큼이나 중요하다.

해설 주어진 지문은 'A is as important as B'에 해당하며, A와 B를 원급을 사용해 비교하고 있다. 이때 서로 비교 대상이 되는 A와 B는 같은 형태를 취해야 하는데, A가 to부정사이면 B도 to부정사여야 하며, A가 동명사이면 B도 동명사를 취해야 한다. 주어진 문장에서는 A가 동명사로 사용되었으므로 B도 ~ing 형태의 동명사가 되어야 하며, 주어가 인터뷰를 보는 사람이므로 능동형으로 사용되어야 한다. 따라서 정답은 ①이 된다.

565 ④ combined

해석 몇몇 물리학자들에 따르면, 빅뱅 이후 대략 100만 년 전에 우주는 약 3,000도 정도로 온도가 떨어졌고, 양자와 전자가 결합되어 수소 원자가 되었다.

해설 and 뒤에 protons and electrons는 주어이며 빈칸에는 동사 역할을 할 수 있는 것이 필요하다. ①과 ②는 본동사의 기능을 할 수 없으므로 정답에서 제외한다. 또한, 문장의 시제가 과거형이므로 ③도 답이 될 수 없다. 따라서 정답은 ④가 가장 적절하다.

566 ① benefit

해석 인터넷은 거리가 멀어서 혹은 장애가 있기 때문에 전통적인 학교에서 소외된 아이들에게 도움을 주며 집에서 부모를 통해 이미 학교교육을 받은 아이들에게 유익하다.

해설 접속사 or는 can help와 can benefit을 대등하게 연결하므로 빈칸에는 동사원형 benefit이 답이다.

567 ③ pushing it

해석 혀는 이 사이에 음식물을 위치시키는 역할을 돕는 중요한 기능을 수행하며, 음식물을 삼킬 수 있게 목 뒤로 음식물을 밀어내는 역할도 수행한다.

해설 빈칸에는 앞에 오는 helping과 병렬 구조를 이루기 때문에 pushing이 되어야 하며, 이때 목적어는 앞에 오는 the food를 받기 때문에 them이 아닌 it이 와야 한다. 따라서 정답은 ③이 된다.

568 ④ consuming and storing more calories than

해석 이솝 우화의 개미처럼, 절약형 유전자형을 지닌 사람들은 그들이 소비하는 것보다 더 많은 칼로리를 소모하고 절약함으로써 어려운 시기를 대비한다.

해설 전치사 by 뒤에는 명사의 기능을 할 수 있는 것이 필요하므로 보기 ②와 ③은 답이 될 수 없다. ③은 게다가 and를 기준으로 병렬 구조도 무너져 있기 때문에 답이 될 수 없기도 하다. 'by v-ing'는 "~함으로써"라고 해석되는 표현이며, more calories than으로 올바른 비교급의 형태를 사용한 ④가 가장 적절하다.

569 ② resting, reached, picked, began, scratching

해석 수천 년 전, 통나무 위에서 조용히 쉬고 있던 한 남성은 내려와서 나뭇가지 하나를 주워들고는 그의 발 주변에 있는 모래를 긁기 시작했다.

해설 "쉬다"라는 뜻으로 쓰인 동사 rest는 자동사이다. a man을 수식해주는 분사로 쓰이는 경우 현재분사가 옳다. reach부터는 본동사로 시작하고 있으므로 본동사의 형태로 위치해야 하며, and 뒤에 각 pick과 begin은 reach와 병렬 구조를 이루고 있으므로 또한 본동사의 형태로 위치해야 한다. begin 뒤에 scratch는 begin의 목적어 자리에 있으며, begin은 to부정사와 동명사를 둘 다 목적어로 취할 수 있는 동사다. 위의 사항에 모두 적합하게 들어맞는 보기는 ②이다.

570 ④ and powerful, because of the pleasure it provides

해석 인터뷰한 예술가들은 작업과 관련하여 감정을 쏟아 부어야 하기 때문에 자신들의 작업을 피곤한 일로 묘사하면서도, 한편으로는 작품이 가져다주는 기쁨 때문에 강력한 힘을 지닌다고도 묘사했다.

해설 본문이 'at once A and B(A이기도 하고 B이기도 하다)'라는 구문에 따라 구성된 글임을 생각하면 문제를 해결하는데 큰 도움이 된다. 이에 따라 A 부분은 "exhausting, ~" B 부분은 "powerful, ~"라는 식으로 병렬구조로 구성된 글임을 알 수 있다.

571 ④ but ⇨ and

해석 역사가들은 오랫동안 빅토리아 여왕이 군주일 뿐 아니라 역사상 가장 중요한 일하는 어머니 중 한 명이었음을 인정하기를 꺼려했다. 여왕은 남편을 매우 사랑했을 뿐 아니라 어머니이자 아내로서 자신에게 부과된 요구에 분개했다.

해설 'both A and B' 구문이므로 ④는 but이 아니라 and가 와야 한다.
①의 경우, 'be reluctant to + 동사' 형태의 구문이다.
②의 경우, not just[only] A but (also) B 구문이므로 and가 아니라 but이 오는 것이 옳다.
③의 one은 앞의 one of ~mothers와 동일한 구조로 '어머니 중 하나(a mother)'를 의미하는 부정대명사이다.

572 ④ No error

해석 Catherine이 예우를 받은 이유는 전쟁 난민들을 위한 기금을 설립한 그녀의 진취성 때문일 뿐만 아니라 대부분의 그녀의 시간과 돈을 그것의 성공에 헌신했기 때문이었다.

해설 ①의 initiative는 "계획; 결단력, 진취성; 주도(권)"이라는 뜻을 지닌 명사이다. 겉모습만 보면 형용사로 보여서 틀린 것처럼 보일 수 있으므로 주의가 필요하다.
②는 상관접속사 'not only A but also B'에 해당하는 부분으로 A에 위치하는 형태와 B에 위치하는 형태는 같아야 한다. A에 'for + N'의 형태가 나와 있으므로 B에도 for + N의 형태가 나오면 된다. 엄밀히 따지면 initiative는 명사이고, devoting은 동명사라서 일치하지 않는다

고 볼 수 있겠지만, 동명사도 명사 취급을 할 수 있기에 올바른 병렬 구조를 이룬 것으로 볼 수 있다.
③은 A of B의 구조에서 of B에 해당하는 부분에 밑줄을 그은 것으로 틀린 부분은 없다.
따라서 정답은 ④이다.

573 ③ regularly hours, deeply breathing
⇨ keeping regular hours, taking a deep breath

해석 정말로 불면증에 시달리는 사람이라면 다음과 같은 방법들이 소용없다는 사실을 잘 알고 있을 것이다. 예를 들어 뜨거운 우유를 마시거나, 정해진 시간에 잠자리에 들거나, 심호흡을 하거나, 양을 한 마리씩 세어 보거나, 블랙벨벳 소재로 된 부분을 집중해서 응시하거나 하는 등의 방법들이 이에 해당한다.

해설 ②에 나온 'such measures as A, B, C ...'는 'measures such as A, B, C ...'로 바꿔줄 수 있으며, 이때 such as는 '예를 들어 ~와 같은'의 뜻을 지닌다. 이때 A/B/C/... 등은 모두 동명사 형태를 취하고 있는데, ③의 경우는 부사로 명사를 수식하고 있는 형태여서 오류가 된다. 따라서 regularly를 regular로, deeply를 deep으로 수정해야 한다.

574 ④ to introduce ⇨ introducing

해석 1993년에 저명한 대학교수가 시작한 무용단은 전 세계적 문화 교류를 촉진시키고 다양한 국가의 독특한 예술들을 소개하는 역할을 담당해오고 있다.

해설 and를 기준으로 promoting과 병렬 구조를 이루고 있으므로 to introduce를 introducing으로 고치는 것이 옳다.
① Launched의 주어는 주절의 the dance company이므로 과거분사로 쓰는 것이 옳다.

575 ④ decorations ⇨ decorated

해석 미국 남서부의 인디언은 아름다운 예술품을 제작하는 것으로 유명한데, 특히 은으로 주조되었거나, 보석으로 깎이었거나, 혹은 구슬과 깃털로 장식된 수재 보석류로 유명하다.

해설 문장의 구조상 "cast from silver", "carved from stones", "decorations with beads and feather"는 서로 병렬 관계에 있으며, 이들은 모두 앞의 "handmade jewelry"를 수식하고 있는 구조를 취하고 있다. 따라서

④ decorations도 cast/carved와 마찬가지로 과거분사 형태인 'decorated'로 수정되어야 한다.

576 ② had been ⇨ were

해석 비록 과거 크롭서클 중 상당수가 조작으로 드러났지만, (이번의 경우) 크롭서클 도형 전문가들은 즉각 그러한 가능성을 부정했다. 서클 도형 어디에도 발자국이 발견되지 않았고, 밀 줄기 하나도 부러지지 않았다. 대신 모든 줄기가 그냥 굽혀져서, 서로 묶여 있는 상태로 계속 자라고 있었다.

해설 ②를 보면 "No footprints had been found in either glyph, and not even one wheat stalk was broken." 으로 나와 있는데, 과거완료인 경우는 발자국이 발견된 것과 줄기가 부러진 것에 시제의 차이가 생겨서 발자국이 생기고 난 다음에 줄기가 부러진 것이 되는데 내용상 그렇게 시제의 차이가 생길 수 없다. 따라서 ②의 시제가 과거완료가 아니라 과거가 돼야 하기 때문에 답은 ②가 된다.

577 ⑤ made ⇨ making

해석 표준화된 시험 외의 방법을 사용하며 학생들이 얼마나 학습했는지를 측정할 수 있게 해주는 것을 포함하는 안건은 그 법안을 훼손하고 덜 엄중하게 만든다는 비판을 받았다.

해설 and를 기준으로 undermining과 병렬 구조를 이루고 있으므로 made를 making으로 고치는 것이 옳다.
include는 동명사를 목적어로 취하는 동사이므로 ①은 문법적으로 맞다.
②의 using은 learn의 목적어가 아니라 school을 수식하는 것이므로 맞다.

578 ④ to make her life miserable ⇨ made her life miserable

해석 Mary는 그녀가 운동하지 못하게 만들고 그녀의 삶을 비참하게 만드는 소화 장애와 관절 통증에서 벗어나고 싶어 했다.

해설 and를 기준으로 kept와 병렬 구조를 이루고 있으므로 to make를 made로 고쳐준다.

579 ④ destroyed ⇨ destroying

해석 몇몇 과학자들의 추측에 따르면 유기 물질들의 부재는

화성의 대기를 뚫고 들어가 토양의 유기 화합물들을 파괴한 강렬한 자외선 복사 때문이라고 한다.

해설 and를 기준으로 penetrating과 병렬 구조를 이루고 있으므로 destroyed를 destroying으로 고쳐준다.

580 ② seen ⇨ saw

해석 Christine은 침대에서 뛰쳐나와 창문 사이로 비치는 밝은 햇살을 보았다. 그녀는 Armour 박사가 한 번만 더 늦으면 용납하지 않을 것을 알고 있어서, 다시 이불 속으로 뛰어들어가 정오까지 잠을 잤다.

해설 and를 기준으로 "튀어 오르다"라는 뜻을 가진 동사 spring의 과거형인 sprang과 병렬 구조를 이루고 있으므로 seen을 saw로 고쳐주는 것이 옳다.

POINT 40	마지막은 도치로 마무리한다								
581	②	582	⑤	583	②	584	①	585	②
586	①	587	①	588	③	589	④	590	③
591	③	592	③	593	②	594	②	595	①
596	①	597	①	598	③	599	②	600	①

581 ② had he not been

해석 Sam은 즉시 병원으로 옮겨지지 않았더라면 목숨을 잃었을지도 모른다.

해설 가정법 과거완료의 도치 형태는 'had + 주어 + (not) p.p ~'의 형태를 취한다. 따라서 정답은 ②이다. 문맥상 ④는 옳지 않다.

582 ⑤ were

해석 아스피린은 광범위하고 다양한 질병들을 치료하는 데 큰 도움이 된다. 아스피린이 오늘날에 발명되었다면, 그것은 기적의 신약으로 불리는 것은 당연한 일이었을지도 모른다. 아스피린이 잠재적으로 중요한 곳에 사용될 수 있다는 것이 계속해서 발명되고 연구되고 있다.

해설 가정법 과거에서 be동사가 포함된 도치 형태는 'were + 주어 ~'이다. 주절의 might와 문맥을 통해서 가정법임을 유추해볼 수 있다. 따라서 정답은 ⑤이다.

583 ② would have been

해석 만약 경기순환에 관한 심리학 이론들이 순환 주기에서 전환점을 예측하는 데 도움이 되었다면 그 이론들은 더 일관되게 사용됐을 것이다.

해설 본문은 'if'를 생략한 대신 'had'를 주어 앞으로 빼서 도치시킨 문장으로, 원래는 'If + 주어 + had p.p ~, 주어 + would + have p.p ~' 형태의 가정법 과거완료 문장이다. 따라서 빈칸에 들어가야 할 표현은 ②의 "would have been"이다.

584 ① Had you taken

해석 당신이 조금만 더 뒤로 물러섰더라면, 아마 절벽에서 떨어졌을 것이다.

해설 가정법 과거완료의 도치 형태는 'had + 주어 + (not) p.p ~'의 형태를 취한다. 따라서 정답은 ①이다.

585 ② had she been white

해석 병약하고 연약한 흑인 노예 소녀인 Phillis Wheatley는 만약 그녀가 백인이었더라면 당시 사회에서 필시 여성뿐 아니라 대부분의 남성보다도 지적으로 우월할 존재로 여겨졌을 것이다.

해설 문장을 해석해 보면 '흑인이자 노예 소녀였던 Phillis Wheatley가 만약 백인이었더라면 ~했을 것이다'라는 가정법 문장임을 알 수 있다. 또한 주절에서 'would have p.p'가 쓰인 것으로 미루어 보면 과거의 일의 반대되는 것을 나타내는 가정법 과거완료 용법의 문장임을 알 수 있다. 본문은 가정법 문장이기 때문에 ④는 답이 될 수 없으며, 가정법 문장 중에서도 가정법 과거완료 문장이기 때문에 가정법 과거를 나타내는 ①과 ③은 답이 될 수 없다.

586 ① had

해석 바이올린을 위해서 만들어진 음악이 서양 문화에서 높은 위치를 차지하고 있지 않았었더라면, 바이올린은 결코 그렇게까지 유명해지지는 않았을 것이다.

해설 가정법 과거완료의 도치 형태는 'had + 주어 + (not) p.p ~'의 형태를 취하며, could hardly have become을 통해서 과거에 대해서 이야기하고 있음을 알 수 있다. 따라서 정답은 ①이다.

587 ① could have been

해석 그녀는 자신의 아버지가 내게 진실을 말했더라면 내가 더 나은 소녀가 됐을 것이라고 수년 후에 말했다.

해설 'had her father told...' 부분은 원래 'if her father had told...' 문장에서 if가 빠지고 도치된 문장이다. 이를 통해 본문이 가정법 과거완료 문장임을 유추할 수 있다. 가정법 과거완료 문장의 구성은 'If + 주어 + had p.p..., 주어 + 조동사의 과거형(could, might, would) + have p.p. ...'이다. 따라서 빈칸에 들어갈 것은 ①이다.

588 ③ was it

해석 지난 4월, Steve Jobs는 아이패드를 출시했다. 좋은 제품이었다. 아이패드는 시장에 처음으로 출시되는 e-Reader(e-Book 단말기)나 태블릿은 아니었으며, 아이폰과 같이 멀티 기능이 되는 것도 아니었다. 아이패드로는 전화 통화를 할 수 없기 때문이다.

해설 neither나 nor 같은 부정 부사어구가 문장 앞에 놓이면 도치가 발생하므로, nor 뒤에 was it이 와야 한다. 따라서 정답은 ③이 된다.

589 ④ nor would they

해석 좋은 부모는 서둘러 결론을 내리지도 않고, 모든 문제를 자신들이 처리해야 할 참사 수준으로 과장해서 여기지도 않는다.

해설 부정문 두개를 접속사 or로 연결한 것인데 뒤의 문장에 not의 의미가 없으므로 nor가 와야 하며, 부정어구가 문두에 왔으므로 주어와 동사를 도치시켜야 한다. 따라서 답은 ④이다.

590 ③ beginning

해석 재료가 어떻게 생산되고 이를 유지하는 데 얼마만큼의 에너지가 사용되는지 그리고 재료의 수명이 다할 경우 어떻게 되는지에 대한 현안이 최근에서야 산업 전반에 반향을 일으키기 시작했다.

해설 Only now로 문장이 시작된 것으로 보아 문장이 도치되어 있음을 유추할 수 있다. questions부터 빈칸 앞 life까지가 주어부이고 동사는 are이다. 즉 원문은 Questions such as ~ life are + 빈칸 + to echo through이다. 따라서 빈칸에 들어가기 적절한 것은 진행형을 나타내는 ③이다.

591 ③ nor did it offer

해석 Civil Rights Commission은 새로운 법에서 어떤 것이 요구될지에 관한 자세한 사항을 담지 않았으며, 연방의 자금제공 같은 문제에 있어 어떤 변화가 있었는지 세부 사항을 제공하지도 않았다.

해설 'no'가 포함된 부정절 뒤에 부정의 연속을 나타내기 위해서 'nor'를 사용하며, 이 'nor' 같은 부정의 형태를 가진 표현이 들어간 문장의 주어와 조동사는 '조동사 + 주어'의 형태를 갖는다. 따라서 'it offered'는 'nor'와 결합해 'nor did it offer'가 되어야 한다. 따라서 답은 ③이 된다.

592 ③ scores of new routes

해석 지난 10년간 대륙 전역에 거미줄처럼 다수의 새로운 경로가 망처럼 엮어졌고, 이를 통해 값싼 항공기가 모든 행락객이나 구직자의 이용 가능 범위 내로 놓이게 되었다.

해설 "아주 많은"이라는 뜻을 갖게 될 때 score는 'scores of'의 형태로만 사용된다. 따라서 가장 적절한 보기는 ③이다.

593 ② is not associated with
⇨ be not associated with

해석 요요 다이어트가 다이어트를 하는 사람의 면역체계와 순환계에 역효과를 가져다주는 것과 연관되어 있지 않다면, 일시적 체중 감소는 그 자체로 가치가 있는 것일지도 모른다.

해설 should부터는 가정법 미래의 도치 표현이다. 가정법 미래 도치 형태는 'should + 주어 + 동사원형 ~'이거나 'were + 주어 + to-v ~'이다. 따라서 is를 동사원형인 be로 고치는 것이 옳다.

594 ② would knock ⇨ would have knocked

해석 나무 전체가 떨렸고 바람은 내가 온 힘을 다해 가지에 매달려 있지 않았더라면 나를 떨어뜨릴 만큼의 강한 돌풍을 일으켰다.

해설 문장 후반부의 'had I not clung to'는 본래 가정법 과거완료 문장의 if절에서 if가 생략되면서 도치가 일어난 형태로 원래는 'if I had not clung to'이다. 가정법 과거완료 문장은 'If + 주어 + had p.p.., 주어 + 조동사의 과거형(would, might, could 등) + have p.p..'의 형태를 지닌다. 따라서 ②의 would knock은 would have knocked가 되어야 한다.

595 ① would buy ⇨ would have bought

해석 내가 만일 수중에 충분한 돈만 있었더라면, 어제 난 이 멋진 가구를 구입했었을 것이다.

해설 가정법 시제에 관한 문제로, 후반부에 나오는 도치된 종속절의 시제(had I had...)가 과거완료이므로 가정법 과거완료임을 알 수 있고, 앞의 주절에 yesterday라는 과거를 지칭하는 부사가 있기 때문에 혼합가정이 될 수 없음을 알 수 있다. 따라서 정답은 ①로 'would buy'가 'would have bought'로 수정되어야 한다.

596 ① there is ⇨ is there

해석 컴퓨터가 교육 목적으로 사용될 것인지 아닌지에 대한 의문은 더이상 존재하지 않는다. 오히려, 지금은 어떻게 컴퓨터가 학교에서 학습을 향상시키는 것에 사용될 수 있는지에 대한 문제가 있다.

해설 No longer는 부정어구로 문장 맨 앞에 위치하는 경우 도치 현상, 즉 주어와 동사의 자리가 바뀐다. 따라서 there과 is의 자리를 바꿔준다.

597 ① the Great Fire had
⇨ had the Great Fire

해석 대화재가 소진해 불길이 꺼지자마자 시 재건 구상안이 마련되었다.

해설 'No sooner + had + 주어 + p.p. + than + 주어 + 과거동사' 구문으로 '~ 하자마자 ~ 했다'는 의미를 지닌다. 부정어구인 no sooner가 앞으로 등장하면서 문장이 도치되는 구문이다. 따라서 보기 ①의 'the Great Fire had'가 'had the Great Fire'로 도치되어야 올바른 문장이 된다.

598 ③ are ⇨ is

해석 러시아 혁명의 원인을 분석하는 것에 있어서 필수적인 것은 1900년대 정당 사이의 많은 연합체를 이해하는 것이다.

해설 전체 문장은 보어 도치의 형태로 vital부터 Revolution까지가 보어이며, are가 동사, an understanding부터가 주어 역할을 하고 있는 것이다. 주어가 an understanding으로 단수이므로 are를 is로 고쳐준다.

599 ② had ⇨ have

해석 오늘날 우리가 알고 있는 미국인들의 여가 활동은 새로운 현상인데, 그 어떤 시대에도 지금처럼 많은 사람들이 충분한 여유 시간과 그것을 즐길 만한 부를 가진 때는 없었다.

해설 'never before'라는 부정어구가 문장 앞에 놓여 도치가 발생한 경우이며, 이때 시제가 같이 결부되어 있다. 원래 문장은 "So many people had never before had so much."와 같은 꼴이 되는데, 이때 동사 시제가 'had had'가 되어 과거완료를 나타내고 있다. 하지만 바로 앞 문장의 시제가 현재형(is)이란 사실을 유념해야 한다. 그리고 "과거부터 지금까지 고려했을 때 그 어느 때도, 하지 못했다"라는 뜻이 되므로 과거완료가 아닌 현재완료로 사용되어야 한다. 따라서 had가 have로 수정되어야 한다.

①의 경우 "as we know it today"가 앞의 명사(Leisure)를 수식하고 있으며, 이때 as를 의사(유사) 관계대명사라고 한다.

④의 경우 관계사와 함께 전치사가 사용된 경우이며, 이때 which의 선행사는 money가 된다.

600 ① such people are ⇨ are such people

해석 그런 사람들은 인류학 작업을 하기에 장비를 충분히 갖추지 못했을 뿐만 아니라 아마도 자신들의 사회 내의 사회적 문제를 인식하고 대처하지 못할 수도 있다.

해설 부정의 뜻이나 형태를 가진 표현이 문장 가장 앞에 이루어지면 도치구문이 성립되어 부정 표현 바로 뒤의 주어와 조동사가 '조동사＋주어' 형태로 이루어져야 한다. 본문의 'not only'가 이러한 부정형 표현의 일종이기 때문에 도치가 발생하면서 ①의 'such people are'는 'are such people'이 되어야 한다. 따라서 답은 ①이 된다.

에듀윌 편입영어 핵심유형 완성 문법

발 행 일	2022년 10월 19일 초판
편 저 자	홍준기
펴 낸 이	권대호
펴 낸 곳	(주)에듀윌
등록번호	제25100-2002-000052호
주　　소	08378 서울특별시 구로구 디지털로34길 55
	코오롱싸이언스밸리 2차 3층

* 이 책의 무단 인용 · 전재 · 복제를 금합니다.

www.eduwill.net
대표전화 1600-6700

꿈을 현실로 만드는

에듀윌

고객의 꿈, 직원의 꿈,
지역사회의 꿈을 실현한다

취업, 공무원, 자격증 시험준비의 흐름을 바꾼 화제작!

에듀윌 히트교재 시리즈

에듀윌 교육출판연구소가 만든 히트교재 시리즈!
YES 24, 교보문고, 알라딘, 인터파크, 영풍문고 등 전국 유명 온/오프라인 서점에서 절찬 판매 중!

공인중개사 기초입문서/기본서/핵심요약집/문제집/기출문제집/실전모의고사 외 12종

주택관리사 기초서/기본서/핵심요약집/문제집/기출문제집/실전모의고사

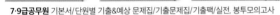

7·9급공무원 기본서/단원별 기출&예상 문제집/기출문제집/기출팩/실전, 봉투모의고사

공무원 국어 한자·문법·독해/영어 단어·문법·독해/한국사·행정학·행정법 노트/행정법·헌법 판례집/면접

7급공무원 PSAT 기본서/기출문제집　　계리직공무원 기본서/문제집/기출문제집　　군무원 기출문제집/봉투모의고사　　경찰공무원 기본서/기출문제집/모의고사/판례집/면접　　소방공무원 기본서/기출문제집/실전, 봉투모의고사　　뷰티 미용사/맞춤형화장품

검정고시 고졸/중졸 기본서/기출문제집/실전모의고사/총정리　　사회복지사(1급) 기본서/기출문제집/핵심요약집　　직업상담사(2급) 기본서/기출문제집　　경비 기본서/기출/1차 한권끝장/2차 모의고사　　전기기사 필기/실기/기출문제집　　전기기능사 필기/실기